A Locação de Imóveis e o Direito Imobiliário em Perguntas e Respostas

contendo 1.000 questões relevantes

AUTORES

Fatima Cristina Santoro Gerstenberger

Guilherme Santoro Gerstenberger

A Locação de Imóveis e o Direito Imobiliário em Perguntas e Respostas

contendo 1.000 questões relevantes

GZ EDITORA

Rio de Janeiro

2021

1ª edição – 2021

Diagramação
Olga Martins

Imagem da capa
Wirestock

CIP – Brasil. Catalogação-na-fonte.
Sindicato Nacional dos Editores de Livros, RJ.

G328L

Gerstenberger, Fatima Cristina Santoro
A locação de imóveis e o direito imobiliário em perguntas e respostas : contendo 1.000 questões relevantes / Fatima Cristina Santoro Gerstenberger, Guilherme Santoro Gerstenberger. - 1. ed. - Rio de Janeiro: GZ, 2021.
270 p.; 24 cm.

Inclui bibliografia e índice
ISBN 978-65-5813-028-4

1. Direito imobiliário - Brasil. 2. Locação de imóveis - Brasil. 3. Brasil. [Lei do inquilinato (1991)]. I. Gerstenberger, Guilherme Santoro. II. Título.

21-71024

CDU: 347.453(81)

contato@editoragz.com.br
www.editoragz.com.br

Av. Erasmo Braga, 299 – Sala 202 – 2º andar – Centro
CEP: 20020-000 – Rio de Janeiro – RJ
Tels.: (0XX21) 2240-1406 / 2240-1416 – Fax: (0XX21) 2240-1511

Impresso no Brasil
Printed in Brazil

APRESENTAÇÃO

A presente obra fora concebida com o intuito de discorrer sobre matéria pertinente a sociedade brasileira, sobretudo na contemporaneidade.

Assim, o trabalho fora realizado a partir de uma análise científica aprofundada e de uma investigação, a respeito do tema das locações imobiliárias, tudo de modo a oferecer o melhor material jurídico, ao leitor.

Desta forma, é oferecida uma elucidação didática e tangível sobre o direito imobiliário, com foco nas novas nuances da Lei do Inquilinato, tendo preocupação em passar o conhecimento acerca dos dispositivos legais, em conjunto com a ponderação jurídica, acadêmica e prática advocatícia dos autores.

Portanto, esta edição nada mais é do que o resultado final da construção acadêmica, desencadeada pelo desenvolvimento do processo de conhecimento do direito imobiliário, além de conter disposições legais e posições doutrinárias pertinentes e relevantes, atreladas ao contexto social, econômico e humanitário da sociedade atual, contendo enfoque nas locações imobiliárias do Brasil.

Dedicamos esta obra a Giuseppe e Tais Santoro, pais e avós, em memória, imprescindíveis, incomparáveis, presentes e únicos, além de inspiradores para a publicação da presente obra.

Para Otto Guilherme, esposo e pai, profissional brilhante e pessoa de caráter irretocável, que apoiou o desenvolvimento deste trabalho, com atenção, suporte, amor e carinho. Que sempre acreditou na confecção desta obra.

PREFÁCIO

A professora Fátima Santoro Gerstenberger é hoje merecida referência nacional, no vasto e complexo campo do Direito Imobiliário.

Suas obras já publicadas, especialmente Administração Imobiliário em Locações, em 7 volumes e Administração Imobiliária em Condomínios, em 5 volumes, constituem fontes permanentes e confiáveis de consulta e citações.

Teve ela atuação pioneira e decisiva para se atribuir status profissional respeitável à atividade de gestão imobiliária, coordenando e lecionando as primeiras turmas, na Universidade Veiga de Almeida, razão pela qual o mercado fica muito a lhe dever, em termos de sua consolidação e aperfeiçoamento.

Ainda encontrou tempo para exercer incontestável liderança entre os advogados especializados em Direito Imobiliário, a ponto de ser eleita Presidente da Associação Brasileira de Advogados do Mercado Imobiliário - ABAMI, cargo que exerceu com inexcedível dedicação e competência, nela imprimindo o selo marcante de sua personalidade.

É para mim um motivo de grande orgulho profissional tê-la como uma de minhas melhores alunas, na qual logo percebi a vocação para o estudo e a pesquisa jurídica, hoje, infelizmente, um tanto negligenciados entre os profissionais do direito.

Mãe e esposa igualmente dedicada, a Prof. Fátima é o mais perfeito exemplo da moderna mulher brasileira, perfeitamente integrada no processo de construção de uma sociedade justa e democrática, sem qualquer tipo de discriminação, e voltada para a preservação da dignidade humana.

O novo livro que ela entrega à comunidade jurídica, "A Locação de Imóveis e o Direito Imobiliário em Perguntas e Respostas", contendo 1.000 questões relevantes, transformar-se-á, com certeza, em indispensável ferramenta de trabalho para todos os que militam nesta área.

Conseguindo conciliar a profundidade dogmática com os aspectos práticos, o livro é escrito em linguagem acessível mesmo para os leigos em direito, e servirá para esclarecer as dúvidas que preocupam advogados, locadores, condôminos e locatários.

Trata-se, portanto, de magnífica contribuição que a Prof. Fátima Santoro lega ao Direito Imobiliário, que nela deposita as esperanças de que continue contribuindo com seu talento, para cada vez mais engrandecê-lo.

Ficamos na expectativa das próximas obras, incluindo-me eu na legião de seus fieis leitores e admiradores.

E em nome de todos apresento à autora os agradecimentos por mais esta contribuição e a certeza da admiração e respeito de seus colegas e amigos.

Vamos, agora, à leitura, com enorme curiosidade e prazer intelectual.

Sylvio Capanema de Souza (In memorian)

SOBRE OS AUTORES

FATIMA CRISTINA SANTORO GERSTENBERGER

Pós-Doutora em Direito pela Universidade Santiago de Compostela (Espanha). Doutora em Ciências Jurídicas e Sociais pela UMSA. Mestre em Ensino da Saúde e do Ambiente – UNIPLI, Graduada em Direito pela Pontifícia Universidade Católica do Rio de Janeiro – PUC/RJ. Experiência em Gestão Acadêmica. Advogada inscrita nos quadros da OAB/RJ. Sócia do Escritório de Advocacia Bucar Marano Advogados Associados. Professora e Coordenadora Geral e professora do Núcleo de Direito da pós-graduação em Direito da UVA. Professora convidada do Programa de Pós-Graduação da FGV. Professora de cursos de graduação nas modalidades presencial e a distancia da UVA. Professora convidada do Instituto de Direito da PUC/RJ. Professora convidada da Pós-Graduação – UCAM. Professora convidada do Instituto Nêmesis de Estudos Avançados em Direito. Colaboradora quinzenal do Jornal O Globo – Caderno Morar Bem, por mais de 20 anos. Ex-Presidente e atual Diretora Jurídica da ABAMI – Associação Brasileira dos Advogados do Mercado Imobiliário. Presidente da Comissão de Direito Notarial e Registral da 57a Subseção – Barra da Tijuca, Rio de Janeiro, RJ. Membro da Comissão de Direito Imobiliário da 57a Subseção – Barra da Tijuca, Rio de Janeiro RJ. Membro da Comissão Científica da Universidade Veiga de Almeida. Autora de livros e artigos

GUILHERME SANTORO GERSTENBERGER

Doutorando e Mestre em Direito Público e Evolução Social, na linha de pesquisa de Direitos Fundamentais e Novos Direitos - UNESA. Mestre em Administração - Ibmec, linha de pesquisa Gestão de Negócios e Estratégia. Especialista em Direito Imobiliário - UCAM. Advogado inscrito nos quadros da OAB/RJ. Bacharel em Direito - Ibmec. Graduado no Curso Superior de Tecnologia em Negócios Imobiliários - UVA. Professor da Fundação Getúlio Vargas – FGV. Professor convidado da Pós-Graduação em Direito - UVA. Professor convidado da Pós-Graduação em Direito - UCAM. Atuou como Professor Conteudista de disciplinas - UVA. Coautor da obra literária Temas Contemporâneos de Direito Empresarial. Coautor do artigo científico publicado Controvérsias da Constituição de Empresa Individual de Responsabilidade Limitada. Membro e Secretário Geral da Comissão de Direito Notarial e Registral da OAB/RJ. Membro da Comissão de Direito Constitucional da OAB/RJ. Membro da Abami - Associação Brasileira Advogados Mercado Imobiliário. Membro da Comissão avaliadora na etapa de avaliação de projetos para a XVII Semana de Iniciação Científica e IV Seminário de Pesquisa da Universidade Veiga de Almeida. Participa do Grupo de Pesquisa: Empreendedorismo, Direito e Gestão do Habitat de Pequenas Empresas Imobiliárias na Linha de Pesquisa de Direito Imobiliário.

SUMÁRIO

1000 QUESTÕES RELEVANTES

1) Qual o conceito tradicional da palavra Locação?
R: A locação é, segundo Clóvis Beviláqua, o contrato pelo qual uma das partes, mediante remuneração paga pela outra, se compromete a fornecer-lhe, durante certo lapso tempo, o uso e gozo de uma coisa infungível, a prestação de um serviço apreciável economicamente, ou a execução de alguma obra determinada.

2) O que caracteriza a locação de imóveis?
R: O que caracteriza a locação de imóveis é quando alguém (locador) se obriga a ceder temporariamente o uso e gozo de um bem (imóvel urbano) a outrem (locatário) em troca de uma remuneração (o aluguel).

3) Quais são os requisitos essenciais de validade do ato jurídico LOCAÇÃO?
R: Que o locador e o locatário sejam capazes, que o objeto seja lícito e que tome forma prescrita ou não proibida por lei

4) Quanto ao prazo, quais as modalidades da locação urbana?
R: Locação por prazo determinado e locação por prazo indeterminado.

5) O que define a locação por prazo determinado?
R: Segundo Nagib Slaibi Filho a locação por prazo determinado é aquela subsistente pelo período de tempo avençado entre as partes (quando do início do contrato ou de sua renovação amigável) ou judicialmente renovado, em se tratando de locação não residencial.

6) O que define a locação por prazo indeterminado?
R: A locação por prazo indeterminado, é aquela subsistente no período de tempo que exceder do término do prazo ajustado pelas partes, ou que exceder do término do prazo renovado judicialmente.

7) Qual a atual Lei que estabelece as relações locatíciais dos imóveis urbanos?
R: A Lei nº 8.245 de 18 de outubro de 1991.

8) Qual a definição da palavra Locador?
R: É a pessoa que se obriga a ceder à outra o uso e gozo de bem móvel ou imóvel, ou a prestação de um serviço, num contrato de locação mediante

certa retribuição, ou seja, é a pessoa que aluga o bem ao locatário, a título oneroso por meio de remuneração.

9) Qual a definição da palavra Locatário?

R: É a pessoa que recebe a posse do bem locado, pagando um aluguel, para utilizar-se dele e restituí-lo, ao final da locação, ao locador.

10) Quais os elementos essenciais da Locação?

R: o objeto, o preço e o consentimento.

11) A locação pode ser considerada um negócio de alienação?

R: No nosso direito, a locação não é negócio de alienação, não transmite propriedade, nem implica direito ou ônus real sobre o imóvel locado. Sendo assim, o locatário não é titular de qualquer direito real, em virtude do contrato de locação.

12) Qual a definição de Imóveis?

R: São aqueles bens que, por sua natureza, ou por ato humano, acham-se de tal modo fixos em um lugar, que não se pode absolutamente transportá-los para outro, ou não se pode fazê-lo sem deteriorá-los em sua substância e forma.

O Novo Código Civil de 2002 trata do assunto em seus artigos 79 a 81.

O art. 79 do Novo Código caracteriza o que o legislador entende por imóvel por sua natureza. Art. 79. "**São bens imóveis o solo e tudo quanto se lhe incorporar natural ou artificialmente.**" A lei inclui no conceito de imóvel o seu subsolo e o seu espaço aéreo. Contudo, o direito de propriedade, recaindo sobre o imóvel, encontra limite, no que concerne à altura e à profundidade, na medida da utilidade de seu exercício.

13) O que vem a ser Prédio Urbano?

R: Prédio urbano é aquele que se destina à habitação ou moradia, comércio, indústria, exercício de profissões, e assim por diante, esteja situado em zona rural ou urbana.

São entendidos como *imóveis urbanos* aqueles que, mesmo situados na área rural, tenham finalidade ou utilidade urbana.

Portanto, sendo o imóvel destinado à utilidade ou atividade urbana, sua locação será regida pela Lei do Inquilinato, pouco importando que seja residencial, não residencial, para uso de empregado, ou até para temporada, etc.

14) O que vem a ser Prédio Rústico?

R: Prédio rústico é aquele que se destina, pelas suas características, à lavoura, ou à exploração agrícola, pecuária, extrativa ou mista, esteja ou não situado em zona rural.

15) A locação de prédios rústicos está previsto em que Lei?

R: O conceito foi identificado no Estatuto da Terra, Lei nº 4504/64, 4º.

Imóvel Rural é definido como "o prédio rústico, de área contínua qualquer que seja a sua localização que se destina à exploração extrativa agrícola, pecuária ou agro-industrial, quer através de planos públicos de valorização, quer através de iniciativa privada."

Esta lei foi alterada pela Lei nº 8629/93 – (lei que regulamenta e disciplina disposições relativas à reforma agrária, previstas no Capítulo III, Título VII, da Constituição Federal).

Sendo o imóvel rural definido como: "***o prédio rústico, de área contínua qualquer que seja a sua localização, que se destine ou possa se destinar à exploração agrícola, pecuária, extrativa vegetal, florestal ou agro-industrial***".

16) Qual a forma dominante de se classificar o imóvel em urbano ou rústico?

R: Os principais doutrinadores estão de acordo em classificar o imóvel em urbano, ou rústico, pelo critério da utilização predominante.

17) Qual o conceito de contrato?

R: O Contrato é uma espécie de negócio jurídico que se distingue na formação, por exigir a presença pelo menos de duas partes. Sendo de natureza bilateral ou plurilateral, dependendo, para sua formação, do encontro da vontade das partes.

O contrato já era descrito na antigüidade por Aristóteles como "uma lei feita por particulares, tendo em vista determinado negócio", conceito aceito pela moderna escola de Kelsen.

Já Washington de Barros Monteiro entende o contrato, "como um acordo de vontade que tem por fim criar, modificar ou extinguir um direito."

Clóvis Beviláqua o entendia como um "ato jurídico por meio do qual os homens combinavam os seus interesses, constituindo, modificando ou solvendo algum vínculo jurídico".

Silvio Rodrigues, simplifica o seu entendimento "o acordo de duas ou mais vontades, em vista de produzir efeitos jurídicos".

Segundo Carlos Roberto Gonçalves "o contrato é uma espécie de negócio jurídico que depende, para a sua formação, da participação de pelo menos duas partes. É portanto, negócio jurídico bilateral ou plurilateral."

A Enciclopédia Saraiva de Direito conceitua o Contrato como sendo "o ato jurídico por força do qual duas ou mais pessoas convencionam entre si a constituição, modificação ou extinção de um vínculo jurídico de natureza patrimonial".

18) Quais os elementos do contrato?

R: Os elementos essenciais do contrato serão os imprescindíveis à existência do ato negocial, pois formam sua substância; podem ser gerais e particulares.

Gerais: se comuns à generalidade dos negócios jurídicos, dizendo respeito à capacidade do agente, ao objeto lícito e possível e ao consentimento dos interessados;

Particulares: peculiares a determinadas espécies por serem concernentes à sua forma;

Logo, sendo o contrato um negócio jurídico, requer, para a sua validade, a observância dos requisitos do art. 82 do Código Civil: agente capaz, objeto lícito e forma prescrita ou não defesa em lei. Desse modo, será necessária a presença de requisitos subjetivos, objetivos e formais, para que o contrato seja válido.

19) Aponte os requisitos Subjetivos do contrato.

R:

a) existência de declaração, ou melhor, de manifestação de duas ou mais vontades e capacidade genérica dos contratantes;

b) aptidão específica para contratar;

c) consentimento.

20) Quais os Requisitos Objetivos?

R: Os requisitos objetivos dizem respeito ao objeto do contrato, ou seja, à obrigação constituída, modificada ou extinta. A validade e a eficácia do contrato, como um direito creditório, dependem da:

a) Licitude de seu objeto, que não pode ser contrário à lei, à moral, aos princípios da ordem pública e aos bons costumes;

b) Possibilidade física ou jurídica do objeto. Se o negócio tiver objeto física ou materialmente impossível, de modo que o agente jamais possa vencer o obstáculo à sua realização, por contrariar as leis físico-naturais, ir além das forças humanas, ou por inexistir, configuram-se hipóteses em que se têm a exoneração do devedor e a invalidade do contrato, pois aquele que se obriga a executar coisa insuscetível de realização a nada se obrigou.

21) Como os contratos devem ser analisados quanto a sua forma?

R: O Código Civil Brasileiro reza que a validade das declarações de vontade não dependerá de forma especial, senão quando a lei expressamente a exigir. Não vale o ato, que deixar de revestir a forma especial, determinada em lei, salvo quando esta comine sanção diferente contra a preterição da forma exigida.

Não havendo forma especial, o contrato pode ser celebrado por escrito, mediante documento público ou particular, ou, ainda, verbalmente e até tacitamente.

22) Como os contratos podem ser classificados?

R: Orlando Gomes em sua obra Contratos classifica os contratos como:

a) bilaterais ou sinalagmáticos ou unilaterais;

b) onerosos e gratuitos, subdividindo-se aqueles em comutativos e aleatórios;

c) consensuais e reais;

d) solenes e não solenes;

e) principais e acessórios;

f) instantâneos e de duração;

g) de execução imediata e de execução diferida;

h) típicos e atípicos;

i) pessoais ou intuitu personae e impessoais;

j) civis e mercantis;

l) individuais e coletivos;

m) causais e abstratos.

Caio Mário da Silva Pereira, em sua obra Instituições de Direito Civil, volume III, Contratos, revista e atualizada por Regis Fichtner, apresenta a seguinte classificação dos Contratos:

a) Contratos Típicos, atípicos e mistos

b) Contratos consensuais, formais e reais

c) Contratos onerosos e gratuitos

d) Contratos bilaterais e unilaterais

e) Contratos comutativos e aleatórios

f) Contratos de execução imediata, diferida e sucessiva

g) Contratos individuais e coletivos

h) Contratos de Adesão

23) Qual o conceito do contrato de locação de imóvel urbano?

R: "É o contrato pelo qual uma das partes (locador), mediante remuneração paga pela outra (locatário), se compromete a fornecer-lhe, durante certo lapso de tempo, determinado ou não, o uso e gozo de imóvel destinado à habitação, à temporada ou à atividade empresarial." (Maria Helena Diniz).

24) Qual a natureza do contrato de locação?

R:

Bilateral – Nos contratos bilaterais as duas partes ocupam, simultaneamente, a dupla posição de credor e devedor, portanto tanto o locador como o locatário se obrigam reciprocamente, pois produz direitos e obrigações para ambos;

Consensual – São os que perfazem pela simples anuência das partes, pois a ordem jurídica não exige nenhuma forma especial para sua celebração. O contrato de locação não depende de formalismo, exceto em caso muito particulares, como por exemplo os bens imóveis pertencentes a menores sob tutela somente poderão ser alugados pelo tutor mediante prévia autorização judicial.

Oneroso – São aqueles que por serem bilaterais trazem vantagens para ambos os contraentes, pois estes sofrem um sacrifício patrimonial corresponde a um proveito almejado. Segundo o professor Orlando Gomes, todo contrato bilateral é oneroso.

Ao locar um imóvel o locador cede onerosamente a uma terceira pessoa locatário os direitos que tem sobre o respectivo bem. A remuneração é designada aluguel.

De Trato Contínuo – Nos contratos de locação há continuidade é não instantaneidade. A obrigação contratual subdivide-se em prestações que se vencem periodicamente.

Segundo Maria Helena Diniz "O pagamento de aluguel não libera os contraentes se não da dívida relativa a certo período, de modo que o vínculo contratual perdurará até o final do prazo avençado para o término do contrato".

Tipo (Nominado) – O contrato de locação deve ser redigido em conformidade com uma legislação especifica (Lei do Inquilinato). Logo estes contratos são nominados, possuem uma denominação própria. Os contratos inominados não estão vinculados expressamente na lei, podendo ser estruturados pela simples vontade das partes.

Contratual – A locação de imóvel tem natureza contratual, constituindo contrato, de um lado temos o locador, e de outro o locatário.

25) Quais os elementos essenciais do contrato de locação?

R:

1) Consentimento Válido: É a manifestação recíproca do acordo completo dos contraentes com o intuito de obrigar-se cada um a certa prestação com relação ao outro. O consenso das partes, na locação, rege-se pelos princípios gerais inerentes a todo contrato, estando sujeito a ser invalidado se apresentar os vícios de consentimento: erro, dolo e coação, ou os vícios sociais: simulação e fraude contra credores.

2) Capacidade dos Contraentes: A intenção deliberada de contratar requer que o contratante tenha consciência de seu ato e que o pratique livre e espontaneamente. O contrato de locação envolve tão-somente atos de administração de bens, por transferir o uso e gozo da coisa e não o domínio.

A pessoa casada não precisará de autorização do outro consorte para locar imóvel que lhe pertença, salvo se tratar de contrato de locação de imóvel urbano por prazo igual ou superior a dez anos e se um dos cônjuges for o locador.

Qualquer consorte poderá contratar como locatário, e o outro terá direito de continuar a locação após a sua morte.

Os absoluta e relativamente incapazes só poderão alugar se representados ou assistidos pelos seus representantes legais.

3) Cessão de posse do imóvel: A cessão poderá ser no seu todo ou apenas em parte estendendo-se aos acessórios.

4) Remuneração: É o aluguel que o locatário deve pagar periodicamente pelo uso do imóvel. O aluguel deve sempre corresponder ao justo valor de mercado.

5) Lapso de tempo determinado ou não: A locação deverá ser convencionada para ter vigência dentro de um certo prazo. A temporariedade é requisito essencial, por ser ela um contrato temporário. O tempo de duração do contrato poderá ser livremente estipulado pelas partes contratantes.

6) Forma livre: O princípio comum é o da forma livre, pois, como a lei não exige forma especial, o contrato valerá, seja qual for a forma de que se revestir. Não será, portanto, necessário que a manifestação válida dos contratantes, formadora do negócio locatício, seja feita por documento escrito. A locação é um contrato consensual, que independe de forma especial para sua celebração. Poderá ser ajustada por escrito ou verbalmente.

26) É necessário que o locador seja o proprietário do imóvel a ser locado?

R: Não é necessário que o locador seja o titular da propriedade, pois esta não se transmite pela locação.

Estão legitimados a contratar a locação, como locadores, todos aqueles que puderem, juridicamente, ceder a outrem o uso, ou o uso e fruição da coisa locada

27) Quem pode ser locatário?

R: Para contratar, os locatários podem ser pessoas físicas ou jurídicas, desde que civilmente capaz.

28) Quais as modalidades de contrato de locação?

R: Locações residenciais, não residenciais e de temporada.

29) O que caracteriza a locação residencial?

R: Prédios residenciais são aqueles destinados à habitação ou moradia do indivíduo e/ou de sua família

"... ainda que o contrato só fale na pessoa do locatário, e ainda que a lei seja omissa a respeito do direito que lhe assiste de introduzir no prédio outras pessoas, tal direito se funda no destino da coisa e no uso presumido, circunstâncias estas que a própria lei, e de modo expresso, manda levar em consideração.

Donde concluir-se que o contrato de locação de prédio residencial entende-se concluído pelo locatário com o intuito de alojar-se na casa, com sua família (...), tomada esta palavra em seu sentido amplo, de modo a designar as pessoas que moram com ele".

30) O que caracteriza a locação não residencial?

R: São as destinadas à instalação e ao exercício de atividades, quer sejam lucrativas quer não, a exemplo escritórios, lojas, galpões, consultórios, agências, escolas, depósitos, barbearias, oficinas, repartições, associações ou entidades etc...

A Lei nº 8.245 de 1991, unificou a regulação da locação residencial e não residencial de prédios urbanos, nela incluída a antes denominada locação destinada a fins comerciais e industriais, ora acrescida da locação destinada a imóveis para sociedades civis de fins lucrativos (art. 51 à 57 e 71 à 75).

31) O que caracteriza a locação para temporada?

R: A locação para temporada, regulada nos arts. 48 a 50 da lei das locações, é conceituada, expressamente, como aquela "destinada à residência temporária do locatário, para a prática de lazer, realização de cursos, tratamento de saúde, feitura de obras em seu imóvel, e outros fatos que decorram tão somente de determinado tempo, e contratada por prazo não superior a noventa dias, esteja ou não mobilizado o imóvel".

32) Quais os elementos básicos do contrato de locação?

R:

a) Denominação do contrato: É o primeiro elemento que deve ser colocado em letras maiúsculas na parte superior e central da folha onde vai ser redigido o contrato. É o nome ou assunto do contrato conforme seja o seu tipo: Contrato de Locação Residencial; Contrato de Locação Não Residencial e Contrato de Locação de Temporada;

b) Nome e qualificação das partes: Além do nome completo de cada um, deve constar a nacionalidade, estado civil, profissão, registro de identidade e número de cadastro de pessoa física (CPF) e endereço completo. No contrato de locação é necessário qualificar o locador, locatário e o fiador;

c) Cláusulas descritivas do negócio: É a explicação, ou elucidação, em detalhes dos termos ou condições do contrato, seguindo uma ordem numérica. Não existe um número mínimo nem máximo de cláusulas, mas elas serão em número suficiente para esclarecer e expressar a vontade das partes de modo a não deixar dúvidas ou lacunas na sua interpretação. Nelas são relacionados os prazos, preços, formas de pagamento, vigência, direitos, obrigações, despesas, foro, etc, que variam com o tipo do contrato. As cláusulas obedecem uma seqüência numérica lógica que pode ser expressa em números (1,2,3, etc) ou palavras (Primeira, Segunda, Terceira, etc);

d) Local e data: Logo abaixo das disposições finais, coloca-se o nome da cidade onde está sendo firmado o contrato, e a data (dia, mês e ano).

e) Assinaturas: As assinaturas são apostas abaixo do local e data, não havendo necessidade de ser obedecida uma ordem para isso. Aconselha-se que o nome de cada um seja redigido e que suas assinaturas sejam apostas acima de seus respectivos nomes. Todas as vias do contrato deverão ser rubricadas e a última assinada. No contrato de locação assinam Locador ou seu procurador; Locatário, Fiador e seu cônjuge;

f) Testemunhas: Há necessidade que duas testemunhas assinem o contrato, devendo constar sua qualificação e endereço. Estas são testemunhas instrumentais e por isso não poderão assinar a rogo de outra pessoa.

g) Reconhecimento de firmas: Todas as assinaturas constantes do contrato, seja dos contratantes, seja das testemunhas, deverão ser reconhecidas em cartório. É aconselhável que as firmas do locatário e do fiador sejam reconhecidas por autenticidade e não por mera semelhança, uma vez que é usual o candidato a locação levar o contrato para colher as assinaturas do fiador e seu cônjuge e sendo reconhecida por autenticidade a firma dos mesmos, este ato dará mais segurança a locação.

h) Número de vias: O contrato deverá ter tantas vias quantos forem os contratantes, para que cada um possa ter consigo a sua e, se for necessário, possa utilizá-la como prova judicial ou extrajudicial. Cada via deverá conter as assinaturas das partes e das testemunhas, com firma reconhecida.

33) O que é definido pela Lei nº 8.245/91?

R: A Lei do Inquilinato definiu os parâmetros da locação residencial e da locação não residencial, dando, inclusive as diretrizes das locações regidas pelo Código Civil.

34) Quais as locações que continuam regulados pelo Código Civil e pelas Leis Especiais:

R: "a) as locações:

1 – de imóveis de propriedade da União, dos Estados e dos Municípios, de suas autarquias e fundações públicas;

2 – de vagas autônomas de garagem ou de espaços para estacionamento de veículos;

3 – de espaços destinados à publicidade;

4 – em apart-hotéis, hotéis-residência ou equiparados, assim considerados aqueles que prestam serviços regulares a seus usuários e como tais sejam autorizados a funcionar;

b) o arrendamento mercantil, em qualquer de suas modalidades".

35) Quais os imóveis que constituem os bens públicos?

R: Os imóveis de propriedade da União, dos Estados e dos Municípios, de suas autarquias e fundações públicas constituem os bens públicos, que podem ser de uso comum do povo (estradas, ruas e praças, etc); de uso especial (edifícios ou terrenos destinados a serviços ou estabelecimento federal, estadual ou municipal); ou dominicais (objeto de direito real ou material de cada uma das entidades federativas).

36) Como identificar os imóveis de propriedade da União, dos Estados e dos Municípios, de suas autarquias e fundações públicas?

R: Constituem os bens públicos, que podem ser de uso comum do povo (estradas, ruas e praças, etc); de uso especial (edifícios ou terrenos destinados a serviços ou estabelecimentos federal, estadual ou municipal) ; ou dominicais (objeto de direito real ou material de cada uma das entidades federativas).

37) Qual a legislação aplicada as locações de imóveis da União?

R: A locação do imóvel da União é estabelecido pelo decreto-Lei nº 9.760, de 05 de setembro de 1946, que já sofreu várias alterações.

38) E as Locações de imóveis dos Estados e dos Municípios?
R: Os Estados e Municípios disciplinam, em Legislação própria, a locação de seus imóveis, que segue, em geral, as mesmas linhas do Decreto-Lei nº 9.760, de 05 de setembro de 1946.

39) O que caracteriza as locações de vagas autônomas de garagem ou de espaços para estacionamento de veículos?
R: As locações de vagas autônomas de garagem ou de espaços para estacionamento de veículos continua regida pelo Código Civil. Essas vagas são as alugadas isoladamente, em casas, edifícios residenciais ou edifícios-garagem, para a guarda de veículos, sejam eles quais forem.Não se incluem aquelas vagas que se incorporam à unidade residencial ou não residencial, e que são alugadas como parte integrante do mesmo contrato.

40) O que caracteriza as locações de espaços destinados à publicidade?
R: Os espaços alugados para colocação de cartazes de publicidade também não têm a proteção da Lei do Inquilinato, nem podiam tê-la, por tratar-se de contratos aleatórios.

As locações desses espaços foram expressamente colocados fora do alcance da Lei nº 8.245/91, visto que a finalidade que as dirige guarda pouca ou nenhuma semelhança com aquelas que a lei inquilinária procurou proteger.

41) Quais as características dos imóveis de apart-hotéis , os hotéis-residencias ou equiparados por avenças atípicas que não estão sujeitos a Lei nº 8.245/91?
R: São aqueles imóveis nos quais se prestam serviços regulares a seus usuários, e se encontram devidamente autorizados a funcionar.

42) O que vem a ser arrendamento mercantil?
R: O arrendamento mercantil, ou leasing, é a operação pela qual uma das partes, a arrendadora, arrenda os bens que adquiriu de terceiros a outrem, a arrendatária, para uso exclusivo desta.

O que caracteriza o leasing imobiliário é a tríplice opção, assegurada ao locatário, ao final do prazo do contrato: a seu exclusivo critério poderá o locatário devolver a coisa locada, encerrando a locação, renovar o contrato, ou adquirir o imóvel.

43) O que a Lei nº 8.245/91 estabelece sobre solidariedade?
R: Segundo o artigo 2, "havendo mais de um locador ou mais de um locatário, entende-se que são solidários, se o contrário não se estipulou."

44) Qual o conceito de solidariedade?

R: Sylvio Capanema de Souza, em sua obra A Nova Lei do Inquilinato Comentada,"Obrigação solidária "é aquela em que, havendo multiplicidade de credores ou de devedores, ou de uns e outros, cada credor terá direito à totalidade da prestação, como se fosse o único credor, ou cada devedor estará obrigado pelo débito todo, como se fosse o único devedor."

45) O que importa quanto a solidariedade dos locadores?

R: Qualquer um dos locadores, independentemente de autorização dos demais, poderá exigir do locatário o aluguel e os encargos, por inteiro, sendo-lhe lícito promover, individualmente, todas as medidas, judiciais ou extrajudiciais, para assegurar o crédito, inclusive ajuizando a ação de despejo por falta de pagamento ou por qualquer outro fundamento.

46) O que importa quanto a solidariedade dos locatários?

R: O locador poderá escolher qualquer dos locatários, para exigir o pagamento integral do aluguel e encargos. E a subsequente insolvência de um dos locatários não o prejudicará, já que poderá ele assentar sua pretensão integral, como já vimos, contra o devedor que restar solvente. Daí dizer-se, com razão, que, enquanto houver pelo menos um co-devedor solvente, o credor está tranquilo.

Pelo quinhão do insolvente responderam todos os demais locatários, em partes iguais, qualquer que seja a proporção deles na dívida comum.

47) O que se entende por solidariedade mista?

R: Havendo, no mesmo contrato de locação, vários locadores e locatários, opera-se a solidariedade mista. A ela aplicam-se as mesmas regras da solidariedade ativa e passiva.

48) Poderá o locador ajuizar ação de despejo em face de um só dos locatários, sem a ciência dos demais?

R: Não. Segundo Sylvio Capanema de Souza, a solidariedade não é de natureza processual. Se a lei exige, nas ações de despejo, que se dê ciência aos sublocatários autorizados, sob pena de nulidade do processo, a ser arguida em qualquer fase, não seria lógico que os co-locatários, que estão em situação mais privilegiada na relação contratual, pudessem ser surpreendidos com o desalijo, ao final da ação.

49) O que são as habitações coletivas multifamiliares?

R: Segundo Nagib Slaibi Filho as habitações coletivas multifamiliares são aquelas que se referem aos prédios ocupados por diversas famílias, as quais utilizam, cada uma, cômodos próprios (geralmente os quartos), mas partilham com os demais outras dependências (banheiros, cozinhas e áreas comuns), presumindo-se locatários ou sublocatários os ocupantes .

50) Quando que há a necessidade de se ter a vênia conjugal para se firmar um contrato de locação?

R: Segundo o art. 3º da Lei nº 8.245/91, "o contrato de locação pode ser ajustado por qualquer prazo, dependendo de vênia conjugal, se igual ou superior a dez anos.

Ausente a vênia conjugal, o cônjuge não estará obrigado a observar o prazo excedente."

51) Qual o princípio básico do artigo 3 da Lei nº 8.245/91?

R: Este dispositivo legal constitui norma de ordem pública, que fixa, atendendo os interesses familiares, bases jurídicas fundamentais em que repousam a ordem econômica da sociedade familiar. Pelo artigo, a pessoa casada não precisará de autorização do outro cônjuge para locar objeto que lhe pertença, salvo se se tratar de contrato de locação predial urbana por prazo igual ou superior a dez anos e se um dos consortes for o locador.

52) O que se pode ser feito quando o consorte denegar injustificadamente a autorização?

R: Para que o outro consorte possa locar o imóvel por prazo igual ou superior a dez anos, cabe a este requerer o suprimento judicial (art. 1.648 do CCB).

Caberá ao órgão judicante averiguar se é justo ou não a recusa do consorte a dar sua anuência para que o outro efetive aquele negócio locatício.

53) Poderá haver anulabilidade do ato praticado sem a vênia conjugal?

R: Sim, porque a lei visa proteger o patrimônio familiar.

54) Pode o locador resilir unilateralmente o contrato de locação?

R: Não pode o locador resilir unilateralmente o contrato de locação, havendo prazo determinado, antes do seu vencimento ainda que se proponha a ressarcir o locatário das eventuais perdas e danos.

Segundo o eminente Desembargador Sylvio Capanema de Souza " no curso do prazo do contrato só se admite que o locador possa reaver o imóvel nas hipóteses elencadas, em *numerus clausus* na própria lei, como, por exemplo, a falta de pagamento dos aluguéis e encargos, a infração legal ou contratual e a necessidade de realizar obras urgentes, determinadas pela autoridade pública, e que não possam ser feitas com a presença do inquilino no imóvel. "

55) O que estabelece a Lei nº 12.112 de 9 de dezembro de 2009?

R: A Lei nº 12.112/09 altera a Lei nº 8.245, de 18 de outubro de 1991, para aperfeiçoar as regras e procedimentos sobre locação de imóvel urbano.

56) Qual a contribuição da Lei nº 12.112/09?

R: A nova legislação é positiva para o mercado imobiliário porque aperfeiçoa os procedimentos na área de locação de imóveis urbanos, trazendo a modernização necessária depois de 18 anos de vigência da Lei nº 8.245/91.

57) Qual a nova redação do caput do artigo 4º de acordo com a Lei nº 12.112/09?

R: O novo texto do art. 4o reza que: "Durante o prazo estipulado para a duração do contrato, não poderá o locador reaver o imóvel alugado. O locatário, todavia, poderá devolvê-lo, pagando a multa pactuada, proporcionalmente ao período de cumprimento do contrato, ou, na sua falta, a que for judicialmente estipulada."

58) Fazendo uma comparação com o texto da Lei nº 245/91, qual foi a efetiva alteração do artigo 4º?

R: A nova redação do artigo 4º elimina a remissão constante do texto vigente a uma disposição do antigo Código Civil, já revogado, estabelecendo a regra expressa da proporcionalidade para o cálculo da multa a ser aplicada no caso do locatário devolver o imóvel locado durante o prazo determinado.

59) Pode o locatário resilir unilateralmente o contrato de locação?

R: O locatário poderá restituir o prédio alugado, antes do término prazo avençado, desde que pague a multa pactuada, proporcionalmente ao período de cumprimento do contrato.

60) Qual a exceção a regra do artigo 4 da Lei nº 8.245/91?

R: A lei do inquilinato estabelece que o locatário ficará dispensado da multa se a devolução do imóvel decorrer de transferência pelo seu empregador para prestar serviços em localidades diversas daquela do início do contrato, devendo notificar, por escrito, o locador, com prazo, no mínimo de trinta dias de antecedência.

61) Qual a ação competente para o locador reaver o imóvel locado?
R: Seja qual for o fundamento do término da locação, a ação do locador para reaver o imóvel é a de despejo.
A exceção a regra supra ocorre quando a locação termina em decorrência de desapropriação, com a missão do expropriante na posse do imóvel.

62) Qual a providência que o locatário deverá fazer quando desejar devolver o imóvel que já esteja por prazo indeterminado?
R: O locatário poderá denunciar a locação por prazo indeterminado mediante aviso por escrito ao locador, com antecedência mínima de trinta dias.

63) O que a Lei do Inquilinato estabelece quanto o locatário deixa de pre avisar a devolução do imóvel quanto o contrato já está por prazo indeterminado?
R: Se o locatário restituir o imóvel locado sem efetivar a notificação, o locador poderá reclamar o pagamento de quantia pecuniária correspondente ao valor de um mês de aluguel e demais encargos locatícios, vigentes por ocasião da resilição unilateral.
É mister ressaltar a importância de constar no contrato de locação uma cláusula estabelecendo as normas previstas no artigo 6 da Lei nº 8.245 de 18.10.1991.

64) O que a Lei nº 8.245/91 estabeleceu sobre o contrato ajustado por usufrutuàrio ou fiduciário?
R: O artigo 7 da Lei nº 8.245/91 estabelece que os contratos ajustados por usufrutuários ou fiduciários podem terminar com a extinção do usufruto ou do fideicomissário, salvo se com eles anuiu, por escrito, o nu-proprietário ou o fideicomissário, ou se a propriedade se consolidar em mãos do usufrutuário ou do fiduciário.
Diz o artigo 7:
"Nos casos de extinção de usufruto ou de fideicomisso, a locação celebrada pelo usufrutuário ou fiduciário poderá ser denunciada, com o prazo de trinta dias para a desocupação, salvo se havia aquiescência escrita do nu-proprietário ou do fideicomissário, ou se a propriedade se consolidou em mãos do usufrutuário ou do fiduciário."

65) Qual o conceito de usufruto?
R: O Usufruto é o direito de fruir as utilidades e frutos de uma coisa, enquanto destacado temporariamente da propriedade. Quem se beneficia com ele é o usufrutuário, chamando-se o dono da propriedade de nu proprietário.

66) Quem se denomina usufrutuário?

R: O usufrutuário é titular de direito real sobre a coisa alheia, fazendo jus à posse, uso, administração e percepção dos seus frutos. Não se permite a alienação do imóvel, seja a título oneroso ou gratuito.

67) Do que depende o usufruto dos imóveis?

R: O usufruto dos imóveis dependerá de transcrição o no respectivo registro imobiliário.

68) Qual o papel do fideicomisso?

R: No Fideicomisso pode o testador instituir herdeiros, ou legatários, por meio de fideicomisso, impondo a um deles, o gravado ou fiduciário, a obrigação de, por sua morte, a certo tempo, ou sob certa condição, transmitir ao outro, que se qualifica de fideicomissário, a herança ou legado. O fideicomisso só pode ser instituído sobre os bens que compõem a parte disponível da herança do testador.

69) Qual a definição do fiduciário?

R: O Fiduciário é toda pessoa que recebe um bem ou direito, com a incumbência de transmiti-lo a terceiro, com todos os benefícios.

70) Qual o modo de extinção dos contratos que envolvem o usufruto ou o fideicomisso?

R: O modo de extinção dos contratos é a denúncia, com prazo de trinta dias para a desocupação, exercitada dentro dos noventa dias posteriores à extinção do fideicomisso ou da averbação da extinção do usufruto, sob pena de presumir-se a concordância com a manutenção da locação.

É irrelevante que o contrato esteja vigendo por prazo determinado. Extinto o usufruto, durante a vida do contrato, ainda que antes do advento de seu termo final, poderá o nu-proprietário denunciá-lo, por não lhe convir manter o vínculo.

71) O Usufrutuário-locador poderá ser parte legítima em ações locatícias?

R: Sim. O usufrutuário-locador será parte legítima para propor ação de despejo e revisional e poderá também ser réu nas ações renovatórias.

72) Qual a exceção que é apresentada no artigo 7 da Lei nº 8.245/91 quanto a denúncia da locação?

R: O artigo 7 estabelece que havendo a aquiescência escrita do nu-proprietário, este ficará obrigado a respeitar o contrato de locação, sub-rogando-se nos direitos e obrigações do locador.Outra hipótese que não se admite a denúncia do contrato de locação é no caso se o usufruto se extinguiu pela consolidação da propriedade em mãos do usufrutuário.

73) Qual a relação do fiduciário com o imóvel locado?

R: O fiduciário tem propriedade resolúvel do imóvel fideicomitido que locou; logo, com o advento da condição resolutiva, cessará o fideicomisso e consequentemente não haverá possibilidade de continuar a locação.

Perdendo a posse direta o usufrutuário e o fiduciário não mais poderão perceber o aluguel legitimamente, pois com a resolução do usufruto ou do fideicomisso resolver-se-ão os direitos reais instituídos em favor do usufrutuário ou do fiduciário, passando ao nu-proprietário ou ao fideicomissário, detentores de mera posse indireta, em favor de quem se opera a resolução, a posse direta do imóvel.

74) O que estabelece o artigo 8 da Lei nº 8.245/91 quanto a denúncia imotivada do contrato de locação?

R: O artigo 8 da Lei do Inquilinato estabelece que se durante a locação o imóvel for alienado, o adquirente pode denunciar o contrato pelo simples fato de o haver adquirido. Notificado, o locatário terá 90 (noventa) dias para desocupar amigavelmente o imóvel. Se a denúncia não for feita dentro de 90 (noventa) dias contados do registro do título do adquirente no Registro Imobiliário, presume-se que ele tenha concordado em manter a locação se tratar de promessa de venda ou cessão, delas deverão constar as cláusulas de imissão na posse, de irrevogabilidade e irretratabilidade.

75) Quando o locatário terá possibilidade de permanecer no imóvel, opondo seu direito ao adquirente?

R: São três as situações:

a) o contrato de locação seja por prazo determinado;

b) a avença locativa contenha cláusula de vigência em caso de alienação;

c) o contrato locatício esteja averbado no Registro Imobiliário junto à matrícula do prédio locado.

76) Segundo o parágrafo único do artigo 8 da Lei nº 8.245/91, quem também terá a mesma possibilidade de denunciar o contrato de locação?

R: Idêntico direito terá o promissário comprador e o promissário cessionário, em caráter irrevogável, com imissão na posse do imóvel e título registrado junto à matrícula do mesmo.

77) Aponte casos em que a locação poderá ser desfeita?

R: Segundo o art. 9º da Lei nº 8.245/91, a locação também poderá ser desfeita:

"I - por mútuo acordo;

II - em decorrência da prática de infração legal ou contratual;

III - em decorrência da falta de pagamento do aluguel e demais encargos;

IV - para a realização de reparações urgentes determinadas pelo Poder Público, que não possam ser normalmente executadas com a permanência do locatário no imóvel ou, podendo, ele se recuse a consenti-las."

78) O que ocorre com o contrato de locação se o locador vier a falecer?

R: O artigo 10 da Lei nº 8.245/91 consigna que morrendo o locador, a locação transmite-se aos herdeiros.

O contrato de locação não se extingue com a morte do locador. Os herdeiros do locador sub-rogam-se nos direitos e deveres emanados do contrato, passando a compor o pólo da relação obrigacional.

Desta forma, sempre que a propriedade do imóvel locado for adquirida em razão da morte do locador, não caberá a denúncia vazia, a não ser nas condições previstas em lei, pelo decurso do prazo da locação.

79) O que ocorre com o contrato de locação se o locatário vier a falecer?

R: A lei do Inquilinato é objetiva em apontar que os herdeiros ou sucessores do locatário são investidos dos mesmos direitos, por sua morte, independentemente de qualquer ato seu.

A atual legislação inseriu expressamente o companheiro do falecido do locatário, no rol dos beneficiados na locação, uma vez que aquele companheiro que vivia no imóvel objeto da locação, em estado de casamento, estará automaticamente habititado a prosseguir na locação no caso de morte do locatário.

80) Morrendo o locatário quem se sub-roga na locação?

R: Nas locações com finalidade residencial, o cônjuge sobrevivente ou o companheiro e, sucessivamente, os herdeiros necessários e as pessoas que viviam na dependência econômica do de cujus, desde que residentes no imóvel;

Nas locações com finalidade não residencial, o espólio e, se for o caso, seu sucessor no negócio.

81) Qual a nova redação do caput do artigo 12, de acordo com a Lei nº 12.112/09?

R: A nova redação do artigo 12, caput, destacou a indicação da dissolução da união estável e a determinação para a locação residencial.

O texto proveniente da Lei nº 12.112/09 reza que: ". Em casos de separação de fato, separação judicial, divórcio ou dissolução da união estável, a locação residencial prosseguirá automaticamente com o cônjuge ou companheiro que permanecer no imóvel."

82) Existe expressamente a intensão de proteção a moradia no novo texto do caput do artigo 12?

R: Sim, a regra do *caput* do art. 12 da Lei de Locações tem por objetivo a proteção da moradia do cônjuge ou companheiro em caso de dissolução do vínculo conjugal ou da sociedade concubinária. Destacando a locações residenciais.

83) Quais as justificativas para a criação dos parágrafos 1º e 2º do artigo 12 introduzidas na Lei do Inquilinato através da Lei nº 12.112/09?

R: As principais justificativas previstas no art. 12 §§1º e 2º são: Dever De Comunicação da Sub-Rogação ao Fiador, nas Hipóteses de Falecimento do Cônjuge (Art. 11), Separação, Divórcio ou Dissolução da União Estável (Art. 12, Caput). Possibilidade de Exoneração em 30 Dias. Subsistência da Responsabilidade por 120 dias Após a Ciência do Locador

84) Qual a redação do parágrafo 1º do artigo 12 introduzido pela Lei nº 12.112/09?

R: A nova redação apresenta a seguinte redação:

"Nas hipóteses previstas neste artigo e no art. 11, a sub-rogação será comunicada por escrito ao locador e ao fiador, se esta for a modalidade de garantia locatícia".

A alteração veio a estabelecer que a regra da sub-rogação também atende aos termos do artigo 11 que trata da situação do morte do locatário e indicando expressamente que a comunicação por escrito também deverá ser feita em face do fiador.

85) Qual a redação do parágrafo 2º do artigo 12 introduzido pela Lei nº 12.112/09?

R: O novo parágrafo apresenta a seguinte redação: "O fiador poderá exonerar-se das suas responsabilidades no prazo de 30 (trinta) dias contado do recebimento da comunicação oferecida pelo sub-rogado, ficando responsável pelos efeitos da fiança durante 120 (cento e vinte) dias após a notificação ao locador."

86) Qual o procedimento a ser adotado pelo Locador na Hipótese de Exoneração do Fiador com base no Art. 12, §2º.

R: Ocorrendo a exoneração, o locador poderá tomar a providência descrita no parágrafo único do art.40 da Lei nº 8245/91, também introduzido pela Lei nº 12.112/09, a saber: a notificação do inquilino para apresentar nova garantia, em 30 dias, sob pena de 'desfazimento' da locação.

87) O que a Lei do Inquilinato estabelece quanto a cessão, sublocação e empréstimo do imóvel?

R: Reza o artigo 13 da Lei nº 8,245/91:

"A cessão da locação, a sublocação e o empréstimo do imóvel, total ou parcialmente, dependem do consentimento prévio e escrito do locador.

§ 1º Não se presume o consentimento pela simples demora do locador em manifestar formalmente a sua oposição.

§ 2º Desde que notificado por escrito pelo locatário, de ocorrência de uma das hipóteses deste artigo, o locador terá o prazo de trinta dias para manifestar formalmente a sua oposição."

88) O que tratava o dispositivo vetado, artigo 13,parágrafo 3º do Projeto de Lei nº 140/2009?

R: O dispositivo vetado abordava a equiparação da transferência do Controle Societário de Pessoa Jurídica à Cessão de Locação Não Residencial.

89) Qual era o texto do parágrafo 3º do artigo 13 vetado?

R: § 3º Nas locações não residenciais, equipara-se à cessão da locação qualquer negócio jurídico que importe na transferência do controle societário do locatário pessoa jurídica.

90) Quais foram as razões do veto apontadas na Mensagem nº 1.04 de 09/12/2009?

R: Não é possível confundir a estruturação societária da pessoa jurídica, que, independentemente da formação do quadro de sócios, tem personalidade jurídica própria, com o contrato de locação havido entre o locador e a própria pessoa jurídica. Ou seja, em outras palavras, o contrato de locação firmado entre locador e pessoa jurídica não guarda qualquer relação de dependência com a estruturação societária de pessoa jurídica locatária, considerando, essencialmente, a distinção da personalidade jurídica de cada um (sócios e a própria pessoa jurídica), conferida pelo ordenamento jurídico pátrio para cada um dos entes.

Além do mais, cabe registrar que exigências assim impediriam ou dificultariam sobremaneira operações societárias de transferência de cotas sociais ou ações de sociedades empresárias, tal como, exemplificativamente, a incorporação, fusão ou aquisição da participação majoritária de grandes empresas

91) Como podemos definir a sublocação?

R: José da Silva Pacheco conceitua a sublocação como sendo um contrato pelo qual o locatário, assumindo a posição de sublocador, cede o uso e gozo da coisa que lhe foi locada, em parte ou totalmente, a um terceiro, que se chama sublocatário. Conforme seja cedida a coisa toda ou somente parte dela, temos a sublocação total ou a sublocação parcial.

Distingue-se a sublocação da cessão da locação ou traspasse, mas como este, depende de consentimento por escrito do locador.

92) Existindo um contrato de sublocação, como fica a situação do locatário perante o locador do imóvel?

R: Na sublocação, o locatário continua responsável perante o locador, continuando ligado a este, pelo vínculo da locação. O sublocatário é um terceiro, estranho à primitiva relação contratual, não havendo qualquer relação ex locato entre o sublocatário e o locador originário. Assim, o sublocatário paga ao sublocador e a relação jurídica existente é entre este e o sublocatário, só tendo eficácia entre ambos as garantias oferecidas pelo sublocatário, sem interferir ou alterar as garantias originariamente oferecidas pelo locatário ao locador ou as demais cláusulas do contrato originário.

93) O que estabelece a Lei nº 8.245/91 quanto a sublocação?

R: O artigo 14 da Lei do Inquilinato consigna que "aplicam-se às sublocações, no que couber, as disposições relativas às locações."

94) Aponte alguns aspectos importantes sobre a sublocação?

R:

1. O locatário pode aumentar o aluguel do sublocatário na forma prevista na lei na mesma proporção do aumento que teve;
2. Pode lhe exigir qualquer das modalidades de garantia previstas;
3. Se o aluguel da sublocação não estiver assegurado por qualquer das garantias legais permitidas pela lei, pode exigir o pagamento do mês adiantado, até o sexto dia útil do mês vincendo;
4. Pode retomar a parte do imóvel sublocado para uso de seu ascendente ou descendente;
5. Pode rescindir a sublocação por infração legal ou contratual;
6. Igualmente pode requerer o despejo por falta de pagamento dos alugueres e encargos.

95) O que estabelece o artigo 15 da Lei nº 8.245/91 quanto a situação do sublocatário no caso de rescisão ou término da Locação?

R: Segundo o artigo 15 "Rescindida ou finda a locação, qualquer que seja sua causa, resolvem-se as sublocações, assegurado o direito de indenização do sublocatário contra o sublocador."

96) Qual a responsabilidade do sublocatário, quanto aos aluguéis devidos pelo sublocador?

R: A responsabilidade do sublocatário, quanto aos aluguéis devidos pelo sublocador se limita ao valor dos aluguéis devidos pela sublocação, sejam vencidos, sejam aqueles que forem vencendo durante a tramitação do processo de despejo movida contra o sublocador.

97) O que estabelece o artigo 16 da Lei nº 8.245/91 quanto a responsabilidade subsidiária do sublocatário?

R: O artigo 16 da lei nº 8.245/91 institui a responsabilidade subsidiária do sublocatário perante o locador pela importância devida ao sublocador, quando este for demandado.

98) Como deve ser estabelecido o preço da locação?

R: A locação requer que o locatário pague uma remuneração ao locador, pelo uso do imóvel. Tal remuneração consiste no aluguel, cujo preço deverá ser certo e determinado, estando vedada sua vinculação à variação cambial ou ao salário mínimo. O aluguel pago periodicamente pelo locatário ao locador, em regra, consiste numa quantia pecuniária, sendo proibida a sua estipulação em moeda estrangeira. Consequentemente, o pagamento do aluguel far-se-á em real, que é a moeda corrente em nosso país.

99) Qual a definição de aluguel?

R: Segundo Nagib Slaibi Filho " O aluguel é elemento essencial do contrato de locação. Se não existir, a cessão de uso e gozo terá o tipo do contrato de comodato, que é gratuito."

100) O que é locação por prazo determinado?

R: A locação por prazo determinado é aquela subsistente pelo período de tempo avençado entre as partes (quando do início do contrato ou de sua renovação amigável) ou judicialmente renovado, em se tratando de locação não residencial. (Nagib Slaibi Filho)

101) O que é locação por prazo indeterminado?

R: A locação por prazo indeterminado é aquela subsistente no período de tempo que exceder do término do prazo ajustado pelas partes, ou que exceder do término do prazo renovado judicialmente.

O contrato de locação pode ser ajustado por qualquer prazo, vedada a perpetuidade.

102) Quais os efeitos dos prazos , nas locações residenciais, segundo a interpretação do magistrado Nagib Slaibi Filho?

R:

a) ajustada por escrito, por prazo igual ou superior a 30 (trinta) meses;

b) ajustada verbalmente ou por escrito, por prazo inferior a 30 meses;

c) celebrada antes da vigência da Lei nº 8.245/91 e que vigore ou venha a vigorar com o prazo indeterminado;

d) de imóveis novos, com habite-se concedido após a vigência da Lei nº 8.245/91;

e) celebrada após 05 (cinco) anos de vigência da lei;

103) O que a Lei nº 8.245/91 estabelece sobre o reajuste do valor dos alugueres?

R: Quanto ao reajuste do valor dos alugueres a Lei do inquilinato prêve que nas locações residenciais seram observados os critérios de reajustes previstos na legislação especifica.

Com isso o locador não terá privilégio de impor reajustes ao seu alvedrio. O locatário deverá aceitar as condições do reajuste, desde que os critérios sejam os legais e não os impostos pela vontade do senhorio.

A partir de 15 de março de 1994, o governo determinou que os contratos em geral sejam reajustados em periodicidade mínima de 12 (doze) meses. Desta forma com a implantação do Plano Real, os contratos de locação tem de respeitar a anualidade para seu reajustes.

A Lei **nº** 10.192 de 14 de fevereiro de 2001 que dispõe sobre medidas complementares ao Plano Real, em seu artigo 2º , parágrafo 1º consigna que "é nula de pleno direito qualquer estipulação de reajuste ou correção monetária de periodicidade inferior a 1 (um) ano.

104) Como deve ser estabelecido o destino do contrato de locação?

R: Deve o contrato possuir uma cláusula estabelecendo a destinação da locação, ou seja, residencial, não residencial ou temporada.

105) O que caracteriza a destinação do contrato de locação residencial?

R: Sendo para finalidade residencial deve constar que o imóvel locado é destinado exclusivamente a servir de residência do locatário e de sua família, assim entendida a esposa e os filhos, sob sua dependência, ficando proibida a destinação ou utilização diferente.

106) O que caracteriza a destinação do contrato de locação não residencial?

R: Sendo para finalidade não residencial é necessário que se estabeleça qual o ramo de atividade do locatário, não podendo ser modificada a destinação sem o prévio consentimento espontanea escrito do locador. Geralmente utiliza-se o que vem determinado no contrato social ou no alvará de funcionamento do estabelecimento.

107) O que caracteriza a destinação do contrato de locação por temporada?

R: Considera-se locação para temporada aquela destinada à residência temporária do locatário, para prática de lazer, realização de cursos, tratamento de saúde, feitura de obras em seuimóvel, e outros fatos que decorram tão-somente de determinado tempo, e contratada espontanea prazo não superior a noventa dias, esteja ou não mobiliado o imóvel.

108) O que deve vir estabelecido no contrato de locação quanto ao local de pagamento?

R: Em todas as modalidades de Contrato de Locação (Residencial, Não Residencial e Temporada) o locador ou seu procurador deve determinar o local de pagamento do aluguel e encargos, indicando, se possível o seu horário de recebimento.

109) Como deve vir estabelecido no contrato de locação a escolha do indice de reajuste?

R: Todo contrato deve estabelecer um índice para reajustamento de seu valor. No caso de extinção do índice estabelecido no contrato, deve-se eleger um substitutivo.

110) O que deve ser observado quanto aos encargos da locação?

R: De acordo com o artigo 22 da Lei do Inquilinato, o locador é obrigado a pagar os impostos e taxas, e ainda o prêmio de seguro complementar contra fogo, que incidam ou venham a incidir sobre o imóvel, **salvo** disposição expressa em contrário no contrato.

Analisando este inciso observa-se a importância de constar expressamente no contrato de locação quais os encargos que o locatário deverá suportar.

Aconselha-se que a cláusula seja a mais detalhada possível enumerando todos os impostos e taxas pertinentes a locação.

111) O limite de 2% sobre o valor da obrigação para as cláusulas penais moratórias previstas no Código de Defesa do Consumidor é aplicável nas relações locatícias?

R: Não, uma vez que inexiste nas locações qualquer relação jurídica de consumo.

112) O que deve estar previsto no contrato de locação quanto a conservação do imóvel?

R: A cláusula concernente a conservação do imóvel deve espelhar o estado real do mesmo.

113) Qual a obrigação do locador no momento da entrega do imóvel para a locação?

R: O locador deverá entregar o imóvel no mais perfeito estado de conservação e asseio, assim entendido como pintado, com suas instalações elétricas e hidraúlicas em perfeito estado de funcionamento, responsabilizando-se ainda pela imediata reparação de qualquer defeito, ou vício oculto anteriores a locação.

114) O que o locador deverá preparar para fazer parte integrante do contrato de locação?

R: É aconselhável que faça parte integrante ao contrato de locação um laudo detalhado do estado do imóvel. Neste instrumento deve constar rigorosamente as condições de habitabilidade da edificação, sendo ao final assinado pelas partes interessadas (locador ou seu procurador, locatário e fiador), na presença de duas testemunhas, que também devem assinar o instrumento.

115) É possível locador e locatário estabelecer um acordo para um novo valor de aluguel?
R: Sim. É lícito às partes fixar, de comum acordo, novo valor para o aluguel, bem como inserir ou modificar cláusula de reajuste.

116) Qual o remédio jurídico quando as partes não conseguem chegar a um acordo num contrato que já tenha três anos de vigência?
R: Não havendo acordo, o locador ou locatário, após três anos de vigência do contrato ou do acordo anteriormente realizado, poderão pedir revisão judicial do aluguel, a fim de ajustá-lo ao preço de mercado.

117) O locador poderá cobrar antecipadamente o aluguel?
R: Salvo as hipóteses do art. 42 e da locação para temporada, o locador não poderá exigir o pagamento antecipado do aluguel.

118) Em relação ao sublocatário, existe algum limite para o valor do aluguel?
R: O aluguel da sublocação não poderá exceder o da locação; nas habitações coletivas multifamiliares, a soma dos aluguéis não poderá ser superior ao dobro do valor da locação.
O descumprimento autoriza o sublocatário a reduzir o aluguel até os limites nele estabelecidos.

119) Quais os deveres do locador?
R:
I – entregar ao locatário o imóvel alugado em estado de servir ao uso a que se destina;
II – garantir, durante o tempo da locação, o uso pacífico do imóvel locado;
III – manter, durante a locação, a forma e o destino do imóvel;
IV – responder pelos vícios ou defeitos anteriores à locação;
V – fornecer ao locatário, caso este solicite, descrição minuciosa do estado do imóvel, quando de sua entrega, com expressa referência aos eventuais defeitos existentes;
VI – fornecer ao locatário recibo discriminado das importâncias por este pagas, vedada a quitação genérica;

VII – pagar as taxas de administração imobiliária, se houver, e de intermediações, nestas compreendidas as despesas necessárias à aferição da idoneidade do pretendente ou de seu fiador;
VIII – pagar os impostos e taxas, e ainda o prêmio de seguro complementar contra fogo, que incidam ou venham a incidir sobre o imóvel, salvo disposição expressa em contrário no contrato;
IX – exibir ao locatário, quando solicitado, os comprovantes relativos às parcelas que estejam sendo exigidas;
X – pagar as despesas extraordinárias de condomínio.

120) O que se entende por despesas extraordinárias do condomínio?
R: Por despesas extraordinárias de condomínio se entendem aquelas que não se refiram aos gastos rotineiros de manutenção do edifício, especialmente:

121) Quais as despesas extraordinárias estabelecidas na Lei nº 8.245/91?
R:
a) obras de reformas ou acréscimos que interessem à estrutura integral do imóvel;
b) pintura das fachadas, empenas, poços de aeração e iluminação, bem como das esquadrias externas;
c) obras destinadas a repor as condições de habitabilidade do edifício;
d) indenizações trabalhistas e previdenciárias pela dispensa de empregados, ocorridas em data anterior ao início da locação;
e) instalação de equipamento de segurança e de incêndio, de telefonia, de intercomunicação, de esporte e de lazer;
f) despesas de decoração e paisagismo nas partes de uso comum;
g) constituição de fundo de reserva.

122) Quais os deveres dos locatários?
R:
I – pagar pontualmente o aluguel e os encargos da locação, legal ou contratualmente exigíveis, no prazo estipulado ou, em sua falta, até o sexto dia útil do mês seguinte ao vencido, no imóvel locado, quando outro local não tiver sido indicado no contrato;
II – servir-se do imóvel para o uso convencionado ou presumido, compatível com a natureza deste e com o fim a que se destina, devendo tratá-lo com o mesmo cuidado como se fosse seu;
III – restituir o imóvel, finda a locação, no estado em que o recebeu, salvo as deteriorações decorrentes do seu uso normal;

IV - levar imediatamente ao conhecimento do locador o surgimento de qualquer dano ou defeito cuja reparação a este incumba, bem como as eventuais turbações de terceiros;

V - realizar a imediata reparação dos danos verificados no imóvel, ou nas suas instalações, provocadas por si, seus dependentes, familiares, visitantes ou prepostos;

VI - não modificar a forma interna ou externa do imóvel sem o consentimento prévio e por escrito do locador;

VII - entregar imediatamente ao locador os documentos de cobrança de tributos e encargos condominiais, bem como qualquer intimação, multa ou exigência de autoridade pública, ainda que dirigida a ele, locatário;

VIII - pagar as despesas de telefone e de consumo de força, luz e gás, água e esgoto;

IX - permitir a vistoria do imóvel pelo locador ou por seu mandatário, mediante combinação prévia de dia e hora, bem como admitir que seja o mesmo visitado e examinado por terceiros, na hipótese prevista no art. 27;

X - cumprir integralmente a convenção de condomínio e os regulamentos internos;

XI - pagar o prêmio do seguro de fiança;

XII - pagar as despesas ordinárias de condomínio.

123) O que se entende por despesas ordinárias de condomínio?

R: Por despesas ordinárias de condomínio se entendem as necessárias à administração respectiva, especialmente:

a) salários, encargos trabalhistas, contribuições previdenciárias e sociais dos empregados do condomínio;

b) consumo de água e esgoto, gás, luz e força das áreas de uso comum;

c) limpeza, conservação e pintura das instalações e dependências de uso comum;

d) manutenção e conservação das instalações e equipamentos hidráulicos, elétricos, mecânicos e de segurança, de uso comum; e) manutenção e conservação das instalações e equipamentos de uso comum destinados à prática de esportes e lazer;

f) manutenção e conservação de elevadores, porteiro eletrônico e antenas coletivas;

g) pequenos reparos nas dependências e instalações elétricas e hidráulicas de uso comum;

h) rateios de saldo devedor, salvo se referentes a período anterior ao início da locação;

i) reposição do fundo de reserva, total ou parcialmente utilizado no custeio ou complementação das despesas referidas nas alíneas anteriores, salvo se referentes a período anterior ao início da locação.

124) O locatário é obrigado a pagar as despesas ordinárias do condomínio?

R: O locatário fica obrigado ao pagamento das referidas despesas , desde que comprovadas a previsão orçamentária e o rateio mensal, podendo exigir a qualquer tempo a comprovação das mesmas.

125) Como fica a responsabilidade do locatários pelo pagamento das despesas de rateio de um edifício de um único proprietário?

R: No edifício constituído por unidades imobiliárias autônomas, de propriedade da mesma pessoa, os locatários ficam obrigados ao pagamento das despesas ordinárias, desde que comprovadas.

126) Qual a peculiaridade dos imóveis utilizados como habitação coletiva multifamiliar?

R: Nos imóveis utilizados como habitação coletiva multifamiliar, os locatários ou sublocatários poderão depositar judicialmente o aluguel e encargos se a construção for considerada em condições precárias pelo Poder Público.

127) Como poderá ser feito o levantamento dos depósitos?

R: O levantamento dos depósitos somente será deferido com a comunicação, pela autoridade pública, da regularização do imóvel.

128) Como fica a obrigatoriedade do pagamento do aluguel durante o período de realização das obras?

R: Os locatários ou sublocatários que deixarem o imóvel estarão desobrigados do aluguel durante a execução das obras necessárias à regularização.

129) Como poderão ser levantados os depósitos efetuados em juízo pelos locatários e sublocatários?

R: Os depósitos efetuados em juízo pelos locatários e sublocatários poderão ser levantados, mediante ordem judicial, para realização das obras ou serviços necessários à regularização do imóvel.

130) Qual a definição de habitações coletivas?

R: São imóveis alugados a várias famílias, com um ou mais cômodos destinados a cada uma delas.

131) Qual a responsabilidade do locatário quanto ao pagamento dos aluguéis e encargos da locação?

R: Atribuída ao locatário a responsabilidade pelo pagamento dos tributos, encargos e despesas ordinárias de condomínio, o locador poderá cobrar tais verbas juntamente com o aluguel do mês a que se refiram.

132) Qual a benece do locador caso ele antecipe o pagamento de algum tributo, encargo ou despesas de condomínio?

R: Se o locador antecipar os pagamentos, a ele pertencerão as vantagens daí advindas, salvo se o locatário reembolsá-lo integralmente.

133) Qual a responsabilidade do locador quanto a reparos urgentes a serem executados no imóvel locado?

R: Necessitando o imóvel de reparos urgentes, cuja realização incumba ao locador, o locatário é obrigado a consenti-los.

134) O locatário terá direito a alguma benece durante a realização da obra no imóvel locado?

R: Se os reparos durarem mais de dez dias, o locatário terá direito ao abatimento do aluguel, proporcional ao período excedente.

135) Qual a consequência no caso da obra ultrapassar o prazo de trinta dias?

R: Se os reparos durarem mais de trinta dias o locatário poderá resilir o contrato.

136) O que pode ocorrer caso o locatário resista a realização dos reparos urgentes?

R: Se houver recusa por parte do locatário, que é obrigado a consentir na reforma, isto se torna motivo para a rescisão do contrato e consequentemente para o despejo.

137) Há necessidade de se provar que a recusa é injustificada?

R: Sim. Se o locatário provar não existir necessidade de reforma, e que os reparos não são urgentes, estará justificada a recusa.

138) Aponte um remédio jurídico para combater a resistência do locatário a realização dos reparos urgentes?

R: Nos casos urgentes, havendo resistência do locatário, pode o locador se valer das medidas cautelares.

139) Em quais situações o locador está obrigado a dar a preferência para o locatário para adquirir o imóvel locado?

R: No caso de venda, promessa de venda, cessão ou promessa de cessão de direitos ou dação em pagamento, o locatário tem preferência para adquirir o imóvel locado, em igualdade de condições com terceiros, devendo o locador dar-lhe conhecimento do negócio mediante notificação judicial, extrajudicial ou outro meio de ciência inequívoca.

140) Qual o pré requisito para o locatário exercer o direito de preferência?

R: Só poderá ser exercido o direito de preferência se houver igualdade de condições no negócio por parte do locatário.

141) O direito de preferência pode ser elidido?

R: Não. É nula, de acordo com o artigo 45 da Lei nº 8.245/91, qualquer cláusula visando elidir esse direito do locatário.

142) Como deve ser elaborada a notificação referente ao direito de preferência?

R: A comunicação deverá conter todas as condições do negócio e, em especial, o preço, a forma de pagamento, a existência de ônus reais, bem como o local e horário em que pode ser examinada a documentação pertinente.

143) Qual o prazo para o locatário exercer o seu direito de preferência para a aquisição do imóvel locado?

R: O direito de preferência do locatário caducará se não manifestada, de maneira inequívoca, sua aceitação integral à proposta, no prazo de trinta dias.

144) Ocorrendo aceitação da proposta, pelo locatário, a posterior desistência do negócio pelo locador poderá acarretar algum dano?

R: Sim, ao locador acarretará responsabilidade pelos prejuízos ocasionados, inclusive lucros cessantes.

145) Estando o imóvel sublocado em sua totalidade a quem caberá o direito de preferência ?

R: Caberá o direito de preferência ao sublocatário e, em seguida, ao locatário.

146) Se forem vários os sublocatários, a quem caberá o direito de preferência?

R: Sendo vários os sublocatários, a preferência caberá a todos, em comum, ou a qualquer deles, se um só for o interessado.

147) Havendo pluralidade de pretendentes, a quem caberá a preferência?

R: Caberá ao locatário mais antigo, e, se da mesma data, ao mais idoso.

148) Em se tratando de alienação de mais de uma unidade imobiliária, o direito de preferência incidirá sobre que percentual?

R: Em se tratando de alienação de mais de uma unidade imobiliária o direito de preferência incidirá a totalidade dos bens objeto da alienação.

149) Quais as situações que não há a obrigatoriedade de oferecer o direito de preferência?

R: O direito de preferência não alcança os casos de perda da propriedade ou venda por decisão judicial, permuta, doação, integralização de capital, cisão, fusão e incorporação.

150) Qual a nova redação do parágrafo único do artigo 32 incluída pela Lei nº 10.931 de 2004?

R: "Nos contratos firmados a partir de 1º de outubro de 2001, o direito de preferência de que trata este artigo não alcançará também os casos de constituição da propriedade fiduciária e de perda da propriedade ou venda por quaisquer formas de realização de garantia, inclusive mediante leilão extrajudicial, devendo essa condição constar expressamente em cláusula contratual específica, destacando-se das demais por sua apresentação gráfica."

151) O locatário preterido no seu direito de preferência poderá reclamar do alienante?

R: O locatário poderá reclamar do alienante as perdas e danos ou, depositando o preço e demais despesas do ato de transferência, haver para si o imóvel locado, se o requerer no prazo de seis meses, a contar do registro do ato no cartório de imóveis, desde que o contrato de locação esteja averbado pelo menos trinta dias antes da alienação junto à matrícula do imóvel.

152) Como é feita a averbação do Contrato de locação no Cartório do Registro de Imóveis?

R: A averbação far-se-á à vista de qualquer das vias do contrato de locação desde que subscrito também por duas testemunhas.

153) Havendo condomínio no imóvel, como será aplicado o direito de preferência?
R: De acordo com o artigo 34 da Lei nº 8.245/91, a preferência do condômino terá prioridade sobre a do locatário.

154) O locatário de direito de indenização sobre as benfeitorias feitas por ele no imóvel locado?
R: De acordo com o artigo. 35 da Lei nº 8.245/91, salvo expressa disposição contratual em contrário, as benfeitorias necessárias introduzidas pelo locatário, ainda que não autorizadas pelo locador, bem como as úteis, desde que autorizadas, serão indenizáveis e permitem o exercício do direito de retenção.

155) As benfeitorias voluptuárias feitas pelo locatário tem direito de indenização?
R: As benfeitorias voluptuárias não serão indenizáveis, podendo ser levantadas pelo locatário, finda a locação, desde que sua retirada não afete a estrutura e a substância do imóvel.

156) Quais as garantias locatícias previstas na Lei do Inquilinato?
R: O Contrato de Locação deverá apresentar uma das modalidades de garantia prevista no artigo 37 da Lei do Inquilinato. A garantia locatícia é o ajuste, inserido na locação, que visa dar ao locador uma segurança no que respeita ao pagamento do aluguel e dos demais encargos locativos.
Segundo o dispositivo legal supra indicado, o locador pode exigir do locatário, as seguintes garantias:
I – Caução, que poderá ser em bens móveis ou imóveis, ou ainda em dinheiro, sendo que nesta hipótese não poderá exceder ao equivalente a três meses de aluguel, e que deverá ser depositada em caderneta de poupança, revertendo em benefício do locatário todas as vantagens dela decorrentes, por ocasião de seu levantamento;
II – Fiança, que poderá ser prestada por pessoa física, que se obrigará solidariamente pelos encargos decorrentes da locação. A fiança deverá ser prestada por marido e mulher, caso o fiador seja casado;
III – Seguro de fiança locatícia, que deverá ser contratado junto a uma companhia seguradora, que poderá abranger somente débitos decorrentes de falta de pagamento de aluguel, ou também danos físicos do imóvel.
IV – Cessão fiduciária de quotas de fundo de investimento. (Incluído pela Lei nº 11.196, de 2005)

157) Qual a justificativa para a alteração do artigo 39 introduzida na Lei do Inquilinato através da Lei nº 12.112/09?

R: A principal justificativa prevista na nova redação do artigo 39 é a extensão das Garantias Locatícias até a devolução do imóvel, inclusive na hipótese de locação por prazo indeterminado.

158) Qual a nova redação do artigo 39?

R: Salvo disposição contratual em contrário, qualquer das garantias da locação se estende até a efetiva devolução do imóvel, ainda que prorrogada a locação por prazo indeterminado, por força desta Lei.

159) Qual foi o objetivo da alteração da redação do artigo 39?

R: O principal objetivo foi pacificar as controvérsias jurisprudenciais sobre a extensão da garantia da fiança. A sugestão foi de que a redação do dispositivo fique mas clara.

160) O que a Lei nº 8.245/91 estabelece sobre a caução de bens móveis?

R: A Lei do Inquilinato permite que a caução recaia sobre bens móveis, exigindo-se, nesta hipótese, que seja registrada no Cartório de Títulos e Documentos.

161) O que a Lei nº 8.245/91 estabelece sobre a caução de bens imóveis?

R: Deve –se averbar à margem da respectiva matrícula no Cartório competente de Registro Imobiliário.

162) O que estabelece a garantia de fiança?

R: Dá-se o contrato de fiança, quando uma pessoa se obriga por outra, para com o seu credor, a satisfazer a obrigação, caso o devedor não a cumpra.O fiador responde apenas pelo que foi declarado no contrato.

A prestação de fiança exige outorga uxória se o fiador é casado

163) Qual a justificativa para a alteração do inciso II do artigo 40º introduzidas pela Lei nº 12.112/09?

R: O inciso II do art. 40 foi modificado para incluir no rol das causas justificadoras da exigência de novo fiador ou de substituição da modalidade de garantia a recuperação judicial.

A nova redação visa a adequar esse dispositivo à Lei n° 11.101/2005, que prevê o instituto da recuperação judicial. Facultando ao locador a exigência de substituição do fiador que ingresse no regime da recuperação judicial, a lei atenderá aos interesses não só do locador, mas também da própria empresa em recuperação, que poderá ver-se livre de novas obrigações, pertinentes ao pagamento de dívida do locatário.

164) Qual a nova redação do inciso II do artigo 40º?

R: "Art 40 – O locador poderá exigir novo fiador ou a substituição da modalidade de garantia, nos seguintes casos:

II – ausência, interdição, recuperação judicial, falência ou insolvência do fiador, declaradas judicialmente."

165) Qual a justificativa para a criação do inciso X do artigo 40º introduzido pela Lei nº 12.112/09?

R: A justificativa foi a possibilidade de exoneração da fiança em se tratando de locação prorrogada por prazo indeterminado.Disciplina dos Efeitos. Explicitação da Possibilidade de Exigência de Novo Fiador ou Garantia Nessa Hipótese.

166) Qual a redação do inciso X , do artigo 40?

R: Reza o inciso X: "prorrogação da locação por prazo indeterminado uma vez notificado o locador pelo fiador de sua intenção de desoneração, ficando obrigado por todos os efeitos da fiança, durante 120 (cento e vinte) dias após a notificação ao locador."

167) Qual a justificativa para a criação do parágrafo único do artigo 40º introduzido pela Lei nº 12.112/09?

R: A justificação é a necessidade de Notificação do Locatário para a Apresentação de Nova Garantia, sob Pena de "Desfazimento da Locação.

168) Qual a relação do parágrafo único do artigo 40 com o parágrafo 2º do artigo 12?

R: O parágrafo único poderá ser invocado também se verificada a situação descrita no recém introduzido §2º do art.12 Ao locador é conferido o direito subjetivo de demandar do locatário nova garantia, a ser prestada em 30 dias, e 'desfazer' a locação se não atendido o pleito

169) Qual a nova redação do parágrafo único do artigo 40?

R: "O locador poderá notificar o locatário para apresentar nova garantia locatícia no prazo de 30 (trinta) dias, sob pena de desfazimento da locação."

170) Diante das alterações da Lei nº 8.245/91, introduzidas pela Lei nº 12.112/09 em que casos o locador poderá exigir novo fiador ou a substituição da modalidade de garantia?

R:

"I – morte do fiador;

II – ausência, interdição, recuperação judicial, falência ou insolvência do fiador, declaradas judicialmente; (Incluído pela Lei nº 12.112, de 2009)

III – alienação ou gravação de todos os bens imóveis do fiador ou sua mudança de residência sem comunicação ao locador;

IV – exoneração do fiador;

V – prorrogação da locação por prazo indeterminado, sendo a fiança ajustada por prazo certo;

VI – desaparecimento dos bens móveis;

VII – desapropriação ou alienação do imóvel;

VIII – exoneração de garantia constituída por quotas de fundo de investimento;(incluída pela Lei nº 11.196 de 2005);

IX – liquidação ou encerramento do fundo de investimento de que trata o inciso IV do art. 37 desta Lei. (Incluído pela Lei nº 11.196, de 2005);

X – prorrogação da locação por prazo indeterminado uma vez notificado o locador pelo fiador de sua intenção de desoneração, ficando obrigado por todos os efeitos da fiança, durante 120 (cento e vinte) dias após a notificação ao locador. (Incluído pela Lei nº 12.112, de 2009)."

171) Qual a finalidade do seguro fiança locatícia?

R: O Seguro Fiança Locatícia tem a finalidade de garantir o locador do prejuízo que venha a sofrer, em decorrência do inadimplemento do contrato pelo locatário, reconhecido através de decretação do despejo e/ou da imissão de posse do imóvel, em razão do não pagamento dos aluguéis e encargos.

172) É correto ter mais de uma modalidade de garantia num mesmo contrato de locação?

R: É vedada, sob pena de nulidade, mais de uma das modalidades de garantia num mesmo contrato de locação.

173) Quais as modalidades de caução estabelecidas na Lei nº 8.245/91?

R: A caução poderá ser em bens móveis ou imóveis.

174) Em qual cartório poderá ser registrada a caução de bens móveis?

R: A caução em bens móveis deverá ser registrada em cartório de títulos e documentos.

175) Em que cartório poderá ser registrada a caução de bens imóveis?

R: A caução de bens imóveis deverá ser averbada à margem da respectiva matrícula no cartório de registro de imóveis.

176) Qual o limite permitido na Lei do Inquilinato para a caução em dinheiro?

R: A caução em dinheiro não poderá exceder o equivalente a três meses de aluguel.

177) O que deve vir estabelecido no contrato de locação quanto a impontualidade no pagamento do aluguel?

R: Deve o contrato de locação conter uma cláusula estabelecendo que no caso de impontualidade no pagamento do aluguel e encargos, o locatário ficará sujeito a uma penalidade. Normalmente é estabelecido uma multa moratória de 10 (dez) por cento, acrescida de juros de 1 (um) por cento ao mês. sendo o total do débito corrigido monetáriamente.

178) A Lei do Inquilinato determina onde deverá ser depositada a caução em dinheiro?

R: Sim, de acordo com a Lei nº 8.245/91, a caução em dinheiro deverá ser depositada em caderneta de poupança, autorizada, pelo Poder Público e por ele regulamentada, revertendo em benefício do locatário todas as vantagens dela decorrentes por ocasião do levantamento da soma respectiva.

179) O que a Lei nº 8.245/91 determina sobre a caução em títulos e ações?

R: A caução em títulos e ações deverá ser substituída, no prazo de trinta dias, em caso de concordata, falência ou liquidação das sociedades emissoras.

180) Segundo a Lei nº 8.245/91 até quando as garantias locatícias terão validade?

R: Salvo disposição contratual em contrário, qualquer das garantias da locação se estende até a efetiva devolução do imóvel.

181) Qual o abrangência do seguro de fiança locatícia?

R: O seguro de fiança locatícia abrangerá a totalidade das obrigações do locatário.

182) Qual a conseqüência quando a locação não tiver garantida por qualquer das modalidades previstas no artigo 37 da Lei do Inquilinato?

R: O locador poderá exigir do locatário o pagamento do aluguel e encargos até o sexto dia útil do mês vincendo.

183) Quais as cláusulas do contrato de locação que são consideradas nulas de pleno direito?

R: São nulas de pleno direito as cláusulas do contrato de locação que visem a elidir os objetivos da Lei nº 8.245/91, notadamente as que proíbam a prorrogação prevista no art. 47, ou que afastem o direito à renovação, na hipótese do art. 51, ou que imponham obrigações pecuniárias para tanto.

184) O que ocorre com as locações ajustadas por escrito e por prazo igual ou superior a trinta meses?

R: A resolução do contrato ocorrerá findo o prazo estipulado, independentemente de notificação ou aviso.

185) O que ocorre se findo o prazo ajustado, o locatário continuar na posse do imóvel alugado por mais de trinta dias sem oposição do locador?

R: Presumir-se-á prorrogada a locação por prazo indeterminado, mantidas as demais cláusulas e condições do contrato.

186) O que ocorre se houver a prorrogação do contrato de locação?

R: O locador poderá denunciar o contrato a qualquer tempo, concedido o prazo de trinta dias para desocupação.

187) O que ocorre quando a locação for ajustada verbalmente ou por escrito e como prazo inferior a trinta meses?

R: Findo o prazo estabelecido, a locação prorroga-se automaticamente, por prazo indeterminado.

188) Ocorrendo a situação prevista na pergunta anterior quando será possível retomar o imóvel?

R: Somente poderá ser retomado o imóvel:

I – Nos casos do art. 9º;

II – em decorrência de extinção do contrato de trabalho, se a ocupação do imóvel pelo locatário relacionada com o seu emprego;

III – se for pedido para uso próprio, de seu cônjuge ou companheiro, ou para uso residencial de ascendente ou descendente que não disponha, assim como seu cônjuge ou companheiro, de imóvel residencial próprio;

IV – se for pedido para demolição e edificação licenciada ou para a realização de obras aprovadas pelo Poder Público, que aumentem a área construída, em, no mínimo, vinte por cento ou, se o imóvel for destinado a exploração de hotel ou pensão, em cinqüenta por cento;

V – se a vigência ininterrupta da locação ultrapassar cinco anos.

189) Na hipótese de se for pedido o imóvel para uso próprio, de seu cônjuge ou companheiro, ou para uso residencial de ascendente ou descendente que não disponha, assim como seu cônjuge ou companheiro, de imóvel residencial próprio, em que casos a necessidade deverá ser judicialmente demonstrada?

R:

a) O retomante, alegando necessidade de usar o imóvel, estiver ocupando, com a mesma finalidade, outro de sua propriedade situado nas mesma localidade ou, residindo ou utilizando imóvel alheio, já tiver retomado o imóvel anteriormente;

b) o ascendente ou descendente, beneficiário da retomada, residir em imóvel próprio.

190) Em que hipóteses o locador deverá comprovar a propriedade?

R: Segundo § 2º do artigo 47 da Lei nº 8.245/91, nas hipóteses dos incisos III e IV, o retomante deverá comprovar ser proprietário, promissário comprador ou promissário cessionário, em caráter irrevogável, com imissão na posse do imóvel e título registrado junto à matrícula do mesmo.

191) Qual a definição de uma locação para temporada?

R: Considera-se locação para temporada aquela destinada à residência temporária do locatário, para prática de lazer, realização de cursos, tratamento de saúde, feitura de obras em seu imóvel, e outros fatos que decorrem tão-somente de determinado tempo, e contratada por prazo não superior a noventa dias, esteja ou não mobiliado o imóvel.

192) No caso de a locação de temporada envolver imóvel mobiliado, o que o locador deverá providenciar?

R: Deverá constar do contrato, obrigatoriamente, a descrição dos móveis e utensílios que o guarnecem, bem como o estado em que se encontram.

193) Qual a particularidade que ocorre com o contrato de locação para temporada?

R: O locador poderá receber de uma só vez e antecipadamente os aluguéis e encargos, bem como exigir qualquer das modalidades de garantia previstas no art. 37 da Lei nº 8.245/91 para atender as demais obrigações do contrato.

194) Qual a conseqüência se findo o prazo ajustado no contrato de locação para temporada o locatário permanecer no imóvel sem oposição do locador por mais de trinta dias?

R: Presumir-se-á prorrogada a locação por tempo indeterminado, não mais sendo exigível o pagamento antecipado do aluguel e dos encargos.

195) Ocorrendo a prorrogação, quando que o locador poderá denunciar o contrato de locação?

R: Somente após trinta meses de seu início ou nas hipóteses do art. 47.

196) Em que situações nas locações de imóveis destinados ao comércio, o locatário terá direito a renovação do contrato, por igual prazo?

R: O locatário terá direito a renovação do contrato, por igual prazo desde que, cumulativamente:

I – o contrato a renovar tenha sido celebrado por escrito e com prazo determinado;

II – o prazo mínimo do contrato a renovar ou a soma dos prazos ininterruptos dos contratos escritos seja de cinco anos;

III – o locatário esteja explorando seu comércio, no mesmo ramo, pelo prazo mínimo e ininterrupto de três anos.

197) Quem terá o direito assegurado no artigo 51 da Lei do Inquilinato?

R: O direito assegurado no artigo 51 da Lei do Inquilinato poderá ser exercido pelos cessionários ou sucessores da locação;

198) Em que situação o direito a renovação somente poderá ser exercido pelo sublocatário?

R: No caso de sublocação total do imóvel

199) Quando o contrato autorizar que o locatário utilize o imóvel para as atividades de sociedade de que faça parte e que a esta passe

a pertencer o fundo de comércio, o direito a renovação poderá ser exercido por quem?

R: Pelo locatário ou pela sociedade.

200) Dissolvida a sociedade comercial por morte de um dos sócios quem terá direito a sub-rogação?

R: O sócio sobrevivente fica sub-rogado no direito a renovação, desde que continue no mesmo ramo.

201) O direito a renovação do contrato estende-se a que tipos de locações?

R: Estende-se às locações celebradas por indústrias e sociedades civis com fim lucrativo, regularmente constituídas, desde que ocorrentes os pressupostos previstos nn artigo 51 da Lei nº 8.245/91.

202) Do direito a renovação decai aquele que não propuser a ação em que prazo?

R: No interregno de um ano, no máximo, até seis meses, no mínimo, anteriores à data da finalização do prazo do contrato em vigor.

203) Em que situações o locador não estará obrigado a renovar o contrato?

R:

I – por determinação do Poder Público, tiver que realizar no imóvel obras que importarem na sua radical transformação; ou para fazer modificações de tal natureza que aumente o valor do negócio ou da propriedade;

II – o imóvel vier a ser utilizado por ele próprio ou para transferência de fundo de comércio existente há mais de um ano, sendo detentor da maioria do capital o locador, seu cônjuge, ascendente ou descendente.

204) Em que hipóteses o imóvel não poderá ser destinado ao uso do mesmo ramo do locatário, salvo se a locação também envolvia o fundo de comércio, com as instalações e pertences?

R: Na hipótese do imóvel vier a ser utilizado por ele próprio ou para transferência de fundo de comércio existente há mais de um ano, sendo detentor da maioria do capital o locador, seu cônjuge, ascendente ou descendente.

205) O que ocorre com as locações de espaço em shopping centers?

R: Nas locações de espaço em shopping centers, o locador não poderá recusar a renovação do contrato com fundamento no inciso II do artigo 52 da Lei nº 8.245/91

206) O que ocorre se a renovação não ocorrer em razão de proposta de terceiro, em melhores condições, ou se o locador, no prazo de três meses da entrega do imóvel, não der o destino alegado ou não iniciar as obras determinadas pelo Poder Público ou que declarou pretender realizar?
R: O locatário terá direito a indenização para ressarcimento dos prejuízos e dos lucros cessantes que tiver que arcar com mudança, perda do lugar e desvalorização do fundo de comércio..

207) Qual foi a idéia da apresentação de uma nova redação ao parágrafo 3º do artigo 52 no Projeto da Nova Lei do Inquilinato?
R: Supressão do Direito do Locatário à Indenização na Hipótese de a Renovação do Contrato Não Ocorrer Em Virtude de Melhor Proposta de Terceiro

208) Qual era o texto da nova redação do parágrafo 3º vetado na Lei nº 12.112/09?
R: "Parágrafo 3° O locatário terá direito a indenização para ressarcimento dos prejuízos e dos lucros cessantes que tiver com mudança, perda do lugar e desvalorização do fundo de comércio se o locador, no prazo de 3 (três) meses da entrega do imóvel, não der o destino alegado ou não iniciar as obras determinadas pelo poder público ou que declarou pretender realizar."

209) Quais foram as razões do veto do parágrafo 3º do artigo 52?
R: A idéia do projeto contempla situação com a qual não se pode concordar sob o ponto de vista do interesse público, considerando que, se por um lado a melhor proposta de terceiro tem todo o fundamento necessário para implementar a não-renovação da locação – por razões óbvias e de cunho mercadológico -, por outro, o locatário preterido poderá sofrer prejuízos em decorrência da necessária desocupação e da desvalorização do estabelecimento comercial, prejuízos esses que não podem permanecer sem a devida reparação.

210) Nas locações de imóveis utilizados por hospitais, unidades sanitárias oficiais, asilos, estabelecimentos de saúde e de ensino autorizados e fiscalizados pelo Poder Público, bem como por entidades religiosas devidamente registradas, o contrato somente poderá ser rescindido em que situações?
R:

I – nas hipóteses do art. 9º; II – se o proprietário, promissário comprador ou promissário cessionário, em caráter irrevogável e imitido na posse, com título registrado, que haja quitado o preço da promessa ou que, não o tendo feito, seja autorizado pelo proprietário, pedir o imóvel para demolição, edificação, licenciada ou reforma que venha a resultar em aumento mínimo de cinqüenta por cento da área útil.

211) Nas relações entre lojistas e empreendedores de shopping center,o que prevalecerão?

R: Prevalecerão as condições livremente pactuadas nos contratos de locação respectivos e as disposições procedimentais previstas na Lei nº 8.245/91.

212) O que o empreendedor não poderá cobrar do locatário em shopping center?

R: As despesas referidas nas alíneas a, b e d do parágrafo único do art. 22; e as despesas com obras ou substituições de equipamentos, que impliquem modificar o projeto ou o memorial descritivo da data do habite-se e obras de paisagismo nas partes de uso comum.

213) As despesas cobradas do locatário devem ser previstas em orçamento?

R: Sim. As despesas cobradas do locatário devem ser previstas em orçamento, salvo casos de urgência ou força maior, devidamente demonstradas, podendo o locatário, a cada sessenta dias, por si ou entidade de classe exigir a comprovação das mesmas.

214) Como poder ser definido shopping center?

R: A Associação Brasileira de Shopping Centers (ABRASCE) define-o como sendo:

"Empreendimento constituído por um conjunto planejado de lojas, operando de forma integrada, sob administração única e centralizada; composto de lojas destinadas à exploração de ramos diversificados ou especializados de comércio e prestação de serviços; estejam os locatários lojistas sujeitos a normas contratuais padronizadas, além de ficar estabelecido nos contratos de locação da maioria das lojas cláusula prevendo aluguel variável de acordo com o faturamento mensal dos lojistas; possua lojas-âncora, ou características estruturais e mercadológicas especiais, que funcionem como força de atração e assegurem ao Shopping Center a permanente afluência e trânsito de consumidores essenciais ao bom desempenho do empreendimento; ofereça estacionamento compatível com a área de lojas e correspondente afluência de veículos ao Shopping Center; esteja sob o controle acionário e administrativo de pessoas ou grupos de comprovada idoneidade e reconhecida capacidade empresarial."

215) Quando surgiu no Brasil o empreendimento conhecido de shopping center?

R: O primeiro shopping center surgido no Brasil foi o Iguatemi, edificado na cidade de São Paulo e inaugurado no ano de 1966.

216) Quais os diferentes modos de constituição jurídica de um shopping center?

R: Segundo Bruno Sartori Gonçalves Dias:

"É importante analisar os diferentes modos de constituição jurídica de um shopping center.

Um dos modos escolhidos pelos empreendedores é a instituição de um condomínio ordinário ou pro indiviso. Nessa hipótese, cada condômino é proprietário de uma fração ideal do imóvel, cujas unidades autônomas são alugadas aos lojistas. As relações entre os titulares das citadas frações serão regidas pelos artigos 1314 a 1326 do CC.

A outra modalidade de formação de um shopping center utilizada pelos empreendedores é o método do condomínio edilício ou horizontal, em que certos espaços são alienados aos comerciantes, em consonância com os artigos 1331 a 1358 do CC. Desse modo, a convenção de condomínio regerá as relações entre os empreendedores. Nessa forma de constituição, existe a convivência entre áreas de propriedade individual e partes comuns no imóvel.

Há ainda o modo de constituição, por meio da instituição de uma sociedade empresarial, que será a titular do empreendimento, enquanto seus sócios terão as ações ou em cotas."

217) Quais são os principais atores em um shopping center?

R: Lojistas: Tendo em vista a noção de Shopping center, considera-se que os lojistas são, em sua maioria, empresários, sendo as lojas o estabelecimento para o exercícios de suas atividades.

Empreendedor: O empreendedor exerce atividade econômica, ou seja, gera riqueza, na medida em que ele projeta, executa e administra toda a estrutura formada pela organização do conjunto de lojistas, visando unicamente otimizar a circulação de produtos e serviços, potencializando lucros.

Empreendedor é aquele que assume a implantação do shopping center. A operação pode ser assumida por outra entidade, o administrador

218) Aponte os tipos de shopping centers existentes no mercado de consumo.

R: De acordo com a Abrasce os tipos de Shopping Center's no Brasil podem ser classificados em:

Shopping de Vizinhança: Tem entre 3 mil a 15 mil m^2 com um conceito de "conveniência", cuja loja âncora normalmente é um supermercado

Shopping Comunitário: Entre 10 mil e 35 mil m^2 com um conceito de "Mercadoria Geral", cujas lojas âncoras são Lojas de Departamentos, Lojas de Descontos, Supermercados e/ou Hipermercados.

Shopping Regional: Entre 40 mil e 80 mil m^2 com um conceito de "Mercadoria Geral", porém com cerca de 50% alugados a lojas satélites de vestuário. Normalmente suas lojas âncoras são Lojas de Departamentos completas; Lojas de Departamentos juniores, Lojas de Descontos e/ou Hipermercados.

Shopping Especializado e/ou Temático: Entre 8 mil a 25 mil m^2, especializado em um ramo específico como moda, decoração ou material esportivo. Em geral não possui loja âncora.

Shopping Outlet Center: Entre 5 mil a 40 mil m^2 cujo conceito são Lojas de Fábricas e Off-price, Preços Baixos, lojas mais simples com aluguéis menores, custo de construção mais reduzido e diferenças de acabamento. Suas lojas âncoras normalmente são grandes lojas de fábricas.

Shopping Power Center: Entre 8 mil e 25 mil m^2 cujo conceito é Category Killer; Lojas de Departamentos ou de Descontos; Clubes de Compras e Off-price. Possuem um conjunto de lojas âncoras com poucas lojas satélites.

Shopping Discount Center: Entre 8 mil a 25 mil, possuindo lojas que trabalham com grandes volumes de produtos a baixos preços.

Shopping Festival Mall: Também são shoppings pequenos com tamanhos entre 8 mil a 25 mil m^2 com conceitos de Restaurantes, Lazer, Cultura e não possuem

219) Quais as principais lojas existentes em um shopping center?

R: Lojas âncoras e lojas satélites

220) O que caracteriza uma loja âncora?

R: É aquela que, em razão da notoriedade, agrega valor de forma significativa ao mix, pois atrai grande parcela do público que ingressa no Shopping Center.

Costumam ser de departamentos, vestuário, hipermercados, construção e decoração, entre outros.

221) O que caracteriza uma loja satélite?
R: As lojas satélites são espaços inferiores a 250 m^2, destinados ao comércio em geral.

222) O que significa o "tenant mix" de um shopping center?
R: O **"tenant mix"** é a organização sistemática de distribuição das atividades comerciais que pressupõe o estudo, análise e escolha de lojas e operações que sejam coesas, complementares, distintas, harmônicas e balanceadas para atender às necessidades da demanda de um específico mercado com a finalidade de estabelecer um Shopping Center atraente, competitivo e rentável para todos.

223) Aponte algumas características de um shopping center?
R: Planejamento inteligente do local; Diversidade de serviços, produtos e atividades; Distribuição das lojas planejada (*tenant mix*); Instalação de lojas-âncoras; Cooperação entre empreendedor e lojistas; Atrações; Conforto; Integração de todas as unidades; Rentabilidade.

224) Qual a natureza jurídica de um shopping center?
R: A Lei nº 8.245/91 nos diz que este contrato é de locação não residencial.
Segundo o Des Sylvio Capanema de Souza, um dos autores da Lei do Inquilinato:
"Embora já esteja superada a discussão doutrinária quanto à natureza jurídica do contrato celebrado entre o empreendedor e o lojista de um shopping center, agora definido pela lei como sendo de locação, é inegável que ele se reveste de peculiaridades, que decorrem da própria técnica de venda ali desenvolvida.
Desde o início do debate firmamos nossa posição de que se tratava, realmente, de um contrato de locação, ainda que contendo algumas cláusulas atípicas, que, entretanto não eram suficientes para descaracterizar a relação ex locato.
Não se poderia tratar, igualmente, a locação tradicional de uma loja de frente de rua, autônoma em relação às demais do mesmo logradouro, a e de um espaço em shopping center, onde, como já se viu, existe um mix, e um irresistível polo de atração de clientela.
Na locação comum, o fundo de comércio pertence exclusivamente ao locatário, sendo por ele criado, com seu trabalho diuturno. Daí por que cabe a ele, e só a ele, escolher o ramo de atividade, decidir quanto à decoração da loja, fixar o seu horário de funcionamento, sua política de promoção de vendas, o melhor momento para proceder a uma liquidação e tudo mais que diga respeito à sua atividade comercial.

Nos shopping centers, ao contrário, coexistem dois fundos de comércio, sendo um do locatário e outro do próprio complexo econômico, que funciona como polo de atração de clientela, mercê das facilidades que oferece e da segurança que proporciona, com áreas comuns de estacionamento, lazer, alimentação, etc.

Por outro lado, toda a filosofia de atuação de um shopping center repousa no equilíbrio das ofertas, fazendo-se um perfeito balanceamento das diversas modalidades e ramos de comércio, o que se chama de tenant-mix.

A Lei do Inquilinato ficou atenta ao problema, e se por um lado, procurou pacificar as tensas relações entre empreendedores e lojistas, por outro, tratou de preservar o sistema, hoje definitivamente incorporado à vida urbana."

225) Quais os principais aspectos onde os contratos celebrados em Shopping Centers são alcançados pela lei locatícia?

R: Possibilidade de renovação do contrato firmado entre empreendedor e lojista; Possibilidade de revisão do valor pago pelo lojista ao empreendedor; Possibilidade de retomada da loja pelo empreendedor.

226) Quais as despesas extraordinárias de condomínio que podem ser cobrados do lojista de shopping center?

R: Obras destinadas a repor as condições de habitabilidade do edifício; instalação de equipamento de segurança e de incêndio, de telefonia, de intercomunicação, de esporte e de lazer; despesas de decoração e paisagismo nas partes de uso comum; constituição de fundo de reserva.

227) O que vem a ser "res sperata"?

R: A *res sperata* constitui uma retribuição ao empreendedor pela cessão do fundo de comércio, com toda a estrutura que o acompanha. É o que se chama de "sobrefundo de comércio", representado pelos bens imateriais de que o empreendimento é detentor, permanentemente.

228) Quais os diferenciais de um contrato de locação de um lojista de shopping center?

R: O contrato de locação de shopping center, embora amplamente utilizado, constitui instituto jurídico complexo frente à atipicidade de sua estrutura, que apresenta, simultaneamente, características locatícias e elementos próprios e necessários para o êxito do empreendimento.

229) Quais as principais cláusulas específicas de um contrato de locação de lojista de shopping center?

R: Aluguel mínimo; aluguel percentual; aluguel em dobro; fiscalização; e promoção.

230) O que caracteriza o aluguel mínimo?

R: O aluguel mínimo é uma quantia fixa estabelecida, mensal e que será obrigação do lojista, independente do faturamento. Trata-se do valor pago, baseado nos metros quadrados que locou, conforme a localização no empreendimento.O locatário sempre terá de suportar o valor mínimo definido, mesmo que não tenha obtido êxito em suas atividades.É o aluguel que comumente se pratica no mercado imobiliário em geral.

231) O que caracteriza o aluguel percentual?

R: O aluguel percentual é calculado sobre a receita bruta do lojista/locatário, é pago de modo adicional ao aluguel mínimo. O percentual varia de acordo com cada empreendimento.

Desta forma, podemos dizer que o aluguel percentual, também denominado "aluguel de desempenho", reflete a constituição de um negócio de parceria por meio do qual a administração é remunerada na proporção do sucesso do empreendimento.

232) O que caracteriza o aluguel em dobro?

R: No mês de dezembro, devido aos investimentos feitos em marketing por parte do empreendedor e pelo forte argumento de vendas trazido pelo próprio mês em função do natal, o aluguel percentual seria cobrado em dobro.

233) O que caracteriza a cláusula de fiscalização?

R: Uma cláusula comum nos contratos de lojas de shopping centers é a denominada cláusula da prerrogativa da fiscalização do faturamento das lojas, que visa evitar qualquer sonegação que possa diminuir o aluguel percentual. É possível o empreendedor averiguar os livros e registros que contenham a escrituração contábil, balanços anuais ou trimestrais, inventário e estoque de mercadorias, registro de vendas e o movimento diário.

234) O que caracteriza a cláusula de fundos de promoção?

R: A Associação de Lojistas tem a finalidade essencialmente de promover a divulgação do Shopping, despertando nas pessoas a vontade de ir ao empreendimento, lá realizando suas compras. Uma importante estratégia é primordial para o sucesso destas campanhas que são mais freqüentes nas datas especiais: dias das mães, natal, dias dos namorados e páscoa.

235) Quais são as principais cláusulas causadoras de conflitos entre lojista e empreendedor?

R:

a) Renúncia ao direito de preferência na aquisição do imóvel, quando da sua possível alienação;

b) Imposição de condições nitidamente indevidas para que o contrato seja renovado pelo lojista;

c) Filiação obrigatória e exclusiva à associação criada pelo empreendedor;

d) Pré- estipulação de aumentos reais para a futura renovação;

e) Cláusula de raio ou de exclusividade;

f) Responsabilidade do lojista pelo pagamento de despesas previstas no artigo 54 §1º "a" e "b", da Lei nº 8245/91;

g) Cobrança de 13º, 14º, 15º e 16º aluguéis;

h) Impossibilidade do aluguel mínimo e do aluguel percentual serem objetos de ação revisional ou renovatória;

i) Multas exorbitantes quando da rescisão do contrato por parte do lojista, antes do prazo estipulado;

j) Absoluta sujeição do lojista ao empreendedor quanto à decoração interna, vitrines, exposição de mercadorias, letreiros, etc, do ambiente comercial;

l) Ter o locador a competência de exigir a modificação ou a retirada de qualquer item colocado no interior da loja, o qual possa ser visto pelas partes comuns, que ao seu juízo não seja equivalente com a estética geral do shopping center.

236) Aponte uma locação não residencial.

R: Segundo o artigo 55 da Lei nº 8.245/91, "considera-se locação não residencial quando o locatário for pessoa jurídica e o imóvel, destinar-se ao uso de seus titulares, diretores, sócios, gerentes, executivos ou empregados."

237) Quando cessa uma locação não residencial, nos casos diferentes do estabelecido no artigo 55 da Lei nº 8.245/91?

R: Nos demais casos de locação não residencial, o contrato por prazo determinado cessa, de pleno direito, findo o prazo estipulado, independentemente de notificação ou aviso.

238) O que ocorre quando findo o prazo estipulado no contrato de locação não residencial, se o locatário permanecer no imóvel por mais de trinta dias sem oposição do locador?
R: Presumir-se-á prorrogada a locação nas condições ajustadas, mas sem prazo determinado.

239) Qual o rito das ações de despejo à luz da Lei nº 8.245/91?
R: As ações de despejo terão o rito ordinário.

240) Quais foram os incisos introduzidos pela Lei nº 12.112/09 no parágrafo 1º do artigo 59 da Lei do Inquilinato ?
R: Incisos VI; VII; VIII e IX.

241) O que é tratado nos quatro novos incisos?
R: De novas hipóteses de Concessão de Liminar em Ação de Despejo.

242) Qual a redação do inciso VI ?
R: "o disposto no inciso IV do art. 9º, havendo a necessidade de se produzir reparações urgentes no imóvel, determinadas pelo poder público, que não possam ser normalmente executadas com a permanência do locatário, ou, podendo, ele se recuse a consenti-las."

243) Qual a redação do inciso VII?
R: "o término do prazo notificatório previsto no parágrafo único do art. 40, sem apresentação de nova garantia apta a manter a segurança inaugural do contrato."

244) Qual a redação do inciso VIII?
R: "o término do prazo da locação não residencial, tendo sido proposta a ação em até 30 (trinta) dias do termo ou do cumprimento de notificação comunicando o intento de retomada."

245) Qual a redação do inciso IX?
R: "a falta de pagamento de aluguel e acessórios da locação no vencimento, estando o contrato desprovido de qualquer das garantias previstas no art. 37, por não ter sido contratada ou em caso de extinção ou pedido de exoneração dela, independentemente de motivo."

246) Com a nova redação do artigo 59, em especial com a ampliação de quatro incisos, quais as ações que poderão conseguir liminar para desocupação em quinze dias, independentemente da audiência da parte contrária e desde que prestada a caução no valor equivalente a três meses de aluguel?

R:

I – o descumprimento do mútuo acordo (art. 9º, inciso I), celebrado por escrito e assinado pelas partes e por duas testemunhas, no qual tenha sido ajustado o prazo mínimo de seis meses para desocupação, contado da assinatura do instrumento;

II – o disposto no inciso II do art. 47, havendo prova escrita da rescisão do contrato de trabalho ou sendo ela demonstrada em audiência prévia;

III – o término do prazo da locação para temporada, tendo sido proposta a ação de despejo em até trinta dias após o vencimento do contrato;

IV – a morte do locatário sem deixar sucessor legítimo na locação, de acordo com o referido no inciso I do art. 11, permanecendo no imóvel pessoas não autorizadas por lei;

V – a permanência do sublocatário no imóvel, extinta a locação, celebrada com o locatário.

VI – o disposto no inciso IV do art. 9º, havendo a necessidade de se produzir reparações urgentes no imóvel, determinadas pelo poder público, que não possam ser normalmente executadas com a permanência do locatário, ou, podendo, ele se recuse a consenti-las;

VII – o término do prazo notificatório previsto no parágrafo único do art. 40, sem apresentação de nova garantia apta a manter a segurança inaugural do contrato;

VIII – o término do prazo da locação não residencial, tendo sido proposta a ação em até 30 (trinta) dias do termo ou do cumprimento de notificação comunicando o intento de retomada;

IX – a falta de pagamento de aluguel e acessórios da locação no vencimento, estando o contrato desprovido de qualquer das garantias previstas no art. 37, por não ter sido contratada ou em caso de extinção ou pedido de exoneração dela, independentemente de motivo.

247) Qual seria justificativa para a inclusão de novos incisos ao parágrafo 1º do artigo 59?

R: A nova redação tem por objetivo dinamizar a retomada das unidades não residenciais com o término do contrato, ou, uma vez vigorando por lapso indeterminado, após a notificação premonitória. Os novos incisos agregam ao diploma hipóteses em que a jurisprudência de nossos tribunais já vinha se posicionando.

248) Qual a justificativa para a criação do parágrafo 3º ao artigo 59?

R: O §3º explicita a possibilidade de purga da mora também em se tratando de despejo liminarmente concedido com base no novo inciso IX do mesmo diploma legal.

249) Qual a redação do novo parágrafo?

R: "No caso do inciso IX do § 1º deste artigo, poderá o locatário evitar a rescisão da locação e elidir a liminar de desocupação se, dentro dos 15 (quinze) dias concedidos para a desocupação do imóvel e independentemente de cálculo, efetuar depósito judicial que contemple a totalidade dos valores devidos, na forma prevista no inciso II do art. 62."

250) Os sublocatários deverão sempre serem cientificados nas ações locatícias?

R: Sim, qualquer que seja o fundamento da ação dar-se-á ciência do pedido aos sublocatários, que poderão intervir no processo como assistentes.

251) Em quais ações de despejo a petição inicial deverá ser instruída com prova da propriedade do imóvel ou do compromisso registrado?

R: Nas ações de despejo fundadas no inciso IV do art. 9º, inciso IV do art. 47 e inciso II do art. 53, todos da Lei nº 8.245/91.

252) Em que situações o juiz poderá conceder o prazo de seis meses para o locatário desocupar o imóvel locado?

R: Nas ações fundadas no § 2º do art. 46 e nos incisos III e IV do art. 47, se o locatário, no prazo da contestação, manifestar sua concordância com a desocupação do imóvel, o juiz acolherá o pedido fixando prazo de seis meses para a desocupação, contados da citação, impondo ao vencido a responsabilidade pelas custas e honorários advocatícios de vinte por cento sobre o valor dado à causa. Se a desocupação ocorrer dentro do prazo fixado, o réu ficará isento dessa responsabilidade; caso contrário, será expedido mandado de despejo.

253) Qual a nova redação do caput do artigo 62, alterada pela Lei nº 12.112/09?

R: "Nas ações de despejo fundadas na falta de pagamento de aluguel e acessórios da locação, de aluguel provisório, de diferenças de aluguéis, ou somente de quaisquer dos acessórios da locação, observar--se-á o seguinte:"

254) Qual a justificativa para o novo texto do artigo 62, caput?
R: O objetivo foi expecificar expressamente em que hipóteses poderão ser propostas as ações de despejo por falta de pagamento. Poderão ser cobrados:aluguel provisório; diferenças de aluguéis eacessórios da locação apenas.

255) Qual a nova redação do inciso I do artigo 62, alterado pela Lei nº 12.112/09?
R: " o pedido de rescisão da locação poderá ser cumulado com o pedido de cobrança dos aluguéis e acessórios da locação; nesta hipótese,citar-se-á o locatário para responder ao pedido de rescisão e o locatário e os fiadores para responderem ao pedido de cobrança, devendo ser apresentado, com a inicial, cálculo discriminado do valor do débito."

256) O que deve ser observado nas ações de despejo fundadas na falta de pagamento de aluguel e acessórios da locação?
R: O pedido de rescisão da locação poderá ser cumulado com o pedido de cobrança dos aluguéis e acessórios da locação; observando que, deverá ser citado o locatário para responder ao pedido de rescisão e o locatário e os fiadores para responderem ao pedido de cobrança. O cálculo discriminado do valor do débito deverá ser apresentado na petição inicial

257) Qual a nova redação do inciso II do artigo 62, introduzido pela Lei nº 12.112/09?
R: "O locatário e o fiador poderão evitar a rescisão da locação efetuando, no prazo de 15 (quinze) dias, contado da citação, o pagamento do débito atualizado, independentemente de cálculo e mediante depósito judicial, incluídos."

258) Qual o objetivo da nova redação do inciso II do artigo 62?
R: A Abolição da Autorização Judicial e Alteração do Prazo. Com a novo dispositivo o réu *efetuará o depósito* em 15 dias contados de sua citação. O texto destaca que o fiador é legitimado a promover a emenda da mora.

259) O locatário poderá evitar a rescisão da locação no caso de falta de pagamento do aluguel e dos encargos da locação?
R: Sim, o locatário poderá evitar a rescisão da locação, observando o novo texto do inciso II do artigo 62 . O depósito judicial deverá conter:

a) os aluguéis e acessórios da locação que vencerem até a sua efetivação;

b) as multas ou penalidades contratuais, quando exigíveis;

c) os juros de mora;

d) as custas e os honorários do advogado do locador, fixados em dez por cento sobre o montante devido, se do contrato não constar disposição diversa.

260) Qual a nova redação do inciso III do artigo 62, alterado pela Lei nº 12.112/09?
R: "efetuada a purga da mora, se o locador alegar que a oferta não é integral, justificando a diferença, o locatário poderá complementar o depósito no prazo de 10 (dez) dias, contado da intimação, que poderá ser dirigida ao locatário ou diretamente ao patrono deste, por carta ou publicação no órgão oficial, a requerimento do locador;"

261) Qual a justificativa para a alteração do inciso III do artigo 62?
R: Considerando que a autorização judicial para a emenda da mora foi abolida, suprimiu-se a alusão que a ela se fazia no inciso III. Foi mantido o prazo de 10 dias para a complementação do depósito, autorizando a intimação na pessoa do procurador do devedor.

262) Qual a nova redação do inciso IV do artigo 62?
R: "não sendo integralmente complementado o depósito, o pedido de rescisão prosseguirá pela diferença, podendo o locador levantar a quantia depositada."

263) Diante das alterações de vários incisos do artigo 62, qual a nova redação do referido artigo?
R: "Art. 62. Nas ações de despejo fundadas na falta de pagamento de aluguel e acessórios da locação, de aluguel provisório, de diferenças de aluguéis, ou somente de quaisquer dos acessórios da locação, observar-se-á o seguinte:

I – o pedido de rescisão da locação poderá ser cumulado com o pedido de cobrança dos aluguéis e acessórios da locação; nesta hipótese, citar-se-á o locatário para responder ao pedido de rescisão e o locatário e os fiadores para responderem ao pedido de cobrança, devendo ser apresentado, com a inicial, cálculo discriminado do valor do débito;

II – o locatário e o fiador poderão evitar a rescisão da locação efetuando, no prazo de 15 (quinze) dias, contado da citação, o pagamento do débito atualizado, independentemente de cálculo e mediante depósito judicial, incluídos:

a) os aluguéis e acessórios da locação que vencerem até a sua efetivação;

b) as multas ou penalidades contratuais, quando exigíveis;

c) os juros de mora;

d) as custas e os honorários do advogado do locador, fixados em dez por cento sobre o montante devido, se do contrato não constar disposição diversa;

III - efetuada a purga da mora, se o locador alegar que a oferta não é integral, justificando a diferença, o locatário poderá complementar o depósito no prazo de 10 (dez) dias, contado da intimação, que poderá ser dirigida ao locatário ou diretamente ao patrono deste, por carta ou publicação no órgão oficial, a requerimento do locador;

IV - não sendo integralmente complementado o depósito, o pedido de rescisão prosseguirá pela diferença, podendo o locador levantar a quantia depositada;

V - os aluguéis que forem vencendo até a sentença deverão ser depositados à disposição do juízo, nos respectivos vencimentos, podendo o locador levantá - los desde que incontroversos;

VI - havendo cumulação dos pedidos de rescisão da locação e cobrança dos aluguéis, a execução desta pode ter início antes da desocupação do imóvel, caso ambos tenham sido acolhidos.

Parágrafo único. Não se admitirá a emenda da mora se o locatário já houver utilizado essa faculdade nos 24 (vinte e quatro) meses imediatamente anteriores à propositura da ação."

264) Qual a grande novidade do parágrafo único do artigo 62?

R: A Lei nº 12112/09 restringe o uso da faculdade a uma oportunidade a cada 24 meses (anteriores à propositura da ação).

265) Os aluguéis que forem vencendo até a sentença poderão ser depositados à disposição do juízo, nos respectivos vencimentos?

R: Sim, podendo o locador levantá-los desde que incontroversos;

266) Havendo cumulação dos pedidos de rescisão da locação e cobrança dos aluguéis, a execução desta pode ter início antes da desocupação do imóvel?

R: Sim, porém caso ambos tenham sido acolhidos.

267) Qual a nova redação do caput do artigo 63, alterada pela Lei nº 12.112/09?

R: " Julgada procedente a ação de despejo, o juiz determinará a expedição de mandado de despejo, que conterá o prazo de 30 (trinta) dias para a desocupação voluntária, ressalvado o disposto nos parágrafos seguintes."

268) Qual a novidade do novo texto do artigo 63?

R: O dispositivo traz a novidade do Mandado Único de Desocupação Voluntária e Despejo.

269) Julgada procedente a ação de despejo, qual o prazo que o juiz fixará para a desocupação voluntária do locatário?

R: Julgada procedente a ação de despejo, o juiz determinará a expedição de mandado de despejo, que conterá o prazo de 30 (trinta) dias para a desocupação voluntária, ressalvado:

O prazo será de quinze dias se:

a) entre a citação e a sentença de primeira instância houverem decorrido mais de quatro meses; ou

b) o despejo houver sido decretado com fundamento no art. 9º ou no § 2º do art. 46.

270) Qual a regra para a desocupação de um imóvel ocupado por um estabelecimento de ensino?

R: Tratando-se de estabelecimento de ensino autorizado e fiscalizado pelo Poder Público, respeitado o prazo mínimo de seis meses e o máximo de um ano, o juiz disporá de modo que a desocupação coincida com o período de férias escolares.

271) Tratando-se de hospitais, repartições públicas, unidades sanitárias oficiais, asilos e estabelecimentos de saúde e de ensino autorizados e fiscalizados pelo Poder Público, e o despejo for decretado com fundamento no inciso IV do art. 9° ou no inciso II do art. 53, qual o prazo para a desocupação?

R: O prazo será de um ano, exceto nos casos em que entre a citação e a sentença de primeira instância houver decorrido mais de um ano, hipótese em que o prazo será de seis meses.

272) A sentença que decretar o despejo fixará um valor de caução?

R: Sim, para o caso de a sentença for executada provisoriamente.

273) Qual a novidade da nova redação do artigo 64 da Lei do Inquilinato, introduzida pela Lei nº 12.112/09?

R: A nova redação do artigo 64 traz a Redução da Caução a Ser Prestada Para a Execução Provisória e a ampliação do Rol de Exceções a Todas as Hipóteses do Art. 9º

274) Qual a nova redação do artigo 64 da Lei do Inquilinato?

R: "Salvo nas hipóteses das ações fundadas no art. 9o, a execução provisória do despejo dependerá de caução não inferior a 6 (seis) meses nem superior a 12 (doze) meses do aluguel, atualizado até a data da prestação da caução."

275) Qual a justificativa para a redução do piso para a caução , alterando o artigo 64 da Lei do Inquilinato?

R: Quanto à redução do piso (antes, equivalente a 12, e agora correspondente a 6 meses) e do teto (limitado, originariamente, a 18, e hoje a 12 meses), foi a seguinte a motivação apresentada pela CDEIC:

(...) justifica-se a redução da caução, pois a própria lei, em caso de despejo liminar (concedido em momento processual no qual o magistrado ainda não conhece a causa de maneira aprofundada e definitiva), impõe a prestação de caução de três aluguéis, não fazendo sentido exigir caução tão superior (de até 18 aluguéis) para a execução provisória de sentença, ocasião em que já há maior convicção a respeito do mérito da causa.

276) Como poderá ser a caução?

R: A caução poderá ser real ou fidejussória e será prestada nos autos da execução provisória.

277) Ocorrendo a reforma da sentença ou da decisão que concedeu liminarmente o despejo, o valor da caução reverterá em favor do réu?

R: Sim, como indenização mínima das perdas e danos, podendo este reclamar, em ação própria, a diferença pelo que a exceder.

278) Findo o prazo assinado para a desocupação, contado da data da notificação,o que ocorrerá se o locatário não desocupar voluntariamente?

R: Será efetuado o despejo, se necessário com emprego de força, inclusive arrombamento.

279) No caso de despejo forçado, o que ocorrerá com os móveis e utensílios do locatário?

R: Os móveis e utensílios serão entregues à guarda de depositário, se não os quiser retirar o despejado.

280) Em caso de falecimento, qual o prazo para a execução do despejo?

R: O despejo não poderá ser executado até o trigésimo dia seguinte ao do falecimento do cônjuge, ascendente, descendente ou irmão de qualquer das pessoas que habitem o imóvel.

281) O que pode ser feito quando o locatário abandonar o imóvel retomando?

R: Quando o imóvel for abandonado após ajuizada a ação, o locador poderá imitir-se na posse do imóvel.

282) O que deverá ser observado na ação que objetivar o pagamento dos aluguéis e acessórios da locação mediante consignação?

R:

I – a petição inicial, além dos requisitos exigidos pelo art. 319 do Código de Processo Civil, deverá especificar os aluguéis e acessórios da locação com indicação dos respectivos valores;

II – determinada a citação do réu, o autor será intimado a, no prazo de vinte e quatro horas, efetuar o depósito judicial da importância indicada na petição inicial, sob pena de ser extinto o processo;

III – o pedido envolverá a quitação das obrigações que vencerem durante a tramitação do feito e até ser prolatada a sentença de primeira instância, devendo o autor promover os depósitos nos respectivos vencimentos;

IV – não sendo oferecida a contestação, ou se o locador receber os valores depositados, o juiz acolherá o pedido, declarando quitadas as obrigações, condenando o réu ao pagamento das custas e honorários de vinte por cento do valor dos depósitos;

A contestação do locador numa ação de consignação, além da defesa de direito que possa caber, ficará adstrita, quanto à matéria de fato a:

a) não ter havido recusa ou mora em receber a quantia devida;

b) ter sido justa a recusa;

c) não ter sido efetuado o depósito no prazo ou no lugar do pagamento;

d} não ter sido o depósito integral;

283) Além de contestar, o réu poderá utilizar que outro remédio jurídico?

R: A reconvenção, pedindo o despejo e a cobrança dos valores objeto da consignatória ou da diferença do depósito inicial, na hipótese de ter sido alegado não ser o mesmo integral.

284) O locatário/ autor poderá complementar o depósito inicial,numa ação de consignação?

R: Sim, no prazo de cinco dias contados da ciência do oferecimento da resposta, com acréscimo de dez por cento sobre o valor da diferença. Se tal ocorrer, o juiz declarará quitadas as obrigações, elidindo a rescisão da locação, mas imporá ao autor-reconvindo a responsabilidade pelas custas e honorários advocatícios de vinte por cento sobre o valor dos depósitos.

285) Havendo, na reconvenção, cumulação dos pedidos de rescisão da locação e cobrança dos valores objeto da consignatória, quando a execução desta poderá ter início?

R: Somente após obtida a desocupação do imóvel, caso ambos tenham sido acolhidos.

286) O réu poderá levantar a qualquer momento as importâncias depositadas?

R: Sim, o réu poderá levantar a qualquer momento as importâncias depositadas sobre as quais não penda controvérsia.

287) Qual a novidade no novo texto do artigo 68 da Lei nº 12.112/09, introduzida pela Lei nº 12.112/09?

R: A nova redação do artigo 68 aborda a adequação da Terminologia da Ação Revisional de Aluguel ao Procedimento Sumário.

288) O que trata o novo texto do inciso II do artigo 68 da Lei nº 8,245/91?

R: O Artigo 68, II trata de Elementos para a Fixação do Aluguel Provisório

289) Qual a nova redação do inciso II do artigo 68?

R: "Ao designar a audiência de conciliação, o juiz, se houver pedido e com base nos elementos fornecidos tanto pelo locador como pelo locatário, ou nos que indicar, fixará aluguel provisório, que será devido desde a citação, nos seguintes moldes:".

290) Qual a novidade com o surgimento das alíneas a e b no inciso II do artigo 68 da Lei do Inquilinato?

R: As alíneas "a" e "b" trazem novos limites para a fixação do Aluguel Provisório.

291) Qual a justificativa para esta alteração?

R: O texto original da Lei do Inquilinato de 1991 omitia-se quanto ao parâmetro a ser observado na hipótese de revisional proposta pelo locatário

292) Qual é a redação das alíneas a e b introduzidas ao inciso II do artigo 68?

R:

"a) em ação proposta pelo locador, o aluguel provisório não poderá ser excedente a 80% (oitenta por cento) do pedido;

b) em ação proposta pelo locatário, o aluguel provisório não poderá ser inferior a 80% (oitenta por cento) do aluguel vigente;"

293) Qual a nova redação do inciso IV do artigo 68 da Lei do Inquilinato, introduzido pela Lei nº 12.112/09?

R: "na audiência de conciliação, apresentada a contestação, que deverá conter contraproposta se houver discordância quanto ao valor pretendido, o juiz tentará a conciliação e, não sendo esta possível, determinará a realização de perícia, se necessária, designando, desde logo, audiência de instrução e julgamento."

294) Qual a novidade do inciso V do artigo 68 da Lei do Inquilinato, introduzido pela Lei nº 12.112/09?

R: O texto trata da Interrupção do Prazo Para a Interposição de Recurso Contra a Decisão Que Fixa Aluguel Provisório pelo Pedido de Revisão do Valor Dirigido Ao Juízo de 1º Grau (inciso III).

295) Qual a nova redação do inciso V do artigo 68 da Lei do Inquilinato, introduzido pela Lei nº 12.112/09?

R: "o pedido de revisão previsto no inciso III deste artigo interrompe o prazo para interposição de recurso contra a decisão que fixar o aluguel provisório".

296) Qual o texto integral da nova redação do artigo 68, com seus incisos?

R: "Na ação revisional de aluguel, que terá o rito sumário, observar-se-á o seguinte: (Redação dada pela Lei nº 12.112, de 2009)

I – além dos requisitos exigidos pelos arts. 276 e 282 do Código de Processo Civil, a petição inicial deverá indicar o valor do aluguel cuja fixação é pretendida; (artigos referentes ao Código de Processo Civil de 1973)

II - ao designar a audiência de conciliação, o juiz, se houver pedido e com base nos elementos fornecidos tanto pelo locador como pelo locatário, ou nos que indicar, fixará aluguel provisório, que será devido desde a citação, nos seguintes moldes: (Redação dada pela Lei nº 12.112, de 2009)

a) em ação proposta pelo locador, o aluguel provisório não poderá ser excedente a 80% (oitenta por cento) do pedido; (Incluída pela Lei nº 12.112, de 2009)

b) em ação proposta pelo locatário, o aluguel provisório não poderá ser inferior a 80% (oitenta por cento) do aluguel vigente; (Incluída pela Lei nº 12.112, de 2009)

III - sem prejuízo da contestação e até a audiência, o réu poderá pedir seja revisto o aluguel provisório, fornecendo os elementos para tanto;

IV - na audiência de conciliação, apresentada a contestação, que deverá conter contraproposta se houver discordância quanto ao valor pretendido, o juiz tentará a conciliação e, não sendo esta possível, determinará a realização de perícia, se necessária, designando, desde logo, audiência de instrução e julgamento; (Redação dada pela Lei nº 12.112, de 2009)

V - o pedido de revisão previsto no inciso III deste artigo interrompe o prazo para interposição de recurso contra a decisão que fixar o aluguel provisório. (Incluído pela Lei nº 12.112, de 2009)

1° Não caberá ação revisional na pendência de prazo para desocupação do imóvel (arts. 46, parágrafo 2° e 57), ou quando tenha sido este estipulado amigável ou judicialmente.

2° No curso da ação de revisão, o aluguel provisório será reajustado na periodicidade pactuada ou na fixada em lei."

297) Quando não caberá ação revisional de aluguel?

R: Não caberá ação revisional na pendência de prazo para desocupação do imóvel (arts. 46, parágrafo 2° e 57), ou quando tenha sido este estipulado amigável ou judicialmente.

298) No curso da ação de revisão como é reajustado o aluguel provisório?

R: O aluguel provisório será reajustado na periodicidade pactuada ou na fixada em lei.

299) O aluguel fixado na sentença retroage?

R: Sim. O aluguel fixado na sentença retroage à citação,

300) Como e em que momento é cobrado as diferenças de aluguel devidas durante a ação de revisão?

R: As diferenças devidas durante a ação de revisão, descontados os alugueres provisórios satisfeitos, serão pagas corrigidas, exigíveis a partir do trânsito em julgado da decisão que fixar o novo aluguel.

301) A Lei nº 8.245/91 prevê a possibilidade de alteração da periodicidade do reajuste do aluguel?

R: O § 1° do artigo 69 prevê que se pedido pelo locador, ou sublocador, a sentença poderá estabelecer periodicidade de reajustamento do aluguel diversa daquela prevista no contrato revisando, bem como adotar outro indexador para reajustamento do aluguel.

302) De que forma é feita a execução das diferenças dos aluguéis?

R: De acordo com o § 2° do artigo 69 da Lei nº 8.245/91, a execução das diferenças será feita nos autos da ação de revisão.

303) É possível o juiz homologar acordo de desocupação do imóvel locado na ação revisional de aluguel?

R: Sim, o artigo 70 da Lei nº 8.245/91 reza que na ação de revisão do aluguel, o juiz poderá homologar acordo de desocupação, que será executado mediante expedição de mandado de despejo.

304) Como deve ser instruída a petição inicial de uma ação renovatória?

R: "Além dos demais requisitos exigidos no art. 319 do Código de Processo Civil, a petição inicial da ação renovatória deverá ser instruída com:

I – prova do preenchimento dos requisitos dos incisos I, II e III do art. 51;

II – prova do exato cumprimento do contrato em curso;

III – prova da quitação dos impostos e taxas que incidiram sobre o imóvel e cujo pagamento lhe incumbia;

IV – indicação clara e precisa das condições oferecidas para a renovação da locação;

V – indicação do fiador quando houver no contrato a renovar e, quando não for o mesmo, com indicação do nome ou denominação completa, número de sua inscrição no Ministério da Fazenda, endereço e, tratando-se de pessoa natural, a nacionalidade, o estado civil, a profissão e o número da carteira de identidade, comprovando, desde logo, mesmo que não haja alteração do fiador, a atual idoneidade financeira; (Redação dada pela Lei nº 12.112, de 2009)

VI – prova de que o fiador do contrato ou o que o substituir na renovação aceita os encargos da fiança, autorizado por seu cônjuge, se casado for;

VII – prova, quando for o caso, de ser cessionário ou sucessor, em virtude de título oponível ao proprietário."

305) Qual a justificativa para o surgimento da nova redação do inciso V do artigo 71 da Lei do Inquilinato, introduzida pela Lei nº 12.112/09?

R: A redação conferida pela Lei nº 12.112/2009 ao inciso V do art. 71 explicita a necessidade de comprovação da idoneidade do fiador em sede de ação renovatória mesmo na hipótese de sua manutenção

306) Qual a nova redação do inciso V do artigo 71 da Lei nº 12.112/09?

R: "indicação do fiador quando houver no contrato a renovar e, quando não for o mesmo, com indicação do nome ou denominação completa, número de sua inscrição no Ministério da Fazenda, endereço e, tratando-se de pessoa natural, a nacionalidade, o estado civil, a profissão e o número da carteira de identidade, comprovando, desde logo, mesmo que não haja alteração do fiador, a atual idoneidade financeira".

307) Proposta a ação renovatória pelo sublocatário do imóvel ou de parte dele quem serão citados?

R: O sublocador e o locador, como litisconsortes, salvo se, em virtude de locação originária ou renovada, o sublocador dispuser de prazo que admita renovar a sublocação; na primeira hipótese, procedente a ação, o proprietário ficará diretamente obrigado à renovação.

308) A contestação do locador, além da defesa de direito que possa caber, ficará adstrita, quanto à matéria de fato a que regras?

R:

I – não preencher o autor os requisitos estabelecidos nesta lei;

II – não atender, a proposta do locatário, o valor locativo real do imóvel na época da renovação, excluída a valorização trazida por aquele ao ponto ou lugar;

III – ter proposta de terceiro para a locação, em condições melhores;

IV – não estar obrigado a renovar a locação (incisos I e II do art. 52).

309) No caso do inciso II do artigo 72 da Lei nº 8.245/91, o que deverá fazer o locador?

R: O locador deverá apresentar, em contraproposta, as condições de locação que repute compatíveis com o valor locativo real e atual do imóvel.

310) Qual a providência do locador numa ação renovatória, no caso de ter proposta de terceiro para a locação, em condições melhores?

R: O locador deverá juntar prova documental da proposta do terceiro, subscrita por este e por duas testemunhas, com clara indicação do ramo a ser explorado, que não poderá ser o mesmo do locatário. Nessa hipótese, o locatário poderá, em réplica, aceitar tais condições para obter a renovação pretendida.

311) Como deverá acompanhar a peça contestatória no caso do inciso I do art. 52 da Lei nº 8.245/91?

R: A contestação deverá trazer prova da determinação do Poder Público ou relatório pormenorizado das obras a serem realizadas e da estimativa de valorização que sofrerá o imóvel, assinado por engenheiro devidamente habilitado.

312) O que poderá ser requerido na peça contestatória de uma ação renovatória?

R: Na peça contestatória, o locador, ou sublocador, poderá pedir, ainda, a fixação de aluguel provisório, para vigorar a partir do primeiro mês do prazo do contrato a ser renovado.

313) Qual o teto para a fixação do aluguel provisório?

R: O aluguel provisório não poderá exceder a oitenta por cento do pedido, desde que apresentados elementos hábeis para aferição do justo valor do aluguel.

314) A sentença de uma ação renovatória poderá fixar outra periodicidade de reajustamento do aluguel?

R: Se pedido pelo locador, ou sublocador, a sentença poderá estabelecer periodicidade de reajustamento do aluguel diversa daquela prevista no contrato renovando, bem como adotar outro indexador para reajustamento do aluguel.

315) Como serão executadas as diferenças dos aluguéis vencidos fruto de uma ação renovatória?

R: Renovada a locação, as diferenças dos aluguéis vencidos serão executadas nos próprios autos da ação e pagas de uma só vez.

316) Qual a nova redação do artigo 74 da Lei do Inquilinato, alterada pela Lei nº 12.112/09?

R: "Não sendo renovada a locação, o juiz determinará a expedição de mandado de despejo, que conterá o prazo de 30 (trinta) dias para a desocupação voluntária, se houver pedido na contestação."

317) Qual a novidade da nova redação do artigo 74?

R: O caput do artigo 74, com a nova redação trata da Ação Renovatória Improcedente. Desnecessidade do Trânsito em Julgado para a Execução e Redução do Prazo para a Desocupação Voluntária.

318) Quais os parágrafos vetados ao artigo 74 na Lei nº 12.112/09?

R: §§ 1º, 2º, 3º do art. 74 da Lei nº 8.245, de 18 de outubro de 1991, alterado pelo art. 2º do projeto de lei:

§ 1º Conceder-se-á liminar para desocupação em 15 (quinze) dias, contados da intimação do locatário, por si ou por seu advogado, quando houver, na contestação, pedido de retomada fundado em melhor proposta de terceiro.

§ 2º A desocupação liminar somente será indeferida se:

I - a proposta de terceiro não atender aos requisitos previstos no § 2º do art. 72;

II - o locatário aceitar, em réplica, as mesmas condições ofertadas pelo terceiro.

§ 3º A execução provisória da retomada fica condicionada à prestação de caução em valor não inferior a 6 (seis) meses nem superior a 12 (doze) meses do aluguel, atualizado até a data da prestação da caução

Razões do veto

Atualmente, são previstas três hipóteses em que o locatário terá direito a indenização para ressarcimento dos prejuízos e dos lucros cessantes que tiver que arcar com mudança, perda do lugar e desvalorização do fundo de comércio, são elas: a) melhor proposta de terceiro; b) o locador não der o destino alegado; e c) o locador não iniciar as obras determinadas pelo Poder Público ou que declarou pretender realizar. Todavia, os parágrafos do art. 74 somente prevêem procedimento diferenciado na concessão de providência liminar para a hipótese de melhor proposta de terceiro, sendo que para as outras, tão relevantes quanto a contemplada pelo texto projetado, nada se disse.

Tal previsão, se sancionada, ensejará previsão pouco sistêmica no contexto da lei de locações, o que é absolutamente indesejável e contrário ao interesse público, sendo que a regra prevista no **caput** certamente atenderá satisfatoriamente os provimentos judiciais relativos às três hipótese mencionadas."

319) Qual o prazo para desocupação do imóvel, no caso de locação não renovada?

R: Com a nova redação do artigo 74 da Lei do Inquilinato, não sendo renovada a locação, o juiz determinará a expedição de mandado de despejo, que conterá o prazo de 30 (trinta) dias para a desocupação voluntária, se houver pedido na contestação

320) Quem solidariamente responde na hipótese do inciso III do art. 72 da Lei nº 8.245/91?

R: A sentença fixará desde logo a indenização devida ao locatário em conseqüência da não prorrogação da locação, solidariamente devida pelo locador e o proponente.

321) As locações residenciais que tenham sido celebradas anteriormente à vigência desta lei e que já vigorem ou venham a vigorar por prazo indeterminado, poderão ser denunciadas pelo locador?

R: Sim, porém será concedido ao locatário o prazo de doze meses para a desocupação.

322) Na hipótese de ter havido revisão judicial ou amigável do aluguel, atingindo o preço do mercado é possível a denúncia da locação?

R: Sim, porém a denúncia somente poderá ser exercitada após vinte e quatro meses da data da revisão, se esta ocorreu nos doze meses anteriores à data da vigência desta lei.

323) Quais as situações que caracterizam contravenção penal, punível com prisão simples de cinco dias a seis meses ou multa de três a doze meses do valor do último aluguel atualizado, revertida em favor do locatário:

R: Exigir, por motivo de locação ou sublocação, quantia ou valor além do aluguel e encargos permitidos;

exigir, por motivo de locação ou sublocação, mais de uma modalidade de garantia num mesmo contrato de locação;

cobrar antecipadamente o aluguel, salvo a hipótese do artigo 42 e da locação para temporada.

324) Qual a definição de propriedade?

R: O conceito de propriedade pode ser expresso atualmente como "direito que permite a um titular usar, gozar e dispor de certos bens, desde que ele o faça de modo a realizar a dignidade de pessoa humana".

O direito de propriedade não é concedido ou reconhecido em razão da função social, mas deve ser exercido de acordo com esta. A função social constitui-se, então, em título justificativo dos poderes do titular da propriedade.

325) Quais são as faculdades ou poderes jurídicos do direito de propriedade?

R: O uso, gozo, disposição e reivindicação.

326) Em que consiste o Direito de Gozar ou fruir?

R: Consiste na retirada dos frutos da coisa principal, sejam eles frutos naturais, industriais ou civis. Exemplificamos com o aluguel, rendimento ou fruto civil, retirado de um bem móvel ou imóvel.

327) O Direito de Reivindicar abrange que poder?

R: Abrange o poder de mover demanda judicial para obter o bem de quem injustamente o detenha ou possua, mediante a ação reivindicatória, principal modalidade da ação petitória, aquela em que se discute a propriedade e que não pode ser confundida com as ações possessórias.

328) Como resolver o problema do novo adquirente de um imóvel que se encontra locado?

R: Segundo o artigo 8° de Lei n° 8.245/91, se o imóvel for vendido durante a locação, o comprador poderá denunciar o contrato, com o prazo de 90 (noventa) dias para a desocupação, salvo se a locação for por tempo determinado e o contrato prever cláusula de vigência para o caso de alienação e estiver averbado junto à matrícula do mesmo. Em caso do contrato por prazo indeterminado, o locador poderá notificar o locatário, dando um prazo de 30 (trinta) dias para a desocupação. Após esse prazo é possível propor ação de despejo.

329) Quais as providências que o locador poderá tomar quando o locatário não paga o aluguel e encargos da locação?

R: No caso de inadimplência, o locador poderá ajuizar uma Ação de Despejo por Falta de Pagamento, conjunta com cobrança de aluguéis e acessórios da locação.

330) Para quem aluga, existe a possibilidade de estabelecer limites para o valor do condomínio?

R: Não, de acordo com a convenção de condomínio e a Lei do Inquilinato, o inquilino é obrigado a pagar as despesas ordinárias. Não existe o limite de cobrança por ser inquilino ou não. Limite de cobrança só em relação às despesas extraordinárias, como, por exemplo, reforma de hall de entrado do prédio.

331) Quem aluga um apartamento com duas vagas na garagem pode sublocar uma delas, ou isso é ilegal?

R: Depende dos termos do contrato de locação. Se o contrato proibir a sublocação, o inquilino fica impedido de alugar a mesma, ficando sujeito a uma ação de despejo por infração contratual.

332) Quem deve pagar o IPTU? O locatário ou o proprietário?

R: Geralmente, os contratos de locação prevêem que caberá ao inquilino o pagamento do aluguel e dos encargos (condomínio, seguro, IPTU, taxa de incêndio). Verifique o que o contrato diz e, caso esteja prevista a obrigação, o inquilino deve pagar o tributo.

333) Como deve proceder o locador para receber os aluguéis devidos quando o locatário realiza o pagamento dos mesmos através de ação de consignação?

R: O locador deverá solicitar a seu advogado que requeira ao juiz da ação que seja deferido a expedição de mandado de pagamento dos valores referentes aos aluguéis depositados. O levantamento da quantia depositada não prejudica o prosseguimento da ação de cobrança.

334) Qual a providência que o locador deverá tomar no caso do imóvel locado seja devolvido necessitando de reparos?

R: Se o locatário entregou as chaves do imóvel, ressalvando a vistoria do mesmo e existindo em anexo ao contrato de locação um laudo indicando as condições do imóvel no momento do início do contrato, o locador poderá ajuizar uma ação de indenização pelos estragos ocorridos no apartamento, pois ele tem um documento (laudo) assinado pelo inquilino indicando as condições do imóvel.

335) No caso de ter sido firmado um contrato verbal de 30 (trinta) é possível a devolução das chaves antes do prazo?

R: Se o locador não assinou o contrato de locação, estamos diante de um contrato verbal, que é previsto na Lei nº 8.245/91 (Lei do Inquilinato). Dessa forma, possuindo todos os recibos, a interessada poderá judicialmente provar a sua condição de locatária e o locador será obrigado a respeitar os termos da Lei do Inquilinato.

336) Quem tem a obrigação de pagar fundo de reserva?

R: A Lei do Inquilinato é clara ao estabelecer que compete ao locador arcar com as despesas extraordinárias do condomínio. O parágrafo único do artigo 22 consigna o fundo de reservas como despesa extraordinária. Logo, a sua constituição é de é de responsabilidade do locador. Contudo, o artigo 23 da mesma lei diz que cabe ao locatário a reposição do fundo de reserva, total ou parcialmente utilizado no custeio ou complementação das despesas ordinárias, salvo se elas forem referentes a um período anterior ao do início da locação.

337) O locatário está obrigado a pagar as despesas extraordinárias de condomínio caso exista esta cláusula no Contrato de Locação?

R: A locatária de imóvel não tem a obrigação de pagar as despesas extraordinárias do condomínio, mesmo que no contrato conste tal determinação, pois o documento não pode desrespeitar a Lei do Inquilinato que, em seu artigo 23, estabelece que o inquilino pagará as despesas ordinárias de condomínio, ou seja, as referentes à administração, manutenção e conservação do prédio.

338) É legal a cobrança de uma "taxa contratual de meio aluguel para o candidato a locação? O que diz o Código de Defesa do Consumidor e a Lei do Inquilinato sobre tal procedimento?

R: A cobrança da taxa de contrato é uma questão bastante discutida, porém a Lei do Inquilinato foi omissa nesse aspecto – abordando apenas a questão da ficha cadastral. Considerando que o cliente da administradora é o locador, entendemos que é mais coerente e lógico que essa cobrança seja feita ao senhorio. O locatário que se sentir prejudicado pode apresentar denúncia ao Procon ou ajuizar ação no juizado especial.

339) O locatário de um imóvel locado a cerca de um ano, reclama de problemas na parte elétrica. O locador está obrigado a arcar com o ônus dessa obra?

R: Tratando-se de despesa extraordinária a obrigação de pagamento é do proprietário.

340) No caso de uma arrematação de um imóvel locado, como fica a situação do locatário?

R: O artigo 8º da Lei nº 8.245/91 consigna que se o imóvel for alienado durante a locação, o adquirente poderá denunciar o contrato, com o prazo de 90 dias para a desocupação, salvo se a locação for por tempo determinado e o contrato contiver cláusula de vigência em caso de alienação e estiver averbado junto à matrícula do imóvel. A denúncia deverá ser exercitada no prazo de 90 dias contados do registro de venda ou do compromisso, presumindo-se, após esse prazo, a concordância na manutenção da locação.

Assim, por analogia, o locatário poderá aplicar na locação o que vem estabelecido no artigo supra. O novo adquirente poderá requerer a retomada, sem precisar justificar o seu pedido, não importando saber se o mesmo possui outros imóveis.

341) O seguro de fiança locatícia é uma opção confiável para substituir o fiador?

R: De acordo com o art. 37 da Lei do Inquilinato, o proprietário poderá escolher quatro modalidades de garantia: caução, fiança , seguro de fiança, cessão fiduciária . O seguro é uma opção confiável e já bem utilizada no mercado locatício.

342) Quem mora em apartamento térreo tem que pagar as despesas feitas pelo condomínio com elevadores?

R: O proprietário deverá observar os termos da Convenção interna do condomínio, pois todos os condôminos têm o dever de respeitar e cumprir o que diz a Convenção. Se o documento prevê essa cobrança, ela é legal.

343) Existe alguma lei que proíbe a cobrança de fundo de reserva ou cota extra no condomínio?

R: De acordo com o artigo 22 da Lei do Inquilinato, cabe ao proprietário pagar as despesas extraordinárias do condomínio. Entre elas, encontramos a do fundo de reserva. Se a cota extra não for relacionada com gastos rotineiros de manutenção do edifício (se for para obras de reforma, pintura de fachada, indenizações trabalhistas e despesas de decoração) também terá que ser paga pelo proprietário.

344) É legal a cobrança antecipada de fundo de reserva?
R: De acordo com o artigo 22 da Lei do Inquilinato, cabe ao proprietário pagar as despesas extraordinárias do condomínio, ou seja, as que forem além dos gastos rotineiros de manutenção do edifício. Entre essas despesas, a lei determina que o proprietário será responsável pela constituição de um fundo de reserva, cuja taxa mensal geralmente é cobrada junto com o vencimento da taxa de condomínio.

345) Num contrato por temporada por 90 dias, para pagamento mensal, tendo como garantia a caução de três vezes o valor do aluguel. O contrato foi renovado por duas vezes. O locatário terá direito de ficar por trinta meses no imóvel, considerando a renovação do contrato por prazo superior a 90 dias?
R: O artigo 50 da Lei nº 8.245/91 estabelece que findo o prazo ajustado, se o locatário permanecer no imóvel sem oposição do locador por mais de 30 (trinta) dias , presumir-se-á prorrogada a locação por tempo indeterminado, não mais sendo exigível o pagamento antecipado do aluguel e dos encargos.

Diante do exposto, considerando que o locatário ultrapassou o prazo de 90 dias, a locação deixou de ser de temporada, ficando subordinada as regras da locação residencial.

O parágrafo único do artigo 50 da Lei nº 8.245/91 reza que ocorrendo a prorrogação, o locador somente poderá denunciar o contrato após 30 (trinta) meses de seu início ou nas hipóteses do artigo 47 do mesmo diploma legal.

É importante destacar que a caução em dinheiro, que não poderá exceder o equivalente a três meses de aluguel, deverá ser depositada em caderneta de poupança, autorizada pelo Poder Público e por ele regulamentada, revertendo em benefício do locatário todas as vantagens dela decorrentes por ocasião do levantamento da soma respectiva. O locatário deve solicitar ao locador o comprovante do depósito e no momento da rescisão da locação, exigir a devolução da caução , devidamente corrigida, respeitando as datas de ínicio e término da locação.

346) O locatário é obrigado a pagar taxa de obras no prédio?
R: De acordo com o artigo 23 da Lei do Inquilinato, cabe ao inquilino pagar as despesas ordinárias do condomínio. Em linhas gerais, são os gastos com administração, manutenção e conservação do edifício. O proprietário deve honrar outras despesas, como as obras de reforma.

347) No caso de o locatário não ter transferido para o seu nome as contas de luz e gás, é legítimo o locador exigir os recibos originais das referidas contas no momento da rescisão do contrato de locação?

R: As contas de luz e gás devem ser transferidas para o nome do locatário, geralmente até 60 dias após a assinatura do contrato de locação. No caso de o locatário não ter transferido para o seu nome as contas de luz e gás, é legítimo o locador exigir os recibos originais das referidas contas no momento da rescisão do contrato de locação

348) É legal uma administradora de bens exigir, além do depósito inicial no valor de três aluguéis, cobrar mais uma taxa no mesmo valor do aluguel?

R: A caução é uma das modalidades de garantia da locação, e o seu valor não poderá exceder o equivalente a três meses de aluguel. Logo, é ilegal a cobrança de aluguéis e de outros valores. O locatário tem a obrigação de pagar o aluguel e os encargos no seu vencimento. É aconselhável, o candidato a locação solicitar inicialmente, maiores esclarecimentos da administradora. Caso não fique satisfeita com a explicação e não resolva o problema, deve procurar o Procon de sua Cidade.

349) Quando se opera o mandato?

R: Segundo o artigo 653 do Código Civil, opera-se o mandato quando alguém recebe de outrem poderes para, em seu nome, praticar atos ou administrar interesses. A procuração é o instrumento do mandato.

350)Quais as principais cláusulas de um contrato de locação?

R:

a) Partes
b) Objeto
c) Preço da Locação
d) Prazo
e) vencimento
f) Reajuste
g) Destinação
h) Escolha do índice
e) encargos
f) mora
g) conservação
h) garantia

Vistoria
Penalidades e multas – resilição contratual
Foro

351) Qual a importância do recibo de aluguel?

R: O recibo de aluguel é peça essencial no transcurso da locação, uma vez que a legislação vigente admite locação verbal, mas não recibo verbal. O Locador é obrigado a fornecer recibo de aluguel e encargos.

Em conformidade com o artigo 44 da Lei nº 8245/91, constitui crime de ação pública, punível com detenção de três meses a um ano, que poderá ser substituída pela prestação de serviços à comunidade o locador ou sublocador que recusar-se, nas habitações coletivas multifamiliares, a fornecer recibo discriminado do aluguel e encargos.

Desta forma conclui-se que nos demais casos a recusa não tipifica crime, constituindo apenas violação de obrigação do locador, sujeitando-o à sanção civil, e não penal.

352) Quais as características legais do recibo?

R: O recibo deverá conter o valor do aluguel em moeda nacional.

É importante que o valor discriminado das taxas e encargos pagos pelo locatário, esteja claro e com seu respectivo valor.

Deve conter *o endereço do imóvel* a que se refere a locação.

É de fundamental importância o nome do locatário na emissão do recibo.

O período do pagamento deve ser claro.

A data de pagamento tornou-se importante, tendo em vista a proibição de se cobrar o aluguel antecipadamente. A não ser nos contratos de locação onde não exista a figura do fiador e nos de locação por temporada.

É de fundamental importância o nome e assinatura do locador, os quais muitas administradoras de imóveis vem omitindo. A assinatura também é dispensável desde que a quitação seja dada por autenticação mecânica sem rasura.

Atualmente, faz-se necessário indicar também o valor da retenção do Imposto de Renda, feito em todas as locações acima do valor fixado pela Receita, em se tratando de imóveis locados a pessoas jurídicas.

353) Quais os elementos básicos que devem constar no recibo de aluguel?

R:

a) o nome do locador;

b) o nome do locatário;

c) o valor do aluguel;

d) o valor do condomínio;
e) o valor do IPTU – Imposto Predial e Territorial Urbano;
f) Seguro contra incêndio;
g) Taxas: Luz, Gás e Água;
h) Tarifa bancária;
i) IR – Imposto de Renda (retenção);
j) ressalvas quando necessárias.

354) O que deve conter na ficha de controle de alugueres utilizado pelo administrador da locação?

R: Nesta ficha além de constar os principais dados do contrato de locação, as principais características do imóvel, a inscrição do IPTU, a matricula do imóvel perante as concessionárias de água, luz e gás, a data de vencimento e nome da seguradora contratada número da apólice quando existente do seguro contra incêndio, o período do novo reajuste, os valores discriminados dos encargos da locação, bem como as anotações mais importantes ocorridas no dia-a-dia da locação.

355) O que a Lei do Inquilinato estabelece quanto ao abandono do imóvel pelo locatário?

R: A Lei nº 8.245/91 prevê no seu artigo 66, a imissão do autor na posse do imóvel despejando quando houver abandono, após ajuizada a ação. Não fazendo qualquer alusão a verificação do abandono, bem como à remoção dos bens deixados no imóvel.

356) Quais são fatores importantes para caracterizar o abandono:

R: A intenção do locatário, ou dos ocupantes, de não mais ser utilizarem do imóvel, desinteressando-se pela locação e ausência física do locatário e dos demais ocupantes.

Independente de requerimento da parte ou de previsão legal o juiz pode determinar a verificação do abandono pelo oficial de justiça.

357) O que se deve requerer caso seja encontrado no imóvel abandonado bens pertencentes ao inquilino ou a terceiros?

R: Deve-se requerer ao juiz da causa a expedição do competente mandato de remoção dos bens para o depósito público.

358) Qual o conceito de Administração de Imóveis?

R: Segundo Otto Guilherme Gerstenberger Junior, em sua obra Administração Imobiliária em Locações, pode-se conceituar a

Administração de Imóveis como sendo um conjunto de princípios, normas, atividades, destinadas a produzir serviços de administração, desejados pelos clientes, de acordo com uma lógica preestabelecida e com agregação de valor.

359) É possível a retomada do imóvel imediata, caso o locatário, no vencimento do prazo da locação, não devolver o imóvel?

R: A resposta é positiva. O locador, dentro dos trinta dias subsequentes ao término do contrato, poderá ajuizar em face do locatário a competente ação de despejo, não existindo necessidade de realizar a notificação premonitória para reaver o imóvel.

360) O que se entende por Denúncia Vazia?

R: A denúncia vazia ou conhecida como condicionada, é aquela que permite ao locador retomar o imóvel locado, findo o prazo da locação, sem apresentação de qualquer motivo.

361) O que estabelece a lei quando o locador resolve denunciar a locação após os 30 dias do término do contrato?

R: O locador, em havendo essa prorrogação contratual por tempo indeterminado, poderá, sem apresentar qualquer justificativa, a qualquer momento, denunciar a locação, porém deverá conceder ao locatário prazo de trinta dias para desocupar o imóvel.

362) O que é importante observar no caso da retomada pela extinção do contrato de trabalho?

R: Quanto a retomada pela extinção do contrato de trabalho, cabe ao locador demonstrar que a locação residencial se relaciona com o emprego do locatário, e que houve extinção do contrato de trabalho. Desta forma é primordial provar o nexo de causalidade entre a locação e o contrato de locação.

363) O que se entende por retomada para uso próprio?

R: A retomada para uso próprio é aquela que destina ao uso do locador, que pretende se instalar no imóvel locado. Milita a favor do autor a presunção de sinceridade, que só poderá ser destruída através de provas concretas, cujo ônus incube ao réu locatário. Não há necessidade de o locador residir em imóvel alheio.

364) Quais os requisitos essenciais para a retomada em favor de ascendente ou descendente?

R: Quanto à retomada pelo proprietário em favor de ascendente ou descendente são requisitos essenciais: a prova do parentesco; que o título do retomante esteja devidamente formalizado no registro imobiliário e que o ascendente, o descendente do retomante ou o seu cônjuge não possua prédio residencial próprio.

365) Qual o objetivo da lei para ser possível a retomada quando o fundamento do pedido para demolição e edificação licenciada ou para realização de obras aprovadas pelo Poder Público?

R: Que a reforma deverá aumentar a capacidade de utilização da área construída.

366) Quais as locações que estão sujeitas aos termos do inciso V do artigo 47 da Lei do Inquilinato?

R: O inciso V deste artigo só tem aplicação nas locações iniciadas na vigência da Lei nº 8.245 de 1991.

367) Diante da conceituação da Locação para Temporada ainda existe alguma restrição ao tipo de imóvel para a realização do contrato de locação?

R: A locação por temporada na nova do inquilinato não mais se restringe aos imóveis situados nas instâncias climáticas, hidrominerais ou na orla marítima. Pouco importa a localização do imóvel urbano; exige-se tão-somente o preenchimento dos requisitos previstos no artigo 48 da Lei nº 8.245/91.

368) Qual a posição dos doutrinadores quanto a obrigatoriedade do contrato escrito para a locação por temporada?

R: Os doutrinadores defendem que não é necessário contrato escrito para este tipo de locação, pois a lei não o exige. Somente se houver móveis com pertences a serem alugados é que se deverá ter a relação do parágrafo único do artigo 48.

369) O que a Lei do Inquilinato estabelece quanto aos móveis existentes num imóvel que se pretende alugar para temporada?

R: A locação envolvendo imóvel mobiliado, deverá constar do contrato, obrigatoriamente, a descrição dos móveis e utensílios que o guarnecem, bem como o estado em que se encontram. É mister salientar que a assinatura do locatário no auto de vistoria é de fundamental importância para a garantia do locador.

370) O que a Lei do Inquilinato estabelece quanto ao recebimento do aluguel de uma locação para temporada?

R: Nas locações para temporada, o locador poderá receber de uma só vez e antecipadamente os aluguéis e encargos, bem como exigir uma das garantias locatícias (caução; fiança e seguro de fiança locatícia). A quantia cobrada antecipadamente ao locatário não poderá ultrapassar o número de meses alusivos à temporada.

371) Qual a consequência jurídica caso o locatário não entregue o imóvel no término da locação?

R: O locador deverá ficar atento ao término do prazo do contrato, uma vez que , vencendo a locação, se o locatário continuar no prédio locado, por mais de trinta dias, sem oposição do senhorio, presumir-se-á prorrogada a avença locatícia, sem prazo determinado, não mais sendo permitido ao locador exigir o pagamento antecipado do aluguel e dos encargos, tendo-se em vista que passará a reger-se pelas normas atinentes à locação residencial.

372) Havendo a prorrogação do prazo da locação em que momento o locador poderá denunciar o contrato?

R: Ocorrendo a prorrogação, o locador somente poderá denunciar o contrato após trinta meses de seu início ou nas hipóteses do art. 47 da lei do inquilinato, isto é, poderá pedir sua retomada, intentando ação de despejo, nos casos legais, ou seja, mediante denúncia cheia ou motivada, alegando:

a) rescisão contratual, pela ocorrência dos casos do artigo 9., I a IV;

b) extinção de contrato de trabalho, desde que a ocupação do imóvel locado pelo inquilino esteja relacionada com seu emprego;

c) necessidade de pedir o imóvel para uso próprio, de seu consorte ou companheiro, ou para residência de seu ascendente ou descendente, que não pode dispor, assim como seu respectivo cônjuge ou companheiro, de prédio de moradia próprio;

d) reforma do prédio locado, demolição e edificação licenciada, aprovada pelo Poder Público, desde que aumentem a área construída em, no mínimo, 20% e, em se tratando de imóvel onde explora hotel ou pensão, em 50%;

e) vigência ininterrupta do contrato, que foi prorrogado, por mais de cinco anos.

373) Qual o diferencial que a Lei do Inquilinato estabeleceu sobre a Locação Não Residencial?

R: A Lei nº 8.245/91 unificou as locações. Não há mais que se falar em locação residencial e comercial, mas sim em locação residencial e não residencial. Com o advento da lei de 1991, o direito a renovação do contato não só atinge quem possua um contrato com prazo de 60 meses, com o fito de mercancia, como os que se agrupam em sociedades civis, com a finalidade de lucro, mesmo que a locação tenha sido feita por menor número de anos. Atualmente o que interessa é que a soma dos contratos anteriores com a do último atinja o qüinqüenio, não importando que o ultrapasse.

374) Quais os pré-requisitos para o locatário ter direito a renovação do contrato de imóveis destinados ao comércio, por igual prazo?

R: O locatário deverá comprovar que cumulativamente:

I – o contrato a renovar tenha sido celebrado por escrito e com prazo determinado;

II – o prazo mínimo do contrato a renovar ou a soma dos prazos ininterruptos dos contratos escritos seja de cinco anos;

III – o locatário esteja explorando seu comércio, no mesmo ramo, pelo prazo mínimo e ininterrupto de três anos;

375) Quem poderá pleitear a renovação do contrato de locação previsto no artigo 51 da lei do Inquilinato?

R: O direito assegurado pelo artigo 51 poderá ser exercido pelos cessionários ou sucessores da locação; no caso de sublocação total do imóvel, o direito à renovação somente poderá ser exercido pelo sublocatário.

376) O que estabelece a Lei do Inquilinato quando o contrato autorizar que o locatário utilize o imóvel para atividades de sociedade de que faça parte e que a esta passe a pertencer o fundo de comércio?

R: Que o direito a renovação poderá ser exercido pelo locatário ou pela sociedade.

377) O que ocorre com o contrato de locação não residencial quando ocorre a dissolução da sociedade comercial por morte de um dos sócios?

R: o sócio sobrevivente fica sub-rogado no direito à renovação, desde que continue no mesmo ramo.

378) O direito a renovação do contrato não residencial estende-se a quais locações?

R: As locações celebradas por indústrias e sociedades civis com fins lucrativos, regularmente constituídas, desde que ocorrentes os pressupostos previstos no artigo 51 da Lei nº 8.245/91.

379) Tendo por base o artigo 51 da Lei do Inquilinato quem terá direito a ação renovatória?

R:

a) O locatário, que diretamente alugou o prédio destinado ao exercício de atividade empresarial.

b) O cessionário ou sucessor, a quem foram transferidos o estabelecimento e a locação, ou só o estabelecimento.

c) O sublocatário, se se tratar de sublocação total do imóvel para fins mercantis ou industriais, por ser o titular do fundo de comércio, desde que reuna todos os requisitos legais.

d) O locatário ou sociedade de que faz parte, se houver cláusula contratual autorizando a utilização do prédio locado para as atividades daquela sociedade, desde que a esta pertença o fundo de comércio, que se está a tutelar. A lei inquilinária está legitimando tanto o locatário como a sociedade para proporem, concorrentemente, a renovatória. Assim, se o inquilino fizer parte de sociedade comercial, titular do fundo de comércio instalado no imóvel locado, a ação de renovação da locação poderá ser proposta pelo sócio-locatário ou pela sociedade.

e) O sócio sobrevivente, se houver dissolução da sociedade comercial por morte de um dos sócios, que, então, se sub-rogará no direito à renovação compulsória se continuar explorando o mesmo ramo de comércio, ou seja, a mesma atividade empresarial.

380) Quem é o réu na ação renovatória?

R: Quanto à legitimidade passiva convém dizer que a renovatória deverá ser movida contra o locador, ou seja, contra todo aquele que puder ceder o uso e gozo do imóvel locado.

381) Quando o locador não estará obrigado a renovar o contrato de locação não residencial?

R: De acordo com o artigo 52 da lei do Inquilinato, o locador não estará obrigado a renovar o contrato quando:

I – Por determinação do Poder Público, tiver que realizar no imóvel obras que importarem na sua radical transformação; ou para fazer modificações de tal natureza que aumente o valor do negócio ou da propriedade;

II – o imóvel vier a ser utilizado por ele próprio ou para transferência de fundo de comércio existente há mais de um ano, sendo detentor da maioria do capital o locador, seu cônjuge, ascendente ou descendente.

382) Qual a determinação legal que o locador deverá ficar atento caso haja resistência de sua parte à renovação do contrato de locação não residencial, sob o amparo do inciso II do artigo 52 da Lei do Inquilinato?

R: O imóvel não poderá ser destinado ao uso do mesmo ramo do locatário, salvo se a locação também envolvia o fundo de comércio, com as instalações e pertences.

383) O locatário de lojas de shopping center tem direito a renovação judicial da locação?

R: Nas locações de espaço em shopping centers, o locador não poderá recusar a renovação do contrato com fundamento no inciso II do artigo 52 da Lei do Inquilinato.

384) Qual a consequência legal caso a renovação não ocorrer em razão de proposta de terceiro, em melhores condições, ou se o locador, no prazo de três meses da entrega do imóvel, não der o destino alegado ou não iniciar as obras determinadas pelo Poder Público ou que declarar pretender realizar?

R: O locatário terá direito a indenização para ressarcimento dos prejuízos e dos lucros cessantes que tiver que arcar com a mudança, perda do lugar e desvalorização do fundo de comércio.

385) Pode o locador apresentar sua pretensão denegatória de renovação do contrato com fundamento na retomada para uso próprio?

R: Sim, porém que seja ele, locador, já estabelecido com fundo de comércio.

386) Quando há a necessidade de se provar a existência de fundo de comércio há mais de um ano?

R: No caso de o beneficiário ser o cônjuge, um ascendente ou descendente.

387) Em que situações poderá o locatário pleitar direito à indenização por prejuízos e lucros cessantes que tiver que arcar com a mudança, perda do lugar e desvalorização do fundo do comércio?

R: Quando a renovação do contrato for prejudicada por proposta convidativa de terceiro ou o locador, no prazo de 3 meses a contar do recebimento do imóvel, não der o destino alegado ou não iniciar as obras determinadas pelo poder público ou que se obrigou a realizar.

388) Destinando-se o imóvel a um determinado ramo de comércio, já explorado pelo proprietário-locador, poderá este vir a retomar o prédio para a continuidade do mesmo mister?

R: Sim, porém, não poderá agir da mesma maneira se vendeu ao inquilino o fundo de comércio que mantinha no prédio.

389) Quais as partes num contrato de locação de loja em shopping center?

R: Segundo a colocação do juiz Nagib Slaibi Filho, poderão ser as partes no contrato de shopping center:

a) o empregador ou proprietário ou desenvolvedor (ou locador): pessoa física ou jurídica que planeja, organiza, constrói e desenvolve o centro comercial;

b) a administradora, empresa contratada para exercer a administração, total ou parcial, do shopping center e que pode exercer sua atividade dissociada do empreendedor;

c) o lojista (ou locatário): pessoa física ou jurídica que explora o espaço comercial.

390) Quais as características do contrato de shopping center?

R:

a) o aluguel deverá ser calculado sobre o percentual da venda do lojista, além da parte fixa, havendo, no mês de dezembro, o dobro da remuneração;

b) há o fundo de promoção ou de propaganda, para o qual devem todos os lojistas contribuir;

c) existe a distribuição planejada das lojas, segundo o ramo respectivo, objetivando otimizar a rentabilidade;

d) existem as lojas-âncoras (grandes magazines) e as lojas satélites;

há a interveniência na administração de cada loja por parte da administradora.

391) Qual a Lei que alterou o artigo 53 da Lei nº 8.245/91?

R: O artigo 53 da Lei nº 8.245/91 foi alterado em 1996 pela Lei nº 9.256, incluindo as entidades religiosas devidamente registradas, como uma das locações que gozam de benefício especial quanto às rescisões locatícias.

392) O que estabelece o artigo 53 da Lei do Inquilinato?

R: "Nas locações de imóveis utilizados por hospitais, unidades sanitárias oficiais, asilos, estabelecimentos de saúde e de ensino autorizados e fiscalizados pelo Poder Público, bem como por entidades religiosas devidamente registradas, o contrato somente poderá ser rescindido:

I – nas hipóteses do artigo 9;

II – se o proprietário, promissário comprador ou promissário cessionário, em caráter irrevogável e imitido na posse, com título registrado, que haja quitado o preço da promessa ou que, não o tendo feito, seja autorizado pelo proprietário, pedir o imóvel para demolição, edificação licenciada ou reforma que venha a resultar em aumento mínimo de cinqüenta por cento da área útil."

393) Qual a regra estabelecida no parágrafo terceiro do artigo 63 da Lei nº 8.245/91?

R: "Tratando-se de hospitais, repartições públicas, unidades sanitárias oficiais, asilos, estabelecimentos de saúde e de ensino autorizados e fiscalizados pelo Poder Público, bem como por entidades religiosas devidamente registradas, e o despejo for decretado com fundamento no inciso IV do art. 9º ou no inciso II do art. 53, o prazo será de um ano, exceto no caso em que entre a citação e a sentença de primeira instância houver decorrido mais de um ano, hipótese em que o prazo será de seis meses."

394) Qual o tipo de locação que é firmada por pessoa jurídica, em seus nomes, imóveis residenciais para uso de seus diretores, sócios, gerentes, executivos ou empregados?

R: Estamos diante de uma locação considerada não residencial, apesar de sua destinação ser eminentemente residencial.

395) Qual o prazo de decadência previsto na Lei do Inquilinato para o exercício da Ação Renovatória?

R: 1) O prazo é de 6 meses a 1 ano anteriores ao término do contrato;

396) Quando a locação não residencial, por prazo determinado, se transforma em locação por prazo indeterminado, prorrogando-se automaticamente o contrato?

R: Quando não houver renovação amigável ou judicial do ajuste e o locatário permanecer no imóvel por mais de 30 dias sem oposição do locador.

397) Como se dá a denúncia do contrato de locação não residencial por prazo indeterminado?

R: A denúncia se dá mediante notificação, por escrito, ao locatário, concedendo-se o prazo de 30 dias para desocupação.

Caso o locatário não desocupe o imóvel no prazo legal, poderá o locador valer-se da ação de despejo por denúncia vazia ou retomada sem justificativa.

398) Quando é possível realizar um aditamento ao contrato de locação?

R: As partes, locador, locatário e fiador poderão firmar acordos em qualquer período da locação, basta que todos os interessados assim aceitem.

399) Quais são as cláusulas mais sujeitas a aditamentos?

R: Geralmente as cláusulas que sofrem alterações são as destinadas ao valor do aluguel, formas de reajuste, mudanças de índice e troca do fiador.

400) Quais as providências necessárias para a realização de uma cessão do contrato de locação?

R: No caso de uma cessão, onde o locatário cede o seu contrato a um terceiro, é necessário a anuência do fiador e interveniência do locador, tudo de modo que o novo locatário/cessionário possa integrar a relação assumindo o aluguel ,os encargos e as demais obrigações locatícias. A interveniência do senhorio é uma garantia não só para o próprio locatário, mas também para o locador, uma vez que havendo sua ciência, será possível conferir se a cessão foi feita de forma correta, obedecendo a legislação em vigor.

401) Qual o prazo nas locações residenciais, que findo o prazo ajustado, o locador terá direito, de imediato, propor ação de despejo, sem necessidade de notificação premonitória para reaver o imóvel?

R: trinta meses

402) Quais as situações previstas no artigo nº 47 da Lei nº 8.245/91 que estabelece como casos de retomada do imóvel , de contratos ajustados verbalmente ou por escrito e com prazo inferior a trinta meses?

R: Nos caso do artigo 9. da lei 8.245/91; em decorrência de extinção do contrato de trabalho, se a ocupação do imóvel pelo locatário estiver relacionada com seu emprego; se for pedido para uso próprio, de seu cônjuge ou companheiro, ou para uso residencial de ascendente ou descendente que não disponha, assim como seu cõnjuge ou companheiro, de imóvel residencial próprio, se for pedido para demolição e edificação licenciada ou para a realização de obras aprovadas pelo Poder Público, que aumentem a área construída em no mínimo, vinte por cento ou, se o imóvel for destinado a exploração de hotel ou pensão em cinquenta por cento; se a vigência ininterrupta da locação ultrapassar cinco anos.

403) Qual o tipo de contrato de loja localizada em shopping center?
R: Contrato de locação não residencial.

404) A Administração de imóveis é uma prerrogativa do corretor de imóveis?
R: Segundo a Lei nº 6.530 de 12 de maio de 1978, compete ao corretor de imóveis exercer a intermediação na compra, venda, permuta e locação de imóveis, podendo, ainda, opinar quanto à comercialização imobiliária. (art. 3).

Observando os termos do artigo supra, os Conselhos Regionais de Corretores de Imóveis vêm autuando profissionais que não estão devidamente registrados no CRECI.

Segundo entendimento do órgão, o fato de a pessoa ser advogado não é o suficiente para a prática da locação é necessário que o mesmo esteja registrado como corretor de imóveis.

405) É possível o locador, não proprietário, ajuizar uma ação de despejo por falta de pagamento?
R: A solução será a propositura da competente Ação de Despejo por Falta de Pagamento, Cumulada com Pedido de Cobrança de Aluguéis e Encargos da Locação (vide art. 62 da Lei nº 8.245/91).

Para a distribuição da ação supra não há necessidade de comprovar a propriedade. A Lei do Inquilinato somente exige tal comprovação nos casos previstos nos incisos III e IV do artigo 47 .

406) O pagamento de aluguel com cheque sem fundos inibe a propositura de uma ação de despejo por falta de pagamento?
R: A dívida só pode ser considerada efetivamente quitada com o completo pagamento. Logo se houve devolução de cheque por falta de provimento de fundos, o débito permanece. Neste caso o locador poderá ajuizar a competente ação de execução em face do locatário e do fiador ou até somente em face do fiador.

407) O que ocorre se cônjuge do fiador não tiver assinado o contrato de locação como garantidora?
R: De conformidade com a Legislação Civil, neste caso a garantia locatícia ficará prejudicada, uma vez que se o patrimônio pertencer ao

casal, o cônjuge que não anuiu no contrato de locação não poderá ser responsabilizado.

408) Como saber quem é responsável pela restauração de um telhado de um prédio?

R: O locatário deverá solicitar uma cópia da convenção do condomínio, tudo de modo a localizar quais as área comuns. Desta forma, se ficar constatado de que o telhado pertença a área comum, a responsabilidade será do condomínio e não do proprietário da unidade autônoma.

409) Como será estabelecido a multa a ser aplicada ao locatário no caso de entrega das chaves antes do término do prazo do contrato?

R: Como bem estabelece o artigo 4 da lei nº 8.245/91, a multa será aquela acordada pelas partes no Contrato de Locação, podendo ser somente em face dos alugueres, como também em face dos encargos.

410) Há relação de consumo entre locador e administrador de imóveis?

R: Como bem expôs o mestre Sylvio Capanema de Souza não há uma relação de consumo entre locador e locatário, estando os mesmos subordinados a Lei do Inquilinato.

Por outro lado, a empresa administradora de imóveis, sendo uma prestadora de serviços, está sujeita as regras da Lei do Código de Defesa do Consumidor, pois entre o locatário e a empresa prestadora há uma relação de consumo, como também existe esta mesma relação com o locador e a administradora.

411) É obrigatória a apresentação de certidões negativas do local do domicílio do vendedor?

R: A apresentação das certidões negativas é necessária e obrigatória para a lavratura de escritura definitiva. Desta forma, considerando que o vendedor tem domicílio em local diferente da localização do imóvel, é necessário a apresentação das certidões dos cartórios localizados na cidade de sua residência. Contudo não se pode deixar de exigir as certidões referentes ao imóvel, que deverão ser tirados na Prefeitura e no cartório imobiliário.

412) É obrigatória a apresentação de procuração pública no caso de representação do vendedor numa transação imobiliária?

R: A procuração por instrumento público é obrigatório para a representação em qualquer transação imobiliária. Não é possível lavrar uma escritura pública utilizando um instrumento particular.

413) Há relação de consumo entre locador e locatário?

R: Considerando que a Lei do Inquilinato é uma Lei Especial, a doutrina estabelece que não há relação de consumo entre o locador e o locatário, porém em relação ao administrador de imóveis existe a relação tanto em relação ao locador, quanto em relação ao locatário.

414) O locatário poderá entregar o imóvel quando o contrato de locação estiver por prazo indeterminado?

R: De acordo com o artigo 6 da Lei nº 8.245/91, o locatário poderá entegar o imóvel a qualquer momento quando o contrato está por prazo indeterminado, porém tem de pre avisar com trinta dias, sob pena de pagar um mês de aluguel e encargos.

415) Existe um limite de idade para a pessoa ser fiadora num contrato de locação?

R: Quanto a aceitação de fiança, a legislação civil não traz expressamente qualquer limitação de idade. Contudo, considerando que a fiança é personalíssima não é muito recomendável firmar um contrato de locação tendo um garantidor muito idoso.

416)Qual o foro competente para processar e julgar uma ação de cobrança de taxas condominiais?

R: O foro competente é o da situação do condomínio, uma vez que a dívida refere-se ao imóvel. Por outro lado a cobrança da cota condominial é um direito pessoal e não real.

417) O que fazer na situação de uma Locação que está por prazo determinado em que o locador somente recebe o aluguel com 1 mês de atraso?

R: Considerando que o contrato de locação encontra-se por prazo determinado, infelizmente o locador fica subordinado aos preceitos da Lei nº 8.245/91, em especial o artigo que estabelece que "durante o prazo estipulado para a duração do contrato, não poderá o locador reaver o imóvel alugado."

Por outro lado, caso o locatário cometa qualquer infração contratual, inclusive a falta de pagamento, o locador poderá ajuizar a competente ação de despejo.

418) No caso de apartamento alugado através de uma empresa administradora, o locatário abandona o imóvel deixando de honrar com alguns meses de aluguel e condomínio. O locador ganhou a

ação de execução em face do fiador, porém, a empresa supra indicada, que havia interposto a ação por meio de um dos seus advogados, descontou do montante honorários advocatícios; comissão sobre os aluguéis reclamados; multa sobre as comissões recebidas com atraso e despesas maiores que o demonstrativo da Justiça. Os honorários são devidos? A comissão e a multa são devidas? E as despesas cobradas a mais?

R: O locador deve verificar em seu contrato de prestação de serviço com a administradora, se a assessoria jurídica está incluída no valor contratado. Normalmente, os serviços advocatícios são firmados em contrato distinto. Com relação à comissão descontada, é necessário também verificar o que foi firmado no contrato. É aconselhável o locador pedir ao advogado da causa uma cópia da planilha de débito, pois, com os cálculos em mãos, será possível averiguar a procedência de todos os descontos.

419) Num contrato de locação não residencial, com prazo de três anos,o locatário abriu um negócio em que ele não figurava como dono. Posteriormente, a firma faliu, o locatário não pagou mais o aluguel. O processo encontra-se em fase de leilão e o imóvel locado está lacrado. Qual o remédio jurídico para o presente caso?

R: Se o locatário deixou de pagar o aluguel, o locador deverá optar por propor uma ação de despejo por falta de pagamento, cumulada com pedido de cobrança de aluguéis em face da pessoa que consta do contrato como locatário. Caso o imóvel esteja vazio (abandonado), o mesmo poderá requerer ao juiz um mandado de verificação e imissão de posse. Independentemente de haver um requerimento de falência que envolve o locatário. É aconselhável ajuizar uma ação executiva em face do fiador, uma vez que ele é o garantidor, solidariamente responsável pela locação.

420) No caso de um locatário firmar um contrato de locação de um imóvel através de uma empresa administradora. Posteriormente esta empresa paraliza suas atividades e todos os clientes foram absorvidos por outra administradora de imóveis. Legalmente, o que ocorre agora? O contrato anterior perde o valor ou continua valendo? O locatário poderá rescindir o contrato de locação sem pagar a multa contratual?

R: A relação contratual do locatário é com o locador e não com o administrador. Dessa forma, cláusulas e condições firmadas na locação não vão sofrer qualquer alteração pelo fato de a antiga administradora ter encerrado suas atividades, pois as partes no contrato são o locador e o locatário, e não a administradora. Caso o locatário tenha dúvidas quanto à representação da nova administradora, é aconselhável solicitar do novo profissional a comprovação de que a administração do imóvel está sob sua responsabilidade. Existindo omissão, a saída é contactar diretamente o locador. Quanto à multa, se existir no contrato, ela só poderá ser exigida se o locatário desocupar o imóvel antes do término da data do contrato.

421) O locatário de um apartamento recebeu do locador uma despesa para pagamento em seis mensalidades, aprovada por ocasião da realização de assembléia geral extraordinária, para cobrir os serviços de "restauração e pintura das fachadas externas e prismas de ventilação". Tratando-se de obra externa, essa despesa deve ser paga pelo proprietário ou pelo inquilino?

R: Segundo o artigo 22 da Lei do Inquilinato, cabe ao locador pagar as despesas extraordinárias de condomínio, que são aquelas que não se referem aos gastos rotineiros de manutenção do edifício. A letra b do parágrafo único do referido artigo diz, inclusive, que é obrigação do senhorio pagar a pintura das fachadas, empenas, poços de aeração e iluminação, bem como das esquadrias externas.

422) Um candidato a locatário passou pela aprovação do cadastro como também seu fiador. Porém existe uma suspeita do proprietário do imóvel que reside em cima do imóvel a ser locado que a pessoa que vai efetivamente morar no imóvel não é a que consta no contrato como locatário, mas sim sua irmã. Qual seria o remédio jurídico preventivo ?

R: É aconselhável que no contrato de locação exista uma cláusula proibindo a sublocação total ou parcial do imóvel. Ocorrendo a infração, o locador poderá ajuizar a competente ação de despejo por infração contratual, independentemente do contrato estar por prazo determinado ou não.

423) Uma Pessoa Jurídica, que possui imóveis, pode fazer parte (votada e eleita) para o Conselho Fiscal de um determinado Condomínio? No caso de uma Pessoa Jurídica ou Pessoa Física eleita para a Presidência do Conselho Fiscal e por razões profissionais, não pode conciliar as atividades de empresa com a Presidência do Conselho. Qual o procedimento para exclusão?

R: O fato de ser uma pessoa jurídica não prejudica nem limita o direito de propriedade. Desta forma, segundo a legislação civil, a pessoa jurídica, em qualquer situação, possui o seu representante legal, podendo este ocupar diferentes cargos ou funções. Logo, o que se deve ressaltar é o que estabelece o Código Civil, no capítulo do Condomínio Edilício, quanto aos pré-requisitos para o cargo de conselheiro fiscal.

Quanto à impossibilidade de continuar a exercer a função, quer de conselheiro, quer de síndico, o mesmo poderá solicitar o seu desligamento, encaminhando no primeiro caso ao síndico e no segundo caso ao Condomínio.

424) No caso de um locatário abandonar o imóvel locado, deixando uma outra pessoa ocupando o bem e estando o aluguel atrasado, quais as alternativas para o locador?

R: Considerando que o imóvel esta sendo ocupado por uma pessoa não autorizada, o locador poderá ajuizar a competente ação de despejo por infração contratual. Vale dizer que é fundamental observar se existe no contrato de locação uma cláusula dizendo que é proibido sublocar parcial ou totalmente o imóvel.

É importante consignar que, estando o locatário em débito, mesmo não estando mais no imóvel, é possível a propositura de ação de despejo por falta de pagamento, cumulada com pedido de cobrança dos aluguéis e encargos da locação.

425) O seguro fiança locatícia eliminará o setor jurídico das imobiliárias?

R: O seguro de fiança locatícia, previsto no artigo 37 da Lei nº 8.245/91 é uma das modalidades de garantia locatícia. Desta forma, jamais este seguro poderá prejudicar o setor jurídico das imobiliárias, ao contrário, havendo um aquecimento na escolha dessa modalidade, caberá aos advogados assessor os funcionários e clientes nas diversas situações que envolverem o assunto.

426) O direito imobiliário engloba as locações?

R: A resposta é positiva. As locações de imóveis urbanos estão previstas na Lei nº 8.245/91, porém, as locações de bens móveis continuam regidas pelo Código Civil.

427) O administrador de imóveis deve orientar o locador quanto as obrigações condominiais?

R: A Lei nº 8.245/91, estabelece em seus artigos 22 e 23, os deveres do locador e do locatário. Desta forma, o administrador de imóveis tem a obrigação de conhecer a lei do Inquilinato e realizar um trabalho ético, moderno e de qualidade tanto ao cliente locador como também a todas as partes envolvidas na relação contratual, destacando que as despesas extraordinárias são de responsabilidade do locador e as despesas ordinárias deverão ser reembolsadas pelo locatário.

428) É possível a retomada de um imóvel com locação inferior a trinta meses?

R: O artigo 47 da Lei nº 8.245/91 estabelece as hipóteses em que o locador poderá retomar o imóvel quando a locação for ajustada verbalmente ou por escrito e com prazo inferior a trinta meses, ou seja, firmando um contrato residencial por doze meses, ao final do prazo, o locador poderá pleitear a sua devolução, porém deverá justificar o seu pedido.

Quando o contrato de locação é firmado por prazo igual ou superior a trinta meses, a resolução do contrato ocorrerá findo o prazo estipulado, independentemente de notificação ou aviso. Neste caso, de conformidade com o artigo 46 da lei supra citada, o locador poderá retomar o seu imóvel sem precisar justificar. (Denuncia Vazia).

429) Qual o remédio jurídico quando o locatário realiza uma obra não autorizada pelo locador?

R: É possível a distribuição de uma Ação de Despejo por Infração Contratual, caso haja a realização de obras, sem a expressa autorização do locador.

430) Quais as consequências para o locador que desrespeita o direito de preferência do locatário?

R: De conformidade com o artigo 27 e segs da Lei do Inquilinato, "no caso de venda, promessa de venda, cessão ou promessa de cessão de direitos ou dação em pagamento, o locatário tem preferência para adquirir o imóvel locado, em igualdade de condições com terceiros, devendo o locador dar-lhe conhecimento do negócio mediante notificação judicial, extrajudicial ou outro meio de ciência inequívoca."

No caso em tela, não tendo sido respeitado o acima exposto, o locatário poderá reclamar do alienante as perdas e danos ou, depositando o preço e demais despesas do ato de transferência, haver para si o imóvel locado, se o requerer no prazo de seis meses, a contar do registro do ato no Cartório de Imóveis, desde que o contrato de locação esteja averbado pelo menos trinta dias antes da alienação junto à matrícula do imóvel.

431) É possível a propositura de uma ação indenizatória por parte do locatário, caso o locador ter indicado o seu nome no serviço de proteção do consumidor?

R: Considerando o aumento da inadimplência nos últimos meses, este assunto vem sendo questionado em várias Capitais da nossa federação. O tema abordado pode ser interpretado de várias formas. Se o devedor se sentir humilhado ou achar que sofreu um constrangimento moral devido ao seu nome estar constando na lista do SPC, este locatário ou fiador poderá ajuizar uma ação de indenização por dano moral, inclusive se utilizando, por analogia, o Código de Defesa do Consumidor.

Deve o administrador esclarecer estas questões ao seu cliente/locador, apresentando as alternativas que a Lei nº 8.245/91 oferece para solucionar o problema da inadimplência.

432) O locatário de uma loja térrea é obrigado a pagar a cota condominial integral?

R: Conhecer os termos da convenção condominial é fundamental para a resposta da questão, uma vez que cabe a esta norma estabelecer o que cada condômino responde nas despesas condominiais.

Vale lembrar os casos de lojas térreas, de frente para a rua, muitas convenções limitam a obrigação de pagamento para esses imóveis.

Caso a convenção do edifício em causa for omissa, acreditamos que o condômino da garagem deverá pagar a sua cota condominial obedecendo a sua fração ideal.

433) Quando o locatário terá direito a renovação do contrato?

R: O locatário terá direito a renovação do contrato, por igual prazo, desde que, cumulativamente:

I – o contrato a renovar tenha sido celebrado por escrito e com prazo determinado

II – o prazo mínimo do contrato a renovar ou a soma dos prazos ininterruptos dos contratos escritos seja de cinco anos.

Desta forma, caso o locador não tenha interesse na renovação judicial do aluguel, ou de firmar um contrato de locação com prazo de cinco anos, deverá observar este dispositivo legal.

434) O que fazer para o locador não ficar vulnerável a Ação Renovatória?

R: O ideal é firmar um contrato com prazo de até quatro anos e caso o locatário queira continuar no imóvel após o término do contrato, o locador poderá permitir, porém deixando o instrumento por prazo indeterminado, não firmando novo contrato, tudo de modo a evitar o ajuizamento da Ação Renovatória .

435) Como solucionar o problema de vaga de garagem?

R: A vaga de garagem integra a unidade autônoma com fração ideal própria. Normalmente não há conflito quando o imóvel e o empreendimento encontram-se regulares e formalizados. O condômino pode usar a vaga de garagem livremente desde que seja para a sua destinação habitual, porém sempre deve obedecer o Regimento Interno, uma vez que é a norma de conduta do condomínio.

Quando a garagem pertence à área comum do condomínio, cabe disposição no Regimento Interno acerca das regras para que os condôminos possam utilizar as vagas existentes. As alternativas geralmente utilizadas são os rodízios , sorteios periódicos, etc. O síndico pode propor adições ou alterações no Regimento Interno sobre as disposições das vagas de garagem, mas é necessário seguir as normas condominiais e os trâmites em Assembleia Condominial.

Inclusive, geralmente é previsto no Memorial de Incorporação a demarcação específica da vaga.

Se as vagas pertencem ao condomínio, mas foi construído um quarto sem a aprovação unânime dos condôminos, qualquer condômino também poderá ajuizar ação em face do condomínio requerendo a demolição da obra existente na área comum.

436) O locatário poderá ficar isento do pagamento dos encargos locatícios?

R: Segundo o artigo 22, VIII da Lei nº 8.245/91, o locador é obrigado a pagar os impostos e taxas, e ainda o prêmio de seguro complementar contra fogo, que incidam ou venham a incidir sobre o imóvel, salvo disposição expressa em contrário no contrato.

Logo, se estiver previsto no contrato de locação que o locatário tem de pagar os encargos da locação, o administrador do imóvel ou o proprietário poderá cobrar normalmente, juntamente com o aluguel, todos as taxas e impostos referentes ao imóvel.

437) É lícito incluir na cota condominial a cobrança de honorários advocatícios?

R: Os honorários advocatícios somente são devidos se houver tido a atuação do profissional. O recibo deverá ser expedido pelo advogado, não podendo estar incluso na boleta referente a cobrança da cota condominial e dos encargos referentes a juros e multa por atraso.

Caso não esteja previsto no contrato de prestação de serviços da administradora a autorização para a contratação de advogado, independentemente de estar previsto na convenção ou não, aconselhamos a formalização da contratação através do competente contrato de honorários advocatícios.

438) O condomínio será responsável caso o porteiro venha a causar algum dano a um automóvel de um morador?

R: Segundo a melhor doutrina e a jurisprudência dominante de nossos tribunais, o condomínio poderá ser responsabilizado a indenizar o condômino prejudicado se ficar comprovado a culpa ou desídia dos seus prepostos. Assim, caracterizado que o porteiro foi negligente, poderá o assinante postular em face do condomínio.

439) Qual o percentual da taxa judiciária no Estado do Rio de Janeiro para a propositura de uma ação de despejo?
R: O valor da taxa judiciária é de 2% sobre o valor da causa.

440) É possível a cobrança antecipada do aluguel?
R: Segundo a Lei nº 8.245/91, o locador não poderá cobrar antecipadamente o aluguel, salvo a hipótese do art. 42 e das locações para temporada.

441) Havendo omissão no contrato de locação quanto a cobrança da multa contratual quando o imóvel é entregue antes do término do contrato é possível exigir a mesma do locatário?
R: Não existindo no Contrato de Locação uma cláusula estabelecendo a multa contratual para o caso de entrega das chaves antes do término da locação, poderá o locador pleitear judicialmente que a mesma seja arbitrada, tudo como vem estabelecido no artigo 4 da Lei nº 8.245/91.

442) O administrador de um condomínio pode tomar decisões sem a anuência do síndico?
R: O síndico é responsável pela administração geral do condomínio, ele representa ativa e passivamente o condomínio, em juízo ou fora dele, devendo praticar os atos de defesa dos interesses comuns, nos limites das atribuições conferidas pelo Código Civil, no Capítulo do Condomínio Edilício ou pela convenção.

De conformidade com a lei, o síndico pode delegar a um terceiro, pessoa física ou jurídica, as funções administrativas, porém este profissional só poderá agir sob ordem e orientação do síndico. Logo, qualquer condômino pode solicitar informações ou providências diretamente do síndico, pois existe uma subordinação em relação ao administrador.

443) É legal o protesto de um recibo de aluguel?
R: Apesar da existência da Lei nº 9.492/97, entendemos que postulação de Ação de Despejo por Falta de Pagamento, Cumulada com Pedido de Cobrança de Aluguéis e Encargos da Locação tendo por base a Lei do Inquilinato seja a forma mais correta de cobrar o locatário inadimplente.

Vale consignar que pela forma de protesto, mensalmente o locador terá custos junto aos cartórios de protesto. Por outro lado, ao distribuir a ação supra mencionada, basta atualizar os valores, não necessitando de pagar novas custas.

444) Qual o remédio jurídico que o locador poderá utilizar quando o locatário abandona o imóvel locado após a distribuição da competente ação de despejo?

R: O locador tendo a certeza que o locatário já deixou o imóvel, poderá nos próprios autos da Ação de Despejo por Falta de Pagamento, Cumulada com Pedido de Cobrança de Aluguéis e Encargos da Locação, atravessar uma petição requerendo ao juiz da causa que seja expedido o competente mandato de verificação e imissão de posse, justificando tal pedido de que foi informado que o imóvel está em "estado de aparente abandono ".

445) O locatário é obrigado a permitir a vistoria no imóvel locado?

R: O inciso IX do artigo 23 da Lei nº 8.245/91 estabelece ser dever do locatário "permitir a vistoria do imóvel pelo locador ou por seu mandatário, mediante combinação prévia de dia e hora, bem como admitir que seja o mesmo visitado e examinado por terceiros, na hipótese prevista no artigo 27.

Desta forma, é possível a realização de vistoria no imóvel durante o tempo da locação. Por outro lado, considerando que a partir da assinatura do contrato de locação a posse direta do imóvel passa a ser do locatário, acreditamos ser possível que o mesmo questione a solicitação frequentes de visitações ao imóvel.

446) O locatário é sempre obrigado a pagar o IPTU do imóvel locado?

R: Para que o locatário esteja obrigado a pagar o IPTU do imóvel é necessário que esteja expressamente fixado no contrato de locação esta determinação, como bem esclarece o artigo 22 da Lei nº 8.245/91.

447) Qual a conseqüência quando o fiador não venha a anuir um aditamento do contrato de locação referente a majoração do aluguel?

R: A súmula 214 do STJ estabelece que:

448) Qual a vantagem da existência de um laudo de vistoria em anexo a um contrato de locação?

R: Se o locatário entregou as chaves do imóvel ressalvando a vistoria do mesmo e existindo em anexo ao Contrato de Locação um laudo indicando as condições do imóvel no momento do início do contrato, o locador poderá ajuizar uma ação de indenização pelos estragos ocorridos no apartamento, pois ele tem um documento (laudo) assinado pelo inquilino indicando as condições do imóvel.

449) Como provar a relação locatícia quando o contrato foi ajustado verbalmente?

R: Se o locador não assinou o contrato de locação, estamos diante de um contrato verbal, que é previsto na Lei nº 8.245/91. Desta forma, possuindo todos os recibos, a moradora do imóvel poderá judicialmente provar a sua condição de locatária e o locador será obrigado a respeitar os termos da Lei do Inquilinato.

450) O locador poderá cobrar do locatário o seguro complementar de incêndio?

R: A Lei do Inquilinato consigna que o locador poderá cobrar do locatário os encargos da locação, porém devera estar expresso no contrato de locação quais são esses encargos. Desta forma, o seguro complementar de incêndio poderá ser cobrado do locatário, desde que esteja previsto contratualmente.

451) Qual o prazo para a cobrança de alugueis em atraso?

R: De acordo com o Código Civil atual o prazo é de 03 anos (art. 206 parágrafo 3º, inciso I).

452) Quais os custos processuais para o locatário quando a Ação de Despejo é julgado procedente?

R: Como em qualquer processo judicial, aquele que perder a causa poderá ser condenado a pagar todas as despesas com custas judiciais e os honorários advocaticios, que poderão ser de ate 20% sobre o valor da causa.

453) Qual a consequência para o locatário que possui um cachorro no imóvel locado?

R: Atualmente o entendimento jurisprudencial é no sentido se permitir a permanência de animais no condomínio, desde que os mesmos não estejam causando qualquer incômodo aos moradores. Por outro lado, cabe ao síndico impor aos moradores uma conduta de manutenção e preservação das partes comuns do edifício, bem como de exigir respeito as normas do direito de vizinhança. Desta forma, seria oportuno estabelecer no regimento interno sanções aos condôminos que causarem quaisquer danos no interior da edificação e incomodo ao sossego.

454) De quem é a responsabilidade pelo pagamento do fundo de reservas de um condomínio?

R: A Lei do Inquilinato é clara ao estabelecer que compete ao locador arcar com as despesas extraordinárias do condomínio. O parágrafo único do artigo 22 consigna o fundo de reservas como despesa extraordinária. Logo a sua constituição é de responsabilidade do locador. Contudo, o artigo 23 da mesma Lei diz eu cabe ao locatária a reposição do fundo de reserva, total ou parcialmente utilizado no custeio ou complermentação das despesas ordinárias, salvo se referentes a período anterior ao início da locação.

455) É possível se fazer a cessão da locação?

R: Segundo o art. 13. da Lei nº 8.245/91, a cessão da locação, a sublocação e o empréstimo do imóvel, total ou parcialmente, dependem do consentimento prévio e escrito do locador.

456) O consentimento pela ocupação pode ser presumido?

R: Não se presume o consentimento pela simples demora do locador em manifestar formalmente a sua oposição.

457) Qual a consequência para a locação se o locatário comunicar a pretensão de ceder ou sublocar o contrato de locação?

R: Desde que notificado por escrito pelo locatário, de ocorrência de uma das hipóteses do artigo 13 da Lei nº 8.245/91, o locador terá o prazo de trinta dias para manifestar formalmente a sua oposição.

458) Não havendo acordo, o locador ou locatário,poderão requer a revisão judicial do aluguel?

R: Sim. Após três anos de vigência do contrato ou do acordo anteriormente realizado, poderão pedir revisão judicial do aluguel, a fim de ajustá-lo ao preço de mercado.

459) O locador não poderá exigir o pagamento antecipado do alugue?

R: Segundo o artigo 20 da Lei nº 8.245/91, salvo as hipóteses do art. 42 e da locação para temporada, o locador não poderá exigir o pagamento antecipado do aluguel.

460) O aluguel da sublocação poderá exceder o da locação?
R: Segundo o artigo 21 da Lei nº 8.245/91, o aluguel da sublocação não poderá exceder o da locação; nas habitações coletivas multifamiliares, a soma dos aluguéis não poderá ser superior ao dobro do valor da locação.

461) Qual a conseqüência caso o sublocador exija valor da sublocação maior que o valor da locação?
R: O descumprimento autoriza o sublocatário a reduzir o aluguel até os limites nele estabelecidos.

462) O que o Código Civil, no Capítulo do Condomínio Edilício, estabelece sobre o voto do locatário?
R: O Código Civil, no Capítulo do Condomínio Edilício, foi omisso sobre o tema. Contudo o parágrafo 4. do artigo 24 da lei nº 4.591/64 estabelece que " Nas decisões da Assembléia que não envolvam despesas extraordinárias do condomínio, o locatária poderá votar, caso o condômino-locador a ela não compareça.
Apesar da Lei nº 9.267/96, ter dado nova redação ao parágrafo 4. do artigo 24 da Lei nº 4.591/64, tal alteração não atingiu o direito de propriedade do condômino. Ou seja, continua sendo prerrogativa do proprietário ou de seu procurador votar para síndico e para todas as matérias referentes ao domínio do bem.

463) Uma empresa administradora poderá rejeitar o recebimento de uma cota condominial?
R: A princípio não faz sentido a administradora não aceitar o recebimento da cota condominial. Contudo, constando da mesma guia o valor do condomínio e de uma cota extra, havendo dúvida quanto a sua cobrança e existindo resistência para o pagamento, o condômino ou locatário poderá depositar o valor incontroverso em um estabelecimento bancário oficial, cientificando-se o credor por carta com aviso de recepção, assinado o prazo de dez dias para a manifestação de recusa. Decorrido o prazo referido acima, sem manifestação de recusa, reputar-se-á o devedor liberado da obrigação, ficando à disposição do credor a quantia depositada. Ocorrendo a recusa, manifestada por escrito ao estabelecimento bancário, o devedor ou terceiro poderá propor, dentro de trinta dias, a ação de consignação, instruindo a inicial com a prova do depósito e da recusa (artigo 539 do Código de Processo Civil).Aconselho o leitor a solicitar do síndico qual a natureza da cota extra e se a mesma foi aprovada em assembléia geral de condôminos, tudo de modo a verificar a legalidade e a natureza da despesa.

464) O locatário é obrigado a pagar a pintura das empenas do condomínio?

R: Segundo o artigo 22 da Lei do Inquilinato, cabe ao locador pagar as despesas extraordinárias de condomínio, que são aquelas que não se refiram aos gastos rotineiros de manutenção do edifício. Na letra b do parágrafo único do referido artigo estabelece que é obrigação do senhorio pagar a pintura das fachadas, empenas, poços de aeração e iluminação, bem como das esquadrias externas.

465) o locatário é obrigado a pagar as despesas extraordinárias de condomínio se no contrato de locação existir cláusula estabelecendo tal conbrança?

R: A locatária do imóvel não tem a obrigação de pagar as despesas extraordinárias do condomínio, mesmo que no contrato conste tal determinação, tudo em respeito a Lei do Inquilinato, que em seu artigo 23, estabelece que o inquilino pagará as despesas ordinárias de condomínio, que são aquelas necessárias à administração, manutenção e conservação da edificação.

466) Quando que é possível cobrar do locatário o fundo de reservas?

R: A Lei nº 8.245/91 é taxativa ao estabelecer que o fundo de reserva só poderá ser cobrado do locatário se o mesmo foi utilizado para cobrir uma despesa ordinária do condomínio. É considerado letra morta a cláusula que obrigar o locatário a pagar tal despesa. O parágrafo único do artigo 22 consigna o fundo de reservas como despesa extraordinária. Logo a sua constituição é de responsabilidade do locador. Contudo, o artigo 23 da mesma Lei diz que cabe ao locatário a reposição do fundo de reserva, total ou parcialmente utilizado no custeio ou complementação das despesas ordinárias, salvo se referentes a período anterior ao início da locação.

Caso o locador esteja cobrando o fundo de reserva, o locatário poderá reaver todas as importâncias pagas através da competente Ação de Repetição de Indébito.

467) É legal a cobrança da taxa de contrato dos locatários?

R: A cobrança da "Taxa de Contrato " "é uma questão bastante discutida pelos doutrinadores, porém a Lei do Inquilinato foi omissa no assunto. Considerando que o cliente da administradora é o locador, entendemos que é mais coerente e lógico que esta cobrança seja feita em face do senhorio.

468) O locatário poderá exigir o recibo discriminado do aluguel?

R: O locador tem a obrigação de fornecer ao locatário o recibo discriminado das importâncias por este pagas. A relação locatícia , neste caso concreto, está caracterizada através do pagamento dos aluguéis e encargos. A Lei do Inquilinato estabelece que o contrato de locação poderá ser verbal, aplicando-se todos os direitos e deveres as partes. Logo, a locatária deve exigir o recibo de pagamento, como também está sujeita a uma ação de despejo por falta de pagamento, até mesmo da diferença de aluguel que não foi paga. O prazo para desocupação vai depender da situação, ou seja, se o locador ajuizar uma ação de despejo por falta de pagamento ou de retomada para uso próprio, por exemplo, o juiz poderá estabelecer na sentença um prazo de 15 dias para desocupação voluntária, após o trânsito em julgado da ação ou através de execução provisória (remédio jurídico estabelecido na Lei nº 8.245/91). Os demais casos de retomada do imóvel, no caso de locação verbal estão previstas no artigo 47 da referida lei.

469) Qual a consequência da permanência de veículos estranhos ao condomínio?

R: A Convenção é a carta magna do condomínio. Se a mesma estabelece que é proibido a permanência de veículo estranho ao condomínio, tal norma tem de ser respeitada. O morador que descumprir os termos da convenção ficará sujeito as penalidades previstas, além de responder por todos os prejuízos que a situação possa gerar.

470) O que fazer quando o aluguel estiver fora do valor de mercado?

R: O artigo 19 da Lei nº 8.245/91 estabelece que "não havendo acordo, o locador ou o locatário, após três anos de vigência do contrato ou do acordo anteriormente realizado, poderão pedir revisão judicial do aluguel, a fim de ajustá-lo ao preço de mercado". Logo, caso a leitora entender que seu aluguel está fora do preço de mercado poderá requerer a sua redução judicialmente. Quanto aos encargos da locação os mesmos tevem estar previstos no contrato. Existindo dúvida quanto aos valores da cota condominial, aconselho procurar a administração do condomínio, tudo de modo a esclarecer todos os questionamentos do morador.

471) Qual a providência inicial que o locador deverá ter para solicitar a devolução do imóvel locado quando o contrato já esteja por prazo indeterminado?

R: Normalmente os contratos de locação residencial são firmados com prazo de 30 meses. Estando o contrato por prazo indeterminado e caso o locador queira retomar o imóvel o mesmo deverá notificar a inquilina oferecendo o prazo de 30 dias para a desocupação voluntária. Não desocupando o imóvel o senhorio poderá propor a competente Ação de Despejo. Assim, no caso em tela a locatária, a título de acordo, poderá solicitar um prazo maior para a desocupação voluntária. Ocorrendo o procedimento judicial o prazo para desocupação vai depender da situação. O juiz poderá estabelecer na sentença um prazo de 15 dias para desocupação voluntária, após o trânsito em julgado da ação ou através de execução provisória (remédio jurídico estabelecido na Lei nº 8.245/91).

472) Como calcular o valor de mercado de um imóvel para locação?
R: Estando equilibrada a procura e a oferta de imóveis para locação, geralmente o percentual de rentabilidade oscila próximo de 1% do valor do bem.

473) Existe limite de idade para uma pessoa se candidatar a locação de um imóvel?
R: A Lei nº 8.245/91 não estabelece idade para o candidato a locatário. Logo, qualquer pessoa pode ser locatário. Sendo um contrato bilateral e consensual, o que importa é a aceitação das partes (locador e locatário). Quanto ao estado de conservação da edificação, o ideal é levar o problema para a Assembléia Geral de Condôminos.

474) Qual a ação competente para a cobrança de cota condominial?
R: A ação de execução é a ação competente considerando que o atual Código de Processo Civil, através do art. 784, inciso X, alça os créditos referentes às contribuições ordinárias ou extraordinárias de condomínio edilício – quando previstas na respectiva convenção ou aprovadas em assembleia geral, e desde que documentalmente comprovadas -, à categoria de título executivo extrajudicial.

475) Qual o remédio jurídico quando o locatário esta estacionando indevidamente a sua moto em uma área não autorizada?
R: Se o proprietário da moto está utilizando indevidamente uma área que pertence ao seu condomínio, poderá o síndico comunicar verbalmente ao mesmo a impossibilidade de tal utilização, bem como orientar aos funcionários do edifício quanto a questão. Caso o morador insista em tal atitude, deverá o condomínio notificá-lo, esclarecendo que é proibido a utilização da galeria para estacionamento. Continuando a prática do ato, será possível a propositura de uma

ação, tudo de modo que seja declarado judicialmente tal proibição, sendo o mesmo condenado a uma indenização . Vale dizer que, dependendo da gravidade da situação, existindo uma maior resistência ou incômodo, é possível requerer a ajuda da autoridade policial mais próxima do edifício.

476) Qual a penalidade para o locatário que não pré avisar a desocupação do imóvel de um contrato por prazo indeterminado?

R: Na ausência do aviso, o locador poderá exigir quantia correspondente a um mês de aluguel e encargos, vigentes quando da resilição.

477) Como saber se o locador está cobrando corretamente do locatário o valor do IPTU?

R: A melhor solução é o locatário se dirigir a Prefeitura da Cidade , indicando o endereço do imóvel locado, tudo de modo a confirmar os valores, base de cálculo e parâmetros de cobrança.

478) Qual a medida menos onerosa para o locador cobrar do antigo locatário a indenização pelos danos deixados no imóvel?

R: O locador deverá providenciar o orçamento de três empresas e fotografar todo o ambiente. Posteriormente poderá ajuizar a competente ação de indenização. Se o prejuízo for até 40 salários mínimos é possível postular junto ao Juizados Especiais.

479) O que é possível fazer quando o imóvel está sendo utilizado por pessoa não autorizada?

R: Estando o imóvel sendo utilizado por uma pessoa não autorizada, o locador poderá ajuizar a competente ação de despejo por infração contratual. Vale dizer que é fundamental observar se existe no contrato de locação uma cláusula dizendo que é proibido sublocar parcial ou totalmente o imóvel.

480) É possível um condômino se recusar a alugar sua vaga de garagem a outro condôminio?

R: Se a vaga de garagem faz parte da unidade autônoma, o proprietário da mesma poderá proibir que qualquer condômino a utilize. É aconselhável notificar o condomínio, na pessoa de seu síndico expondo a situação e consignar que sua vaga não está disponível para empréstimo, nem locação.

481) É ilegal ter mais de um fiador no mesmo contrato de locação?

R: Considerando que pela atual Lei do Inquilinato o fiador poderá ter seu único imóvel penhorado no caso de uma execução, acreditamos ser desnecessária, e não ilegal, a solicitação de dois fiadores, pois o que a lei estabelece e que no mesmo contrato não poderá ter mais de uma garantia (caução, fiança ou seguro fiança locatária), e não mais de um fiador.

482) É possível a propositura direta de ação de cobrança em face do fiador ou é obrigatório primeiro cobrar do locatário?

R: Sendo o fiador solidariamente responsável com o locatário ao pagamento dos alugueis e encargos da locação, no caso de inadimplemento da obrigação, o locador poderá ajuizar tanto uma acao de despejo por falta de pagamento, cumulada com pedido de cobrança do aluguel e encargos, tendo como réus o locatário e o fiador, como poderá ate postular somente em face do fiador uma acao de execução.

483) Locatário poderá ser síndico?

R: O locatário poderá ser eleito síndico do condomínio caso a convenção condominial expressamente estabelece que tal função poderá ser exercida por qualquer pessoa física, independentemente de ser condômino ou não.

484) Quando foi extinta a ORTN?

R: A ORTN foi extinta em 1986, no Plano Cruzado, sendo na ocasião substituída pela OTN. Em dezembro de 1988 a OTN foi extinta, surgindo a BTN em janeiro de 89.

485) O que pode ser feito quando o locatário devolve o imóvel em péssimo estado de conservação, apresentando pintura danificada, faltando tacos, janela e portas faltando machanetas?

R: Inicialmente é necessário saber se o contrato de locação contém um laudo de vistoria, assinado pelo locador, ou seu procurador, pelo locatário e pelo fiador, tudo de modo a exigir o seu cumprimento no momento da entrega das chaves.

Se existe laudo de vistoria, o locador ou seu administrador, poderá rescindir o contrato, porém ressalvando o estado do imóvel.

Não existindo um laudo, o locador deverá providenciar 03 orçamentos de empresas e tirar fotos do imóvel, tudo de modo a instruir uma ação de reparação de danos a ser proposta em face do locatário e de seu fiiador.

486) Qual o remédio jurídico quando um locatário é impedido de participar de uma assembléia de condomínio?

R: Considerando que o parágrafo 4 do artigo 24 da Lei 4.591/64 estabelece que o locatário somente não é responsável pelo pagamento das despesas extraordinárias de condomínio e que à luz do artigo 23 da Lei do Inquilinato o mesmo tem a obrigação de honrar com as despesas ordinárias. Havendo um constrangimento ou até mesmo uma hulilhação, o locatário poderá propor uma ação de reparação de dano moral em face do condomínio.

487) É possível o locatário solicitar uma cópia da convenção do condomínio, considerrando que há dúvidas quanto a valores de cotas condominiais pagas ?

R: O locatário poderá solicitar ao locador uma cópia da convenção do condomínio e de seu regimento interno. Da mesma forma, o locatário poderá requerer do senhorio ou da administradora que seja apresentado as cotas dos encargos da locação, tudo de modo que seja possível ter conhecimento de todas as despesas que lhe estão sendo cobradas. De acordo com a Lei nº 4.591/64, o locatário poderá participar e votar nas despesas ordinárias do condomínio, desde que o proprietário ou seu procurador não estejam presentes na assembléia.

488) Qual a Lei que estabelece que o reajuste da locação tem de ser anual?

R: De acordo com o parágrafo único do artigo 17 da Lei nº 8.245/91, nas locações residenciais serão observados os critérios de reajustes previstos na legislação específica.

Atualmente, é a Lei nº 10.192/01 que estabelece que todos os contratos sejam reajustados anualmente, independentemente de a locação ser residencial ou não residencial.

489) Qual a solução para o locador de um imóvel, atualmente por prazo determinado, em que o locatário só efetua o pagamento do aluguel com quase um mês de atraso, embora pague com multa de 10%?

R: Considerando que o contrato de locação encontra-se por prazo determinado, infelizmente o locador fica subordinado aos preceitos da Lei n 8.245/91, em especial o artigo que estabelece que "durante o prazo estipulado para a duração do contrato, não poderá o locador reaver o imóvel alugado."

Por outro lado, caso o locatário cometa qualquer infração contratual, inclusive a falta de pagamento, o locador poderá ajuizar a competente ação de despejo.

490) Quais os efeitos da Impenhorabilidade?

R: Segundo Nagib Slaibi Filho , na condição de atualizador da obra de Plácido e Silva – Vocabulário Jurídico:"Formado de penhorável, regido pelo prefixo negativo in, quer exprimir o vocábulo a condição de não ser penhorável, de não estar sujeito à penhora.

É a impenhorabilidade benefício outorgado pela lei a certos bens, em virtude do que não podem ser os mesmos atingidos pela penhora. Encontram-se, assim, a salvo de qualquer apreensão, em execução judicial.

Não obstante, em regra, a inalienabilidade dos bens resultar na sua impenhorabilidade, os vocábulos bem se distinguem.

No primeiro, não pode haver qualquer alienação a respeito dos bens, a que se impõe o encargo. No segundo, não se pode autorizar a penhora. Alienação e penhora são atos jurídicos distintos, embora da penhora possa decorrer uma alienação. A ação da penhora é mais ampla.

Afora os bens inalienáveis, que se mostram impenhoráveis, há muitos outros bens que escapam à penhora.

No entanto, esta regalia deve ser sempre determinada em lei, a fim de que os bens possam ser respeitados e protegidos de qualquer arrecadação ou apreensão, que é a medida por que a penhora se efetiva."

491) É possível o locatário receber indenização em virtude de não ter renovado judicialmente a sua locação, considerando que o locador ter recebido proposta de terceiros para a locação em condições melhores?

R: De acordo com o artigo 75 da Lei nº 8.245/91, na hipótese de o locador ter proposta de terceiro para a locação, em condições melhores, a sentença fixará desde logo a indenização devida ao locatário em consequência da não prorrogação da locação, solidariamente devida pelo locador e o proponente.

492) Um candidato a locatário passou pela aprovação do cadastro como também seu fiador. Porém existe uma suspeita do proprietário do imóvel que reside em cima do imóvel a ser locado que a pessoa que vai efetivamente morar no imóvel não é a que consta no contrato como locatário, mas sim sua irmã. Qual seria o remédio

jurídico preventivo para que o locador/imobiliária não viessem a ter problemas com esse inquilino?

R: É aconselhável que no contrato de locação exista uma cláusula proibindo a sublocação total ou parcial do imóvel. Ocorrendo a infração, o locador poderá ajuizar a competente ação de despejo por infração contratual, independentemente do contrato estar por prazo determinado ou não.

493) Quais os documentos que o administrador de imóveis deve solicitar ao candidato a locação e fiança?

R: Os documentos que geralmente as empresas administradoras solicitam do pretendente a locação são: identidade, CPF, contracheque (comprovando um recebimento de pelo menos três vezes o valor do aluguel), certidão de casamento ou de nascimento. Para os pretendentes a fiador são solicitados os mesmos documentos, incluindo a comprovação de possuir um imóvel (deverá o pretendente apresentar a escritura com o RGI).

494) O que o locatário poderá fazer caso o locador cobre quantia referente a despesa extraordinária de condomínio?

R: De acordo com a Lei nº 8.245/91, o locatário só é responsável pelas despesas ordinárias do condomínio e as despesas de luz e gás do imóvel somente a partir da data da assinatura do contrato de locação. Caso o locador cobre despesas extraordinárias (as previstas no artigo 22 da Lei nº 8.245/91), o locatário poderá depositar num banco oficial (por exemplo o Banco do Brasil) a quantia correta , devendo notificar o senhorio comunicando o depósito. No caso de recusa do mesmo, o locatário deverá ajuizar a competente ação de consignação, tudo de conformidade com o artigo 890 do Código de processo Civil.

495) Qual o prazo contratual que deve conter um contrato de locação não residencial para que o locatário tenha direito a plitear judicialmente a renovação do mesmo?

R: De conformidade com o artigo 51 da Lei nº 8.245/91, nas locações de imóveis destinados ao comércio, o locatário terá direito a renovação do contrato, **por igual prazo**, desde que, o prazo mínimo do contrato a renovar ou a soma dos prazos ininterruptos dos contratos escritos seja de cinco anos.

496) Quais os documentos necessários que o candidato a locação pessoa jurídica deverá apresentar ao administrador imobiliário para início da consulta cadastral?

R: O Contrato Social; CNPJ; Declaração do Imposto de Renda; os 06 últimos CONFINS ou contribuições sociais e os documentos pessoais dos sócios: identidade; CPF; comprovante de renda de no mínimo três vezes o valor do aluguel; É mister salientar que dependendo da cidade poderá ser necessário outros documentos.

497) O locatário poderá exigir um laudo de vistoria do imóvel locado?

R: Sim. O locatário tem este direito, contudo vale salientar que o locador deve ter esta caulela ao alugar o seu imóvel. O ideal é que este laudo faça parte integrante do contrato, contendo a assinatura do locador, ou seu procurador, do locatário e do fiador.

498) É possível constar da convenção condominial que o locatário não poderá participar e votar nas assembléias gerais de condôminos?

R: Não. A Convenção condominial não poderá contrariar a legislação vigente, pois atualmente o locatário poderá votar nas assembléias gerais referente as despesas ordinárias do condomínio, como também poderá participar como procuradora do locador, caso este outorgue poderes para tal.

499) O locador pode pedir verbalmente que o locatário desocupe o imóvel?

R: Caso o locador tenha interesse na retomada do imóvel, deverá informar ao locatário por meio de documento que comprove essa intenção: notificação, carta registrada, etc.

500) O que vem a ser Amortização?

R: Amortização pode ser definido como o pagamento periódico realizado para abater (reduzir) uma dívida. Nos financiamentos em geral, a amortização é feita por uma das parcelas que compõem as prestações.

501) Os anúnicos em jornais de locação de imóveis para Temporada são suportados por quem?

R: Tradicionalmente os anúncios para venda de imóveis é custeado pelo profissional contrato para a intermediação imobiliária, contudo esta realidade não ocorre para a locação. Assim, normalmente cabe ao proprietário acar com a despesa de publicidade.

502) Quem deve pagar as despesas de verificação de Cadastro dos pretendentes a Locação? Justifique a sua resposta.

R: De acordo com o inciso VII do artigo 22 da Lei nº 8.245/91 o locador é obrigado a pagar as taxas de administração imobiliária, se houver, e de intermediações, nestas compreendidas as despesas necessárias à aferição da idoneidade do pretendente ou de seu fiador.

503) O que pode ser feito caso não exista no Contrato de Locação uma cláusula estabelecendo a multa contratual para o caso de entrega das chaves antes do término da locação?

R: Segundo o artigo 4 da Lei nº 8.245/91 poderá o locador pleitar judicialmente que a mesma seja arbitrada.

504) É possível utilizar Ata Notarial para constatar o abandono do imóvel pelo locatário?

R: Sim, a Ata Notarial é um instrumento que pode ser utilizado para este fim, contudo a diligência só pode ser feita pelo tabelião, uma vez que o mesmo tem fé pública para consignar o que foi constatado.

505) O que pode ser feito quando o locador tem conhecimento de que o locatário abandonou o imóvel retomando?

R: O locador tendo a certeza que o locatário já deixou o imóvel, poderá nos próprios autos da Ação de Despejo por Falta de Pagamento, Cumulada com Pedido de Cobrança de Aluguéis e Encargos da Locação, atravessar uma petição requerendo ao juiz da causa que seja expedido o competente mandato de verificação e imissão de posse, justificando tal pedido de que foi informado que o imóvel está em "estado de aparente abandono ".

506) Quando o locador pede o imóvel, o locatário é obrigado a sair no dia seguinte?

R: Não. O prazo mínimo concedido em lei para a desocupação, terminado o contrato de locação, é de 30 dias. Saiba que existem diversas situações previstas em lei.

507) Qual a diferença entre revisão de aluguel e reajuste de aluguel?

R: O reajuste de aluguel é a atualização do valor do aluguel nos prazos determinados em lei ou pelo contrato, calculado pelo índice de inflação estipulado em contrato ou na lei,correspondentes ao período.

A revisão do valor do aluguel, ou revisional, significa que, em qualquer momento e de comum acordo, o inquilino e o proprietário do imóvel residencial podem alterar o contrato de locacão, estabelecendo um novo valor para a locação. A revisional geralmente acontece quando o valor do aluguel pago pelo inquilino está muito abaixo dos valores praticados pelo mercado.

508) Quando é possível propor uma ação de despejo por infração contratual no caso de sublocação de imóvel locado?

R: Existindo a cláusula no contrato de locação proibindo a sublocação o locador poderá ajuizar a competente ação de despejo por infração contratual.

509) Quando que a sublocação não é considerado infração contratual?

R: A resposta é positivo, pois de acordo com a Lei nº 8.245/91 a sublocação só não será considerada infração contratual se contiver cláusula no Contrato permitindo a mesma ou se for autorizado expressamente pelo locador através de um aditamento contratual.

510) O Novo Código Civil alterou a Lei nº 8.245/91?

R: O novo Código Civil em nada alterou a Lei nº 8.245/91 (Lei do Inquilinato) como bem vem estabelecido no artigo 2036 do código supra citado – " A locação do prédio urbano, que esteja sujeita à lei especial, por esta continua a ser regida".

511) Como o locatário poderá comprovar os poderes do novo administrador do imóvel locado no momento da entrega das chaves?

R: O locatário deverá se dirija a administradora atual e solicite a apresentação da procuração e do contrato de prestação de serviço com o locador, tudo de modo a comprovar que o mesmo tem poderes para rescindir a locação. Caso não tenha sucesso e não conseguindo um contato direto com o locador, o remédio jurídico será a propositura de uma ação de consignação de chaves.

512) Um locatário que reside no imóvel a mais de 30 anos tem direito a usucapi o mesmo?

R: Existindo a relação locatícia, quer através de um contrato escrito, quer através de um contrato verbal, independentemente do prazo do contrato, não cabe usucapião do imóvel. O Novo Código Civil em nenhum momento alterou tal situação.

513) Dívidas condominiais e com imposto predial possuem a proteção da Lei nº 8.009/90?

R: Analisando inicialmente a questão da impenhorabilidade do bem de família, cabe apresentar que a Lei nº 8.009/90 que trata do assunto, em seu artigo 3º , vem a consignar as exceções a regra, ou seja, dívidas de IPTU e cotas condominiais não possuem tal proteção.

Por outro lado, a jurisprudência de nossos tribunais já possue alguns julgados dando o benefício da impenhorabilidade em alguns casos especiais.

514) O que vem a ser fundo de reserva?

R: Denomina-se fundo de reserva o valor dos recursos financeiros, postos em separado da receita ordinária do condomínio, destinados a suprir as necessidades emergências ou as despesas extraordinárias que surgirem no condomínio, tais como renovação da pintura ou recuperação do prédio, além de outras. O fundo de reserva pode até ser utilizado também para pagamento de despesas ordinárias. Mas nesse caso, o locatário se obriga à reposição dos recursos, de acordo com o artigo 23, inciso XII, parágrafo primeiro, letra "i" da |Lei nº 8.245 de 18 de outubro de 1991

515) O fiador de um Contrato de Locação, onde o locatário veio a falecer, poderá ser condenado a pagar dívida de aluguel referente a data posterior ao óbito do locatário, considerando que o imóvel continuou a ser ocupado pela companheira e pelo filho do mesmo?

R: Havendo o falecimento do locatário, o fiador poderá se defender de possível ação executiva tendo como fundamento que a fiança é personalíssima, não existindo obrigação com relação aos sucessores da locação.

516) O locador é obrigado a ressarcir o locatário que efetue obras no apartamento sem o seu consentimento?

R: Se o locatário realizou obras para seu benefício, não sendo de necessidade urgente, o locador não tem obrigação de indenizar. Geralmente nos contratos de locação, vem estabelecido que o locatário não poderá executar qualquer alteração ou obra no imóvel sem prévia autorização do locador. Caso o locatário tenha realizado alterações importantes, é possível até a propositura de ação de despejo por infração contratual.

517) É possível inserir cláusula no contrato de locação estabelecendo uma vistoria quadrimestral no imóvel, visto que, as vistorias inicial e final, muitas vezes se distanciam muito uma da outra, devido ao longo prazo de alguns contratos, dando margem a muitos problemas de conservação no imóvel?

R: De acordo com o artigo 23, IX da Lei nº 8.245/91, o locatário é obrigado a permitir a vistoria do imóvel pelo locador ou por seu mandatário, mediante combinação prévia do dia e hora, bem como admitir que seja o mesmo visitado e examinado por terceiros, na hipótese prevista no artigo 27.

Logo, não há na Lei do Inquilinato nada que impeça a fixação da cláusula exposta acima. Por outro lado, vale consignar não ser usual estabelecer no contrato de locação uma vistoria quadrimestral.

518) Gostaria de saber se existe algum impedimento legal em relação a um fiador muito idoso (+ou - de 80 anos) para locação?

R: Quanto à aceitação de fiança, a legislação civil não traz expressamente qualquer limitação de idade. Contudo, considerando que a fiança é personalíssima, não é muito recomendável firmar um contrato de locação tendo um garantidor muito idoso.

519) É considerado quitado um aluguel pago com cheque sem provimento de fundos?

R: A dívida só pode ser considerada efetivamente quitada com o completo pagamento. Logo, se houve devolução de cheque por falta de provimento de fundo, o débito permanece. Neste caso o locador poderá ajuizar a competente ação de execução em face do locatário e do fiador ou até somente em face do fiador, considerando que no contrato de locação venha expressamente estabelecido que o mesmo é devedor solidário.

520) Quem deve pagar o IPTU? O locatário ou o locador?

R: Geralmente, os contratos de locação prevêem que caberá ao inquilino o pagamento do aluguel e dos encargos (condomínio, seguro, IPTU, taxa de incêndio). Verifique o que o contrato diz e, caso esteja prevista a obrigação, o inquilino deve pagar o tributo.

521) É possível ajuizar ação indenizatória em face de ex-locatário?

R: Se o locatário entregou as chaves do imóvel, ressalvando a vistoria do mesmo e existindo em anexo ao contrato de locação um laudo indicando as condições do imóvel no momento do início do contrato, o locador poderá ajuizar uma ação de indenização pelos estragos ocorridos no apartamento, pois ele tem um documento (laudo) assinado pelo locatário indicando as condições do imóvel.

522) Qual é a média de remuneração na administração de imóveis?

R: A média é de 7% à 10% sobre o valor do aluguel.

523) Na condição de locatário, o que fazer quando o administrador do imóvel vem a falir?

R: É importante esclarecer que a sua relação contratual é com o proprietário e não com o administrador. Dessa forma, cláusulas e condições firmadas na locação não vão sofrer qualquer alteração pelo fato de a antiga administradora ter falido, pois as partes no contrato são o locador e o locatário, e não a administradora. Caso o locatário tenha dúvidas quanto à representação da nova administradora, é aconselhável solicitar do novo profissional a comprovação de que a administração do imóvel está sob sua responsabilidade. Existindo omissão, a saída é contactar diretamente o locador.

524) O locatário é obrigado a pagar condomínio de um prédio pertencente a um único proprietário?

R: Estando diante de um imóvel pertencente a um único proprietário, não podemos considerar o mesmo um condomínio. Logo, não podemos elaborar uma convenção condominial nos termos da Lei nº 4591/64.

Por outro lado, a Lei do Inquilinato é clara ao consignar em seu parágrafo 3° do artigo 23 que: "No edifício constituído por unidades imobiliárias autônomas, de propriedade da mesma pessoa, os locatários ficam obrigados ao pagamento das despesas referidas no parágrafo I deste artigo, desde que comprovadas.

"Desta forma, cabe ao locador cobrar as despesas ordinárias, pois estamos diante de um rateio de despesas".

Vale lembrar que a elaboração de normas de conduta é sempre válido e necessário em qualquer edificação. O locador no caso em tela poderá preparar este regimento e todos os locatários terão de respeitar.

525) O locatário de um apartamento cujo locador apresentou uma despesa a ser paga em seis mensalidades, aprovada por ocasião da realização de assembléia geral extraordinária, para cobrir os serviços de "restauração e pintura das fachadas externas e prismas de ventilação". Tratando-se de obra externa, essa despesa deve ser paga pelo proprietário ou pelo locatário?

R: Segundo o artigo 22 da Lei do Inquilinato, cabe ao locador pagar as despesas extraordinárias de condomínio, que são aquelas que não se referem aos gastos rotineiros de manutenção do edifício. A letra b do parágrafo único do referido artigo diz, inclusive, que é obrigação do senhorio pagar a pintura das fachadas, empenas, poços de aeração e iluminação, bem como das esquadrias externas.

526) Um apartamento que está alugado há cerca de um ano, para o mesmo locatário, sendo constatado a necessidade de aumento de carga e troca de toda a fiação do apartamento o locatário é obrigado a arcar com o ônus dessa obra?

R: Tratando-se de despesa extraordinária, em tese, a obrigação de pagamento é do proprietário. Note-se que tal modificação, ainda que de interesse do locatário, virá a beneficiar o patrimônio do locador, já que a tendência, nos próximos anos, é de que cada vez mais, os aparelhos eletroeletrônicos se multipliquem, tornando necessária uma adaptação da rede elétrica.

527) Quem mora em apartamento térreo tem que pagar as despesas feitas pelo condomínio com elevadores?

R: O locador deverá observar os termos da Convenção interna do condomínio, pois todos os condôminos têm o dever de respeitar e cumprir o que diz a Convenção. Se o documento prevê essa cobrança, ela é legal.

528) Ao fazer uma revisão de aluguel deve ser feito necessariamente um novo contrato de locação?

R: Não. Basta o inquilino e o proprietário definirem por escrito que, naquela data, o valor do aluguel foi aumentado em razão de uma revisão amigável de aluguel e que este novo valor passará a valer pelo período de um ano. Este documento, assinado por ambas as partes, é chamado de adendo contratual e passa a integrar o contrato de locação.

529) Quando o contrato de locação for inferior a 30 meses (dois anos e meio), em que casos o proprietário poderá pedir a desocupação do imóvel?

R:

a) no caso de extinção do contrato de trabalho vinculado à locação;

b) para uso próprio, do cônjuge ou companheiro;

c) para uso residencial de ascendentes ou descendentes que não disponham de imóveis próprios;

d) para demolição e edificação;

e) para realização de obras que aumentem a área construída em pelo menos 20% (vinte por cento);

f) em todos os casos citados na resposta à pergunta de nº 13.

530) Durante o andamento da ação do despejo, o locatário pode evitar o despejo por falta de pagamento?

R: Sim. O locatário poderá, no prazo de contestação, evitar o despejo requerendo a autorização para o pagamento integral da dívida atualizada.

531) Quantas vezes o locatário pode se utilizar do recurso de pagar o aluguel após a ação de despejo por falta de pagamento?

R: De acordo com o parágrafo único do artigo 62 da Lei do Inquilinato, com a redação dada pela Lei nº 12.112/09, não se admitirá a emenda da mora se o locatário já houver utilizado essa faculdade nos 24 (vinte e quatro) meses imediatamente anteriores à propositura da ação.

532) O proprietário pode se negar a fornecer recibo de aluguel e encargos?

R: Não. O proprietário é obrigado a entregar o recibo discriminando o valor do aluguel e dos encargos, tais como água, luz condomínio, etc. No caso das habitações multifamiliares (cortiços), se o locador ou sublocador negar-se a dar o recibo, o inquilino ou sublocatário deverá dirigir-se à delegacia mais próxima e comunicar o fato ao delegado. A recusa do fornecimento de recibo é crime previsto na Lei do Inquilinato.

533) De acordo com o Código Civil Brasileiro quais as pessoas que são consideradas absolutamente incapazes de exercer pessoalmente os atos da vida civil?

R: São absolutamente incapazes de exercer pessoalmente os atos da vida civil os menores de 16 (dezesseis) anos

534) De acordo com o Código Civil Brasileiro quais as pessoas que são consideradas incapazes, relativamente a certos atos, ou à maneira de os exercer?

R: São incapazes, relativamente a certos atos ou à maneira de os exercer:

I - os maiores de dezesseis e menores de dezoito anos;

II - os ébrios habituais e os viciados em tóxico;

III - aqueles que, por causa transitória ou permanente, não puderem exprimir sua vontade;

IV - os pródigos.

535) De acordo com o artigo 80 do Código Civil Brasileiro são considerados imóveis para os efeitos legais?

R:

I - os direitos reais sobre imóveis e as ações que os asseguram;

II - o direito à sucessão aberta.

536) De acordo com o artigo 81 do Código Civil Brasileiro quais os bens que não perdem o caráter de imóveis?

R:

I - as edificações que, separadas do solo, mas conservando a sua unidade, forem removidas para outro local;

II - os materiais provisoriamente separados de um prédio, para nele se reempregarem.

537) O que são benfeitorias voluptuárias?
R: São voluptuárias as de mero deleite ou recreio, que não aumentam o uso habitual do bem, ainda que o tornem mais agradável ou sejam de elevado valor.

538) O que são benfeitorias úteis?
R: São úteis as que aumentam ou facilitam o uso do bem.

539) O que são benfeitorias necessárias?
R: São necessárias as que têm por fim conservar o bem ou evitar que se deteriore.

540) Nas obrigações de pagamento em dinheiro, de que forma as Perdas e Danos deverão ser pagas?
R: De acordo com o artigo 404 do Código Civil Brasileiro, as perdas e danos, nas obrigações de pagamento em dinheiro, serão pagas com atualização monetária segundo índices oficiais regularmente estabelecidos, abrangendo juros, custas e honorários de advogado, sem prejuízo da pena convencional.

541) A partir de que momento corre o juros de mora?
R: De acordo com o art. 405 do Código Civil Brasileiro, contam-se os juros de mora desde a citação inicial.

542) O que vem a ser Comodato?
R: De acordo com o artigo 579 do Código Civil Brasileiro, o comodato é o empréstimo gratuito de coisas não fungíveis. Perfaz-se com a tradição do objeto.

543) Considerando que a locação imobiliária é uma prerrogativa dos profissionais inscritos no Conselho Regional de Imóveis, qual o artigo do Código Civil que prevê uma responsabilidade civil pela má prestação de serviço?
R: O artigo 723 do Código Civil prevê que o corretor é obrigado a executar a mediação com a diligência e prudência que o negócio requer, prestando ao cliente, espontaneamente, todas as informações sobre o andamento dos negócios; deve, ainda, sob pena de responder por perdas e danos, prestar ao cliente todos os esclarecimentos que estiverem ao seu alcance, acerca da segurança ou risco do negócio, das alterações de valores e do mais que possa influir nos resultados da incumbência.

544) Quem pode ser considerado Consumidor?
R: De acordo com o artigo 2º da Lei nº 8.078/90, Consumidor é toda pessoa física ou jurídica que adquire ou utiliza produto ou serviço como destinatário final. Equipara-se a consumidor a coletividade de pessoas, ainda que indetermináveis, que haja intervindo nas relações de consumo.

545) Quem pode ser considerado Fornecedor?
R: De acordo com o artigo 3º da lei nº 8.078/90, Fornecedor é toda pessoa física ou jurídica, pública ou privada, nacional ou estrangeira, bem como os entes despersonalizados, que desenvolvem atividade de produção, montagem, criação, construção, transformação, importação, exportação, distribuição ou comercialização de produtos ou prestação de serviços.

546) O que vem a ser publicidade enganosa?
R: De acordo com o § 1° do artigo 37 da Lei nº 8.078/90, é enganosa qualquer modalidade de informação ou comunicação de caráter publicitário, inteira ou parcialmente falsa, ou, por qualquer outro modo, mesmo por omissão, capaz de induzir em erro o consumidor a respeito da natureza, características, qualidade, quantidade, propriedades, origem, preço e quaisquer outros dados sobre produtos e serviços.

547) Quais os cuidados que o administrador de imóveis deverá ter ao executar uma Cobrança de Dívida do locatário?
R: O Código de defesa do Consumidor consigna que na cobrança de débitos, o consumidor inadimplente não será exposto a ridículo, nem será submetido a qualquer tipo de constrangimento ou ameaça. O consumidor cobrado em quantia indevida tem direito à repetição do indébito, por valor igual ao dobro do que pagou em excesso, acrescido de correção monetária e juros legais, salvo hipótese de engano justificável.

548) Qual o artigo do Código de Defesa do Consumidor que consigna que as cláusulas contratuais serão interpretadas de maneira mais favorável ao consumidor?
R: O artigo 47 da lei nº 8.078/90.

549) o que vem a ser um Contrato de Adesão à luz da Lei nº 8.078/90?
R: Contrato de adesão é aquele cujas cláusulas tenham sido aprovadas pela autoridade competente ou estabelecidas unilateralmente pelo for-

necedor de produtos ou serviços, sem que o consumidor possa discutir ou modificar substancialmente seu conteúdo.

550) Como deve ser elaborada a Cláusula Contratual referente ao local e forma de pagamento do aluguel?

R: O aluguel, acessórios da locação, encargos, tributos e seguro de incêndio da unidade, inclusive o complementar desde já ajustado, serão pagos em moeda corrente até o último dia de cada mês, sem prorrogação, no escritório da procuradora do(a) locador(a) ou através de cobrança bancária, ficando esclarecido que, se em qualquer mês não for enviado recibo para pagamento em banco, o mesmo deverá ser efetuado, no prazo acima, no escritório da procuradora do(a) locador(a) ou em outro local que venha ser indicado a(o) locatário(a). Deixando de pagar os aluguéis e verbas contratuais no prazo acima, ficará o(a) locatário(a) sujeito(a) ao pagamento de multa de 10% sobre o valor do débito final, atualizado pela variação do IPC-RJ/FGV e na sua falta pelo índice e forma que corrigir os débitos judiciais, juro moratório de 1% ao mês e honorários de 20% sobre o valor do débito, seja a cobrança administrativa ou judicial.

551) Como deve ser elaborada a Cláusula Contratual referente a tolerância do locador em receber o valor do aluguel e encargos após a data de vencimento dos mesmos?

R: TOLERÂNCIA: O recebimento de aluguéis, impostos, taxas e quaisquer despesas fora dos prazos convencionados, assim como de multas por infração contratual, não importará em novação e será mera tolerância do(a) locador(a), o qual continuará com o direito de rescindir a locação.

552) Qual a definição de Corretagem?

R: Corretagem ou mediação é o contrato pelo qual uma pessoa, sem qualquer relação de dependência, se obriga, mediante remuneração, a obter para outrem um ou mais negócios, conforme as instruções recebidas, ou a fornecer-lhe as informações necessárias para a celebração do contrato.

553) O que estabelece a Resolução- COFECI (Conselho Federal de Corretores de Imóveis) nº 199/85?

R: Instrui os Conselhos Regionais de Corretores de Imóveis no sentido de manter fiscalização permanente junto às pessoas jurídicas de que trata o Artigo 6° e seu Parágrafo Único da Lei nº 6.530/78 que incluem na sua atividade a administração imobiliária.

554) O que estabelece a Resolução- COFECI (Conselho Federal de Corretores de Imóveis) nº 458/95?

R: Segundo a Resolução-COFECI nº 458/95, somente poderá anunciar publicamente o corretor de imóveis, pessoa física ou jurídica que tiver contrato escrito de intermediação imobiliária.

555) Qual a Resolução- COFECI que fixa parâmetros para determinação de pena pecuniária aplicável às pessoas físicas e jurídicas que sejam autuadas no exercício ilegal da profissão.

R: Resolução-COFECI nº 316/91

556) Qual a finalidade do CRECICON – Comissão de Atendimento ao Consumidor nos Conselhos Regionais de Corretores de Imóveis Conselho?

R: Segundo o artigo. 2º da Resolução – COFECI nº 325/92 esta Comissão terá por finalidade atender a comunidade em suas reclamações ou dúvidas, buscando soluções imediatas e objetivas para os problemas surgidos, agindo como elemento catalizador do processo.

557) Um síndico pode se recusar a fornecer informações valores cobrados a cota condominial a um locatários?

R: Segundo a Lei nº 8.245/91, o locatária tem o dever de reembolsar o locador das despesas ordinárias do condomínio. Logo cabe ao locador apresentar ao locatário as despesas que estão sendo cobradas. Contudo, não existe nenhum impedimento do síndico ou da administradora prestar esta informação, uma vez que todas as despesas obrigatoriamente tem de vir discriminadas na cobrança e aprovadas em assembléia.

558) Qual a cautela que o administrador de imóveis deve ter quanto a assinatura do fiador no Contrato de Locação, partindo da situação de ser usual que os mesmos não comparecem a administradora para formalizar o instrumento?

R: É recomendado que a assinatura do fiador seja reconhecida por autenticidade, pois havendo uma fraude, até o cartório poderá ser responsável.

559) Nas assembléias condominiais é permitida a presença de mais de um representante de cada unidade, participando normalmente, dando sugestões, assinando livro de presença e votando?

R: O inciso III do artigo 1335 do Código Civil diz que só pode votar e participar o condômino em dia com suas obrigações condominiais. Contudo, devemos ter cautela. Acredito ser possível que todos participem da assembléia, porém só devem ser computados os votos dos condôminos em dia. A convocação deve ser feita de forma clara, contendo todas as informações indispensáveis: Tipo da assembléia, local, horário da primeira e da segunda convocação, os quoruns, todos os itens da ordem do dia, indicando, inclusive as cláusulas da convenção referentes a quem pode participar e a obrigatoriedade da apresentação da procuração com firma reconhecida para os condôminos representados. Seguindo esta ordem, só podem votar e ser votado os que obedecerem a todos os itens da ordem do dia e da convocação como um todo. É recomendado que todos os atos sejam colocados em votação, até mesmo a gravação de uma assembléia, tudo de modo a evitar do condomínio venha a sofrer uma ação de reparação de dano.

560) Um imóvel que utiliza de forma exclusiva uma área comum, pode o condomínio cobrar as despesas de manutenção desta área? É possível o condômino construir nesta área?

R: O código civil até prevê a possibilidade de um condômino usar de forma exclusiva uma área comum, cabendo o mesmo arcar com as despesas de conservação. Contudo, não pode o condômino construir nesta área. O condomínio pode e deve ajuizar um ação em face do condômino, pois a área não lhe pertence. Nessas situações dificilmente são solucionadas amigavelmente. A lei em seu artigo 1340 já estabelece a regra supra indicada, exatamente para evitar conflitos. Infelizmente tal cautela não é discutida e nem aprovada em assembléia.

561) O locatário é obrigado a aceitar que o locador execute obras de reparo no imóvel locado?

R: O locatário poderá requerer a resilição do contrato de locação, pois o artigo 26 da Lei nº 8.245/91 diz que se o imóvel necessitar de reparos, caberá ao locador executar a obra e se a obra durar mais de 10 dias, o locatário terá direito ao abatimento do aluguel, proporcional ao período excedente; se mais de trinta dias, poderá resilir o contrato.

562) Substituição de janelas e troca de canos poderão ser cobrados do locatário?

R: A lei do Inquilinato é clara quanto as obrigações do locador e quais as obrigações do locatário (artigos 22 e 23). Assim, são de obrigação do locatário as despesas de manutenção, porém as despesas extraordinárias, que não são gastos rotineiros de manutenção, são de responsabilidade do locador. Logo, troca de canos e substituição de janelas são de competência do locador e não do locatário.

563) A Administradora de imóveis pode cobrar do seu cliente/locador 13º salário?
R: As partes (administrador e locador) deverão estabelecer tal obrigação através de cláusula contratual.

564) Alegação de excesso de multa torna ilíquida a execução de aluguéis?
R: Não. A certeza do crédito deve estar embasada no contrato de locação firmado entre locador, locatário e fiadores.

565) O proprietário de vários imóveis pode pedir um imóvel locado para uso próprio?
R: Sim. Desde que demonstre em juízo a necessidade de utilização daquele imóvel em especial.

566) O proprietário pode pedir desocupação do imóvel locado para a utilização por qualquer de seus parentes?
R: Não. A lei faculta o pedido de retomada para uso de ascendentes ou descendentes que não tenham imóvel próprio.

567) O locatário é condômino?
R: Não. Nos termos do art. 1.334, § 2°, do novo Código Civil, são condôminos os proprietários ou todos aqueles que, apesar de tecnicamente não serem proprietários, forem titulares de direito de aquisição sobre a propriedade imobiliária (promitentes compradores, cessionários, promitentes cessionários).

568) O locatário pode participar do Conselho Fiscal?
R: Sim. O novo Código Civil faculta a criação do Conselho Fiscal composto de três membros, com mandato não superior a dois anos, eleitos em assembléia, não se exigindo que sejam condôminos, com a competência específica de análise das contas do síndico.

569) O locatário deve contribuir para o fundo de reserva?
R: O locatário deve contribuir na reposição do fundo de reserva, quando seu gasto tiver ocorrido com despesas ordinárias, durante o período da locação. Caso o condomínio esteja constituindo o fundo, a arrecadação será considerada despesa extraordinária e, portanto, paga pelo condômino-locador.

570) O que você precisa para alugar um imóvel tendo como modalidade de garantia um fiador?

R:

1. O fiador tem que ter um imóvel quitado e em seu nome.

3. O fiador não podem constar no SERASA, SPC, CDL, e demais órgaõs.

4. O fiador deverá apresentar toda a documentação exigida e também possuir renda que seja superior a três vezes o valor do aluguel, além de possuir imóvel próprio livre de ônus, na cidade do imóvel locado, com a devida apresentação da Escritura e Certidão de Ônus Reais com no mínimo 30 dias de emissão.

571) O que vem a ser Título de Capitalização e sua aplicação na locação imobiliária?

R: é um título onde, ao término da locação, mediante liquidação do contrato com todas as obrigações quitadas, o locatário recebe o valor investido de volta com as correções contratadas e ainda concorre a prêmios mensais em dinheiro.

572) Quais os documentos exigidos para o candidato a locação – Pessoa Física?

R:

- Carteira de Identidade;
- CPF;
- se for casado, Identidade e CPF do cônjuge;
- comprovante de residência
(luz, água, gás ou telefone);
- caso resida em imóvel alugado, os três últimos recibos de aluguel;
- renda atualizada com valor líquido de três vezes o valor do aluguel;
- empregado registrado: os três últimos contra-cheques e a carteira profissional

573) Quais os documentos exigidos para o candidato a locação – Pessoa Física, Profissional liberal ?

R:

- Carteira de Identidade;
- CPF;
- se for casado, Identidade e CPF do cônjuge;
- comprovante de residência
(luz, água, gás ou telefone);
- caso resida em imóvel alugado, os três últimos recibos de aluguel;

- renda atualizada com valor líquido de três vezes o valor do aluguel;
- Declaração de Imposto de Renda na íntegra e os três últimos extratos bancários consolidados.

574) Quais os documentos exigidos para o candidato a locação – Pessoa Física,
Microempresário?

R:

- Carteira de Identidade;
- CPF;
- se for casado, Identidade e CPF do cônjuge;
- comprovante de residência
(luz, água, gás ou telefone);
- caso resida em imóvel alugado, os três últimos recibos de aluguel;
- renda atualizada com valor líquido de três vezes o valor do aluguel;
- Declaração de Imposto de Renda na íntegra e os três últimos extratos bancários consolidados.
- Contrato Social ou Declaração de Firma Individual, declaração do contador com firma reconhecida com selo do CRC.

575) Quais os documentos exigidos para o candidato a locação – Pessoa Jurídica?

R:

- documentos pessoais dos sócios;
- cópia do Imposto de Renda dos sócios na íntegra;
- cópia do Contrato ou Estatuto Social e das alterações contratuais, do cartão de CNPJ, do último balancete e cópia do Imposto de Renda na íntegra (DIPJ) e da
relação de faturamento dos últimos 12 meses.

576) Quais as recomendações que o administrador de imóveis deverá apresentar ao candidato a locatário quanto a manutenção do imóvel?

R:

I – Mantenha o imóvel sempre limpo e higienizado.

II – Não deixe garrafas ou quaisquer outros recipientes abertos armazenando água, dentro ou fora de casa.

III – Mantenha a caixa d'água sempre coberta.

IV – Faça limpeza das calhas e ralos periodicamente.

V – Mantenha o quintal capinado e sem entulhos.

VI – Faça limpeza periódica das caixas de gordura.

VII – Não jogue pó de café, óleo e gorduras na pia da cozinha, porque eles fatalmente irão obstruir os canos do esgoto.

VIII – Não jogue papeis ou absorventes íntimos no vaso sanitário.

IX – Não se arrisque a subir no telhado, instalar antenas, adaptar instalações elétricas ou hidráulicas. Contrate um técnico.

577) O locatário tem a obrigação de participar do rateio do saldo devedor?

R: O inciso XII, do parágrafo primeiro do artigo 23 da Lei nº 8.245/91 é taxativo ao afirmar que sim, salvo se referente a período anterior ao início da locação.

578) O que fazer quando o locatário abandona o imóvel durante a ação de despejo? Em que momento o locador pode se imitir na posse?

R: A Lei faculta ao Locador imitir-se na posse do imóvel quando o Locatário o abandona depois de ajuizada a ação de despejo. Contudo, é necessário a verificação do abandono por oficial de justiça, que a certificará. O juiz, logo após a certidão do oficial de justiça, deferirá a imissão de posse e decretará a extinção do processo.

579) Se o Locatário abandonar o imóvel antes da propositura da ação de despejo, poderá o locador se imitir direto na posse do imóvel?

R: O Locador deverá propor a ação de despejo, porque este é o remédio jurídico correto para por fim a locação, pois o fato de o Locatário abandonar o imóvel não presume a rescisão da locação.

Em nenhuma hipótese deve o Locador ingressar no imóvel sem autorização judicial. Importa lembrar que o contrato faz com que o imóvel fique, legalmente, na posse direta do Locatário, e o fato de o Locador ocupar o imóvel sem a rescisão formal, ou autorização judicial, será razão suficiente para que o Locatário possa responsabilizá-lo por danos praticados, verdadeiros ou não, ou, ainda, por invasão de domicilio.

580) Como deve ser proposta a retomada judicial de um imóvel com fundamento na "denúncia vazia"?

R: Nas ocasiões em que a previsão em Lei, o Locador pode ajuizar a ação. Cumpre destacar que o Locatário tem o prazo de quinze dias para contestação.

O motivo da contestação precisa ser fundamentado quando do vício de notificação premonitória ou da inexistência.

Na hipótese da *denúncia vazia* das locações residenciais que vigoraram por período superior a trinta meses, tornando-se locações por prazo indeterminado, ainda há faculdade do Locatário de aceitar os termos da ação, mas somente proceder à desocupação dentro de um prazo de até seis meses, e ainda ficar livre do pagamento de custas processuais e honorários de advogado.

581) Quais são os motivos que dão ensejo à retomada de um imóvel, além da falta de pagamento?

R: A Lei contempla várias situações em que o Locador poderá pedir o imóvel para o Locatário. Pode ser para uso próprio, para uso de ascendente ou descendente, para uso de cônjuge ou companheiro, ou mesmo, em algumas situações, para fazer obras ou alterar características essenciais do imóvel.

582) O que vem a ser despejo com execução forçada?

R: O despejo com execução forçada é aquele determinado pelo juiz, executado por oficial de justiça e com auxílio policial e arrombamento, se necessários, independentemente da vontade ou da colaboração do Locatário-réu.

583) O que vem a ser Arrendamento residencial?

R: De acordo com a Lei nº 10.188/01, Arrendamento residencial é a operação realizada no âmbito Programa de Arrendamento Residencial que tem por objeto o arrendamento com opção de compra de bens imóveis adquiridos para esse fim específico.

584) O que vem a ser Arbitragem?

R: De acordo com a Lei nº 9.307/96, a arbitragem pode ser conceituada como uma forma para solucionar litígios, entre pessoas capazes de contratar, relativos a dreitos patrimoniais disponíveis. Poderão as partes convencionar que a arbitragem se realize com base nos princípios gerais de direito, nos usos e costumes e nas regras internacionais de comércio.

585) O que vem a ser Bem de família?

R: O bem de família nada mais é do que o bem imóvel de característica residencial, próprio do casal ou da entidade familiar. É tido como impenhorável e teoricamente não responde por qualquer tipo de dívida civil, comercial, fiscal, previdenciária ou de outra natureza, contraída pelos cônjuges ou pelos pais ou filhos que sejam seus proprietários e nele residam, salvo nas hipóteses e exceções previstas em lei. A chamada impenhorabilidade compreende, na prática, o imóvel sobre o qual se assentam a construção, as plantações, as benfeitorias de qualquer natureza e todos os equipamentos, inclusive para utilização profissional e os móveis que guarnecem a casa. Importante frisar que o bem precisar ser quitado. Quando a residência familiar for constituída em imóvel rural, a impenhorabilidade restringir-se-á à sede da moradia, com os respectivos bens móveis e, nos casos do Art. 5º, XXVI, da Constituição Federal, à área limitada como pequena propriedade rural.

586) O que vem a ser Benfeitorias?
R: São obras ou gastos realizados na coisa móvel ou imóvel, com a finalidade conservá-la, melhorá-la ou embelezá-la. Se essas obras ou gastos mudarem a natureza da coisa móvel, não podem ser consideradas como benfeitorias. As benfeitorias podem ser necessárias, úteis e voluptuárias.

587) O que vem a ser Benfeitorias necessárias?
R: De acordo com o artigo 96, § 3°, do Código Civil, benfeitorias necessárias são as que têm por fim conservar a coisa ou evitar que se deteriore.

588) O que vem a ser Benfeitorias úteis?
R: De acordo com o artigo 96, § 2º, do Código Civil , as benfeitorias úteis são as que aumentam ou facilitam o uso da coisa.

589) O que vem a ser Benfeitorias voluptuárias?
R: De acordo com o artigo 96, § 1°, do Código Civil, benfeitorias voluptuárias, são as de mero deleite ou recreio, que não aumentam o uso habitual da coisa, ainda que a tornem mais agradável ou sejam de elevado valor.

590) O que vem a ser Bens de reserva?
R: Os bens de reserva são aqueles que não entrariam na partilha, na prática, por existir alguma pendência acerca de sua destinação. Um exemplo didático: Os bens de um suposto filho do de cujus são reservados até que transite em julgado a ação de investigação de paternidade, quando pleiteada post mortem.

591) O que vem a ser Bens dominicais?
R: São os bens em que o Estado exerce domínio. Bens que constituem o patrimônio da União, dos Estados, dos Municípios, mas não afetados a uma destinação pública específica.

592) O que são Bens imóveis?
R: São bens imóveis o solo e tudo o que se lhe incorporar natural ou artificialmente. Por ficção legal, também são considerados imóveis os direitos reais sobre imóveis e suas ações e o direito à sucessão aberta.

593) O que são Bens públicos?
R: São aqueles do domínio nacional pertencentes à União, aos Estados, ou aos Municípios. Todos os outros são particulares, seja qual for a pessoa a que pertencerem.

594) O que vem a ser Comodato?
R: É o empréstimo gratuito de coisas não fungíveis, que se aperfeiçoa com a tradição do objeto.

595) O que vem a ser Comodante?
R: O comodante tem o domínio ou outro direito correlativo sobre a coisa. Nenhuma função é atribuída a ele.
O comodante é aquele que tem a total liberalidade de emprestar a coisa, seja por amizade, amor, recompensa, religião, etc.

596) O que vem a ser Comodatário?
R: O comodatário é a pessoa que é a recebedora apenas da posse de coisa não fungível como móveis e imóveis, isto é, define-se sendo aquele que recebe a coisa. Este tem a obrigação de zelar pela coisa, e lhe compete restituí-la quando do fim do prazo do contrato, ou quando solicitado. O direito conferido ao comodatário é o de usar a coisa com a obrigação de restituí-lo futuramente.

597) O que vem a ser Consórcio imobiliário?
R: É a forma de viabilização de planos de urbanização ou edificação por meio da qual o proprietário transfere ao Poder Público municipal seu imóvel e, após a realização das obras, recebe, como pagamento, unidades imobiliárias devidamente urbanizadas ou edificadas, sendo que o valor das unidades imobiliárias a serem entregues ao proprietário será correspondente ao valor do imóvel antes da execução das obras.

598) O que vem a ser Denúncia vazia?
R: É a faculdade de rescindir a locação sem a obrigação de demonstrar a razão ou a necessidade da retomada do imóvel. Quando não há possibilidade de renovação compulsória da locação, o contrato submete-se aos princípios gerais da lei do inquilinato, sujeitando-se a denúncia vazia.

As locações não residenciais podem ser objeto de ação de despejo logo após o vencimento do contrato, sem que haja qualquer fundamento jurídico ou técnico para a retomada. Ficará esta lei denominada a denúncia vazia para os imóveis não residenciais. Assim, terminando o prazo do contrato, cumpre ao locatário promover a ação de despejo nos 30 dias seguintes; caso contrário, terá que notificar previamente o locador.

599) O que vem a ser Depositário?

R: Auxiliar da justiça responsável pela guarda e conservação de bens penhorados, arrestados, seqüestrados ou arrecadados. A remuneração do seu trabalho é fixado pelo juiz, atendendo à situação dos bens, ao tempo do serviço e às dificuldades de sua execução.

600) O que vem a ser Enfiteuse?

R: A enfiteuse constitui direito real de gozo, ou seja, um terceiro (enfiteuta) tem o direito de usar e gozar do bem, enquanto a propriedade permanece com o senhorio (proprietário). A enfiteuse não foi recepcionada pelo novo Código Civil, salvo no art. 2.038, que dispõe: "Fica proibida a constituição de enfiteuses e subenfiteuses, subordinando-se as existentes, até sua extinção, às disposições do Código Civil anterior, Lei nº 3.071, de 1° de janeiro de 1916, e leis posteriores."

601) O que vem a ser Espólio?

R: Espólio é o conjunto de bens, direitos, rendimentos e obrigações (patrimônio) que foram deixados pela pessoa falecida, os quais serão partilhados no inventário entre os herdeiros ou legatários.

602) O que vem a ser Evicção?

R: De acordo com os artigos 447 e seguintes do Código Civil, a evicção pode ser compreendida como sendo uma espécie de perda ou desapossamento (parcial ou total) que o comprador de um bem vem a sofrer, em virtude de reclamação judicial, proposta por outra pessoa que se considera a legítima dona da coisa ou do direito real anteriormente alienada.

603) O que vem a ser Hasta Pública?

R: Hasta pública ou leilão público. É o meio de venda judicial de bens do devedor que são obtidos através da penhora, ou seja, é a alienação de bens penhorados judicialmente para a satisfação da execução (a alienação de bens é uma das formas para o cumprimento da obrigação judicial).

604) O que vem a ser Hipoteca?

R: De acordo com os artigos 1473 a 1505 do Código Civil, a hipoteca pode ser definida como sendo uma das modalidades de direitos reais sobre coisa alheia. Nesse caso, uma pessoa transfere os direitos de determinados bens ao credor como forma de garantir o pagamento de uma obrigação.

605) O que vem a ser IPTU?

R: O Imposto sobre a Propriedade Predial e Territorial Urbana. Imposto é de competência dos Município, sobre a propriedade predial e territorial urbana. Este tributo tem como fato gerador a propriedade, o domínio útil ou a posse de bem imóvel por natureza ou por acessão física, como definido em lei, com valor diversificado de acordo com a sua localização na zona urbana do Município. A base do cálculo do imposto é o valor venal do bem imóvel. É o contribuinte do imposto o proprietário do imóvel, o titular do seu domínio útil, ou o seu possuidor a qualquer título.

606) O que vem a ser ITBI?

R: É o Imposto sobre a Transmissão de Bens Imóveis e de Direitos a eles Relativos. Este tributo é de competência dos Estados, sobre a transmissão de bens imóveis e de direitos a eles relativos e tem como fato gerador a transmissão, a qualquer título, da propriedade ou do domínio útil de bens imóveis por natureza ou por acessão física, conforme previsto em lei. Desta forma este se verificar quando da transmissão, a qualquer título, de direitos reais sobre imóveis, exceto os direitos reais de garantia; a cessão de direitos relativos às transmissões referidas anteriormente. A base de cálculo do imposto é o valor venal dos bens ou direitos transmitidos.

607) O que vem a ser Mora?

R: De acordo com os artigos 394 a 401 do Código Civil, é o atraso, retardamento, impontualidade do credor ou devedor, no cumprimento de uma obrigação.

608) O que vem a ser Multa diária ?

R: Em determinadas demandas, para garantir eficácia da sentença final, o juiz pode fixar uma multa em caso de descumprimento da condenação por parte do réu. É o que ocorre, por exemplo, nas chamadas ações "coletivas" do Código de Defesa do Consumidor (art. 84, §4º) e nas ações civis públicas (art. 11, da Lei nº 7.347/85).

609) O que vem a ser Outorga Uxória?
R: É a autorização que o esposo necessita receber de sua esposa para que possa alienar ou onerar algum bem imóvel do casal. Também é necessária essa outorga para o marido oferecer algum bem do casal como fiança.

610) O que vem a ser Penhora?
R: É a constrição judicial de bens, em geral, dados pelo devedor em garantia de execução de dívida. Não paga esta, o bem é vendido em hasta pública e o produto da venda é revertido em favor do credor.

611) O que vem a ser Posse de boa-fé?
R: É aquela em que o possuidor ignora o vício, ou o obstáculo que lhe impede a aquisição da coisa, ou do direito, possuído. O possuidor com justo título tem por si a presunção de boa-fé, salvo prova em contrário, ou quando a lei expressamente não admite esta presunção.

612) O que vem a ser Posse direta?
R: A pessoa tem a coisa em seu poder, temporariamente, em virtude de direito pessoal ou real..

613) O que vem a ser Posse indireta?
R: De acordo com o artigo 1.197 do Código Civil, é a posse de quem transferiu a coisa a outrem, temporariamente, em virtude de direito pessoal ou real.

614) O que vem a ser Posse injusta?
R: De acordo com o artigo 1.200 do Código Civil, é a obtida de forma violenta, clandestina ou precária..

615) O que vem a ser Posse justa?
R: De acordo com o artigo 1.200 do Código Civil, é aquela que não for violenta, clandestina, ou precária..

616) O que vem a ser SERASA?
R: O SERESA é uma Empresa privada criada em 1968 pelos Bancos com a finalidade de gerar análises e informações econômico-financeiras e cadastrais do setor, e atuar com cobertura nacional e internacional. Esta empresa mantém vínculo de experiências com centros de referência em crédito de outros países. Além disto, presta informações, precisas e con-

fiáveis para os Bancos, entidades de classe e empresas de todos os portes e ramos, por meio da utilização de tecnologia em crédito, informática e telecomunicações. O SERASA é responsável pelo maior banco de dados sobre pessoas, empresas e grupos econômicos e participa da maior parte das decisões de crédito realizadas no país.

617) O que vem a ser Taxa?

R: É tributo cobrado pela União, pelos Estados, pelo Distrito Federal ou pelos Municípios, no âmbito de suas respectivas atribuições, que têm como fato gerador o exercício regular do poder de polícia, ou a utilização, efetiva ou potencial, de serviço público específico e divisível, prestado ao contribuinte ou posto à sua disposição. A taxa não pode ter base de cálculo ou fato gerador idênticos aos que correspondam a imposto nem ser calculada em função do capital das empresas.

618) O que vem a ser Taxa SELIC?

R: É a taxa média ajustada dos financiamentos diários apurados no Sistema Especial de Liquidação e de Custódia (SELIC) para títulos federais.

619) O que vem a ser UFIR?

R: Unidade Fiscal de Referência.

Foi criada com a implementação do Plano Real (julho de 1994), a UFIR (extinta BTN do plano cruzeiro) é utilizada como medida de atualização monetária de tributos, multas e penalidades relacionadas com obrigações em face do poder público.

620) O que vem a ser União estável?

R: É a entidade familiar caracterizada pela convivência duradoura, pública e contínua, de um homem com uma mulher, estabelecida com objetivo de constituição de família.

621) O que vem a ser Usucapião?

R: O tema é abordado nos seguintes dispositivos legais: Arts. 550 a 553 e 618 a 619 do Código Civil; Arts. 183, 191 da Constituição Federal e Arts. 9° e seguintes do Estatuto da Cidade – Lei n° 10.257/01

A Usucapião é a modalidade de aquisição de coisa imóvel ou móvel em razão do decurso do tempo desde que atendidos determinados requisitos definidos na lei civil. Existem várias espécies de usucapião previstas na legislação brasileira: usucapião extraordinário, ordinário, especial urbano, especial rural e, também, o usucapião de coisas móveis.

622) O que vem a ser Usucapião especial de imóvel urbano?

R: Modalidade de aquisição da propriedade de imóvel urbano. Aquele que possuir como sua área ou edificação urbana de até duzentos e cinqüenta metros quadrados, por cinco anos, ininterruptamente e sem oposição, utilizando-a para sua moradia ou de sua família, adquirir-lhe-á o domínio, desde que não seja proprietário de outro imóvel urbano ou rural. O título de domínio será conferido ao homem ou à mulher, ou a ambos, independentemente do estado civil. Este direito não será reconhecido ao mesmo possuidor mais de uma vez.

623) O que vem a ser Usucapião extraordinária?

R: De acordo com o artigo 550 do Código Civil, é uma das modalidades de aquisição da propriedade imóvel. Aquele que, por vinte anos, sem interrupção, nem oposição, possuir como seu um imóvel, adquire o domínio, independentemente de título de boa fé que, em tal caso, se presume, podendo requerer ao juiz que assim o declare por sentença, a qual lhe servirá de título para transcrição no Registro de Imóveis.

624) O que vem a ser Usucapião ordinária?

R: De acordo com o artigo 551 do Código Civil, é uma das modalidades de aquisição da propriedade imóvel. Trata-se da obtenção do domínio do imóvel aquele que, por dez anos entre presentes, ou quinze entre ausentes, o possuir como seu, contínua e incontestadamente, com justo título e boa-fé.

625) O que vem a ser Usucapião rural ou especial?

R: Analisando o artigo 191 da Constituição Federal, a usucapião especial é uma das modalidades de aquisição da propriedade imóvel. Aquele que, não sendo proprietário de imóvel rural ou urbano, possua como seu, por cinco anos ininterruptos, sem oposição, área de terra, em zona rural, não superior a cinqüenta hectares, tornando-a produtiva por seu trabalho ou de sua família, tendo nela sua moradia, adquirir-lhe-á a propriedade. Os imóveis públicos não serão adquiridos por usucapião.

626) O que vem a ser Usucapião urbana?

R: Segundo o artigo 183 da Constituição Federal e a Lei n° 10.257/01 – Estatuto da Cidade a Usucapião Urbana é uma das modalidades de aquisição da propriedade imóvel. Aquele que possuir como sua área urbana de até duzentos e cinqüenta metros quadrados, por cinco anos, ininterruptamente e sem oposição, utilizando-a para sua moradia ou de sua família, adquirir-lhe-á o domínio, desde que não seja proprietário de outro imóvel urbano ou rural..

627) O que vem a ser Usufruto?
R: De acordo com os artigos 1390 e seguintes do Código Civil, o usufruto pode ser definido como o direito real de fruir as utilidades e frutos de uma coisa, enquanto temporariamente destacado da propriedade. Pode recair em um ou mais bens, móveis ou imóveis, abrangendo-lhe, no todo ou em parte, os frutos e utilidades. O usufruto de imóveis deve ser registrado no Cartório de Registro de Imóveis.

628) O que a ser Vício redibitório?
R: Segundo os artigos 441 a 446 do Código Civil, vício redibitório pode ser compreendido como sendo defeito oculto na coisa recebida em virtude de contrato comutativo que a torna imprópria ao uso a que é destinada ou lhe diminua o valor.

629) O que vem a ser Arrolamento?
R: O arrolamento é um procedimento simplificado do inventário e partilha.

630) O que vem a ser Arresto?
R: Apreensão judicial de bens do devedor, com a finalidade de garantir a execução. Este procedimento é utilizado quando o oficial de justiça não encontra o devedor para nomear bens à penhora. .

631) O que vem a ser Arrolamento sumário?
R: O arrolamento é um procedimento simplificado do inventário e partilha. O arrolamento sumário é admissível quando todos os herdeiros são maiores e capazes e optam pela partilha amigável dos bens hereditários.

632) O que vem a ser Aqüestos?
R: Denominação que se dá aos bens adquiridos por qualquer dos cônjuges na vigência da sociedade conjugal. Estes bens passam a incorporar a comunhão..

633) O que vem a ser Ata?
R: É o Registro escrito no qual se relata o que se passou numa sessão, convenção, congresso; registro escrito de uma obrigação contraída por alguém.

634) O que vem a ser Audiência?
R: É a Sessão solene por determinação de juízes ou tribunais, para a realização de atos processuais; julgamento.

635) O reajuste do aluguel pode ser feito com menos de um ano?
R: Não, tudo de conformidade com a Lei nº 10.192/01.

636) A esposa do locatário pode assinar como fiadora do marido?
R: Sim, mas, na prática, o locador fica sem garantia.

637) Se no contrato constar que o IPTU deve ser pago pelo locatário, adianta o mesmo entrar na Justiça para se eximir deste pagamento?
R: Não. O contrato deve ser honrado, tudo de conformidade com o artigo 22 da Lei nº 8.245/91.

638) Findo o contrato de locação não residencial, o que pode acontecer em termos de renovação, reajuste e o depósito que foram efetuados para garantir o aluguel?
R: Após o término do contrato, se houver renovação, o valor do aluguel poderá ser totalmente modificado (sofrer aumento ou diminuição do valor), sem necessidade de se respeitar nenhum índice de inflação anteriormente acordado. Após o término do contrato, se não houve necessidade de utilizar o depósito como garantia, o valor deverá ser devolvido ao locatário, corrigido pelos valores da poupança.

639) Num contrato de locação pode ser exigido o pagamento de TV a cabo?
R: A TV a cabo é uma escolha do locatário e cabe a ele decidir se quer pagar por ela ou não. Não há obrigatoriedade nenhuma nisso, pois não é encargo do imóvel.

640) Se o locatário deixar de pagar o aluguel é a administradora de imóveis quem deve entrar com ação de despejo?
R: Para a administradora de imóveis fazer isso, ela terá de ter a procuração do locador para agir em nome dele.

641) Num contrato de locação não residencial, o locador não é obrigado a fazer um contrato com prazo mínimo de 5 anos?
R: Não. Os prazos da locação não residencial são livres.

642) Numa casa alugada sem contrato de locação escrita. Ocorre que o medidor de energia, segundo a concessionária, foi violado e estão cobrando do locatário uma fortuna. Quem deve pagar esta conta: o proprietário ou o locatário?

R: A concessionária irá acionar o proprietário do imóvel que, por sua vez, deverá processar o locatário. Por isso é muito importante que, assim que o imóvel for alugado (sempre por meio de um contrato escrito, o proprietário se certifique de que a conta foi transferida para o nome do novo locatário.

643) Em caso de uma ação de despejo por falta de pagamento de aluguéis, o locatário pode fazer um acordo na Justiça para que ele possa saldar o débito mesmo ainda não sendo citado?

R: As partes podem fazer um acordo a qualquer tempo.

644) É permitido aumentar o preço do aluguel de seis em seis meses?

R: Não. O reajuste deve ser anual, tudo de conformidade com a Lei nº 10.192/01.

645) No caso de o locador não apresentar algum documento necessário para a legalização da empresa da locatária, o contrato está automaticamente rescindido?

R: Não só a locatária poderá rescindir o contrato como ainda poderá solicitar a multa por rescisão contratual, pois trata-se de uma infração grave. Um exemplo é a falta de habite-se na locação não residencial, que muitas vezes resulta na impossibilidade de a empresa exercer sua atividade.

646) Num contrato não residencial com renovação há dois meses, é possível agora o proprietário está pedindo o imóvel. Quais garantias que o locatário tem?

R: O proprietário terá de respeitar o fim do contrato.

647) É possível aplicar índices variados para o rejuste do aluguel?

R: Não. Só poderá mudar o índice de reajuste através de um aditamento ao Contrato de Locação ou da realização de novo instrumento de contrato.

648) O contrato de locação pode estipular que, se o locatário devolver o imóvel antes do término do prazo contratual, terá de pagar a multa integral, independente do tempo decorrido?

R: Não. O artigo 4º da Lei do Inquilinato (8.245/91) estipula que a Multa de Rescisão Contratual será sempre proporcional ao tempo decorrido do prazo contratual, sendo nula a cláusula que determine de forma diferente

649) Quem responde por eventuais débitos do condomínio: o locatário ou o proprietário?

R: A responsabilidade pelo pagamento das cotas condominiais é sempre do proprietário, razão pela qual os recibos deverão ser emitidos em seu nome. Ocorrendo atraso, o condomínio deverá acionar judicialmente o proprietário, para receber os valores devidos. Posteriormente, tendo pago essas obrigações, o proprietário poderá promover contra o inquilino a Ação de Despejo por falta de pagamento, ou mesmo executar os valores para o competente reembolso.

650) É correto cobrar 20% de Multa nos atrasos de pagamentos, sendo que a nova lei reduziu a multa para 2%?

R: A redução da multa nos atrasos de pagamento de 10% para 2% vale apenas para o Código de Defesa do Consumidor. A lei, em vigor não se aplica no setor imobiliário.

651) Locação de casa ou apartamento cujo locatário é uma empresa , destinada à moradia de diretores ou empregados, é locação residencial ou comercial?

R: A Lei do Inquilinato considera como **não residencial** qualquer locação cujo contrato seja celebrado com inquilino pessoa jurídica

652) A administradora de imóveis deve aceitar a devolução das chaves de um imóvel, cujo locatário esteja devendo aluguéis, encargos ou reparos de danos?

R: Sim. Entretanto, deve ser fornecido ao locatário um recibo constando a entega das chaves, ressalvando o pagamento de débitos e outras obrigações contratuais pendentes.

653) Proprietário do imóvel pode exigir Luvas do locatário?

R: A Lei do Inquilinato apenas veda o recebimento de luvas para a renovação do contrato.

654) Como fica a fiança diante da morte do fiador?

R: No caso do fiador de determinada obrigação falecer, tal obrigação é repassada aos herdeiros até o montante da própria herança.

A responsabilidade pelo cumprimento da obrigação, então, abrangerá desde o período em que a fiança foi prestada até o dia do falecimento do fiador. Assim, dispõe o art. 836 do CC:

Art. 836. A obrigação do fiador passa aos herdeiros; mas a responsabilidade da fiança se limita ao tempo decorrido até a morte do fiador, e não pode ultrapassar as forças da herança.

655) Como funciona o contrato de fiança?

R: O contrato de fiança baseia-se na incerteza do pagamento de determinada dívida por parte do devedor principal.

Dispõe o art. 825 do CC:

Art. 825. Quando alguém houver de oferecer fiador, o credor não pode ser obrigado a aceitá-lo se não for pessoa idônea, domiciliada no município onde tenha de prestar a fiança, e não possua bens suficientes para cumprir a obrigação.

656) Se o fiador se tornar insolvente ou incapaz o que é lícito ao credor?

R: É lícito ao credor exigir que o mesmo seja devidamente substituído de forma a garantir a obrigação em questão. Nesse sentido dispõe o art. 826 do CC:

Art. 826. Se o fiador se tornar insolvente ou incapaz, poderá o credor exigir que seja substituído.

657) O que a lei determinada quando a fiança não é limitada?

R: A lei determina que se a fiança não for limitada, ela compreenderá todos os encargos acessórios, bem como as despesas judiciais que eventualmente foram contraídos, desde a citação do fiador. Nesse sentido dispõe o art. 822 do CC:

Art. 822. Não sendo limitada, a fiança compreenderá todos os acessórios da dívida principal, inclusive as despesas judiciais, desde a citação do fiador.

658) Como se dá a extinção da fiança?

R: A maioria dos contratos se extingue pelo cumprimento da obrigação, e no contrato de fiança não poderia ser diferente. Contudo há alguns casos específicos que podem causar a exoneração do fiador, ou seja, retirar o mesmo da condição de garantidor de determinada obrigação.

659) O que vem a ser moratória expressa?

R: Quando o credor conceder ao devedor um novo prazo para o pagamento da dívida, adiando assim o dia para o cumprimento da obrigação. Essa é a chamada moratória expressa, concedida pelo credor ao devedor. Nesse caso a fiança se extingue.

660) O que ocorre quando o credor, por suas ações, impossibilita o direito de regresso do fiador contra o devedor?

R: A fiança também será extinta. Isso pode ocorrer quando, por exemplo, o credor permite que o devedor desfaça de seus bens, impossibilitando assim que o fiador, após ter cumprido a obrigação possa se voltar contra o devedor para reaver o montante despendido. Nesse caso vai ser impossível que o fiador se subrrogue nos direitos do credor, e por isso a fiança se extingue.

661) O que ocorre quando o credor deixar que o pagamento da dívida seja efetuado em outra espécie?

R: Poderá se configurar na forma de dação em pagamento.

662) Como é feito o pagamento da dívida na forma de dação em pagamento?

R: O que ocorre é o pagamento da dívida em um bem.

663) Como se dá a fiança em sede de locação imobiliária?

R: A locação imobiliária se rege pela Lei nº8.245/91, que trata das principais questões relativas a esse contrato.

Dessa forma, a lei traz quatro modalidades possíveis de garantia, previstas no art. 37 da referida lei:

Art. 37. No contrato de locação, pode o locador exigir do locatário as seguintes modalidades de garantia:

I - caução;

II - fiança;

III - seguro de fiança locatícia.

IV - cessão fiduciária de quotas de fundo de investimento. (Redação da LEI Nº 11.196 \ 21.11.2005)

A lei determina que cada contrato de locação seja garantido por uma dessas garantias, sendo proibido que as partes instituam mais de uma em um único contrato.

664) A fiança imobiliária abrange o aluguel e despesas acessórias ao aluguel como o condomínio e os tributos que incidirem sobre o imóvel?

R: Sim, o fiador também se responsabilizará por quaisquer danos que o imóvel sofrer.

665) O que estabelece a Lei nº 8.245/91 quando ao prazo da fiança?

R: A nova redação do artigo 39 da Lei nº 8.245/91 estabelece que, salvo disposição contratual em contrário, qualquer das garantias da locação se estende até a efetiva devolução do imóvel, ainda que prorrogada a locação por prazo indeterminado, por força desta Lei.

666) Qual o questionamento doutrinário sobre a proteção do bem de família quanto a garantia da fiança?

R: O bem de família quanto a fiança é um tema que envolve bastante polêmica, por conta do surgimento da lei de locação e a sua relação com o bem de família.

O bem de família foi instituído e formalmente criado pela Lei nº8.009/90 e foi idealizado para assegurar a residência da entidade familiar, deixando o imóvel utilizado para essa finalidade e isento de execuções provenientes de dívidas.

Importante atentarmos para jurisprudência vigente:

"Recurso extraordinário 352.940-4 São Paulo; Relator: Min. Carlos Velloso (Julg: 25/04/2005)

EMENTA: CONSTITUCIONAL. CIVIL. FIADOR: BEM DE FAMÍLIA: IMÓVEL RESIDENCIAL DO CASAL OU DE ENTIDADE FAMILIAR: IMPENHORABILIDADE. Lei nº 8.009/90, arts. 1º e 3º. Lei nº 8.245, de 1991, que acrescentou o inciso VII, ao art. 3º, ressalvando a penhora *"por obrigação decorrente de fiança concedida em contrato de locação"*: sua não- recepção pelo art. 6º, C.F., com a redação da EC 26/2000. Aplicabilidade do princípio isonômico e do princípio de hermenêutica: **ubi eadem ratio, ibi eadem legis dispositio**: onde existe a mesma razão fundamental, prevalece a mesma regra de Direito. Recurso extraordinário conhecido e provido.

Recurso Extraordinário nº 407. 688 -8 São Paulo; Relator: Ministro Cezar Peluso. Julgado em 08.02.2006.

EMENTA:Fiador. Locação. Ação de despejo. Sentença de procedência. Execução. Responsabilidade solidária pelos débitos do afiançado. Penhora de seu imóvel residencial. Bem de família. Admissibilidade. Inexistência de afronta ao direito de moradia, previsto no art. 6º da CF. Constitucionalidade do art. 3º , inc VII, da Lei nº 8.009/90, com a redação da Lei nº 8.245/91. Recurso extraordinário desprovido. Votos vencidos. A penhorabilidade do bem de família do fiador do contrato de locação, objeto do art. 3º , inc. VII, da Lei nº 8.009, de 23 de março de 1990, com a redação da Lei nº 8.245, de 15 de outubro de 1991, não ofende o art. 6º da Constituição da República.

Súmula 549: É válida a penhora de bem de família pertencente a fiador de contrato de locação."

Já em 12.06.2018, a primeira turma do STF , em Recurso Extraordinário 605709 SP, Ministro Relator Dias Toffoli, relatora do Acórdão Ministra Rosa Weber mudou novamente a interpretação, no sentido de que não pode ser penhorado o único imóvel do fiador julgando fiança concedida em razão de locação não residencial.

E M E N T A RECURSO EXTRAORDINÁRIO MANEJADO CONTRA ACÓRDÃO PUBLICADO EM 31.8.2005. INSUBMISSÃO À SISTEMÁTICA DA REPERCUSSÃO GERAL. PREMISSAS DISTINTAS DAS VERIFICADAS EM PRECEDENTES DESTA SUPREMA CORTE, QUE ABORDARAM GARANTIA FIDEJUSSÓRIA EM LOCAÇÃO RESIDENCIAL. CASO CONCRETO QUE ENVOLVE DÍVIDA DECORRENTE DE CONTRATO DE LOCAÇÃO DE IMÓVEL COMERCIAL. PENHORA DE BEM DE FAMÍLIA DO FIADOR. INCOMPATIBILIDADE COM O DIREITO À MORADIA E COM O PRINCÍPIO DA ISONOMIA.

1. A dignidade da pessoa humana e a proteção à família exigem que se ponham ao abrigo da constrição e da alienação forçada determinados bens. É o que ocorre com o bem de família do fiador, destinado à sua moradia, cujo sacrifício não pode ser exigido a pretexto de satisfazer o crédito de locador de imóvel comercial ou de estimular a livre iniciativa. Interpretação do art. 3º, VII, da Lei nº 8.009/1990 não recepcionada pela EC nº 26/2000.

2. A restrição do direito à moradia do fiador em contrato de locação comercial tampouco se justifica à luz do princípio da isonomia. Eventual bem de família de propriedade do locatário não se sujeitará à constrição e alienação forçada, para o fim de satisfazer valores devidos ao locador. Não se vislumbra justificativa para que o devedor principal, afiançado, goze de situação mais benéfica do que a conferida ao fiador, sobretudo porque tal disparidade de tratamento, ao contrário do que se verifica na locação de imóvel residencial, não se presta à promoção do próprio direito à moradia.

3. Premissas fáticas distintivas impedem a submissão do caso concreto, que envolve contrato de locação comercial, às mesmas balizas que orientaram a decisão proferida, por esta Suprema Corte, ao exame do tema nº 295 da repercussão geral, restrita aquela à análise da constitucionalidade da penhora do bem de família do fiador em contrato de locação residencial.

4. Recurso extraordinário conhecido e provido.

O Ministro Marco Aurélio, mencionaou no plenário que a lei não distingue o tipo de locação. Considerou que não se pode prestigiar a livre iniciativa em detrimento de um direito fundamental que é o dia à moradia.

A primeira turma aparentemente se retratou.

Em 27.03.2020 houve alteração desse entendimento no âmbito da primeira turma, no Recurso extraordinário nº 1.240.968 e nos subsequentes recursos Extraordinários nº 1.268.476 e recurso extraordinário n.1.269.550, publicados em 28.08.2020; Recursos Extraordinários nº 1.277.487, publicado em 28.08.2020 e n.1.274.290, publicado em 31.08.2020.

AG.REG. NOS EMB.DECL. NO RECURSO EXTRAORDINÁRIO (565) 1.240.968

Decisão: A Turma, por unanimidade, negou provimento ao agravo interno, nos termos do voto do Relator. Primeira Turma, Sessão Virtual de 20.3.2020 a 26.3.2020.

EMENTA: DIREITO CIVIL. AGRAVO INTERNO EM EMBARGOS DE DECLARAÇÃO EM RECURSO EXTRAORDINÁRIO. PENHORA. BEM DE FAMÍLIA. GARANTIA COMERCIAL. POSSIBILIDADE. PRECEDENTE EM REPERCUSSÃO GERAL.

1. O Supremo Tribunal Federal entende que o art. 3º, VII, da Lei nº 8.099/1990, ao tratar da garantia qualificada, não fez qualquer diferenciação quanto à natureza do contrato de locação, dessa forma independe se a garantia é residencial ou comercial (RE 612.360-RG, Relª. Minª. Ellen Gracie).

2. Inaplicável o art. 85, § 11, do CPC/2015, uma vez que não houve prévia fixação de honorários advocatícios de sucumbência.

3. Agravo interno a que se nega provimento.

Contudo, a segunda turma, julgou em 31.07.2020, que o fiador de contrato de locação não residencial pode alegar bem de família. .RECURSO EXTRAORDINÁRIO 1.278.427 SÃO PAULO, relatora Ministra Carmem Lúcia

EMENTA: DECISÃO RECURSO EXTRAORDINÁRIO. CONSTITUCIONAL. DIREITO À MORADIA. BEM DE FAMÍLIA. CONTRATO DE LOCAÇÃO DE IMÓVEL COMERCIAL. FIADOR. IMPENHORABILIDADE DO BEM DE FAMÍLIA. PRECEDENTES. RECURSO EXTRAORDINÁRIO PROVIDO.

Diante de todas as decisões supra indicadas, podemos concluir que a discussão continua acerca da impenhoraqbilidade do bem de família em relação aos bens do fiador. O que contribuiu para uma fragilidade neste tipo de garantia locatícia.

667) O que é o direito de regresso no contrato de fiança?

R: Caso o fiador seja adimplente de determinada obrigação, passa a ser credor, pois terá o direito de receber do devedor principal o montante utilizado para pagar a dívida, devidamente atualizada (juros e correção monetária). Esse é o chamado direito de regresso, previsto no art. 831 do CC:

Art. 831. O fiador que pagar integralmente a dívida fica sub-rogado nos direitos do credor; mas só poderá demandar a cada um dos outros fiadores pela respectiva quota.

Cumpre ressaltar que o fiador pode exigir em ação de regresso não apenas o que pagou, mas também os prejuízos decorrentes da garantia prestada, como perdas e danos pagas e demais encargos que suportou pelo pagamento. É o que determina o art. 832 do CC:

Art. 832. O devedor responde também perante o fiador por todas as perdas e danos que este pagar, e pelos que sofrer em razão da fiança.

668) O fiador na ação de regresso tem direito a juros desde o dia que efetuou o pagamento?

R: Sim, desde que os juros acrescidos estejam de acordo com a taxa estipulada para a obrigação principal, e no caso de não tiver sido convencionada a referida taxa, os juros cabíveis são os juros legais de mora e mais a correção monetária.

669) O que ocorre no caso de co-fiadores, se um deles efetua o pagamento integral da dívida?

R: Este terá contra os demais direito de regresso, podendo cobrar a sua parte.

670) O que ocorre quando ocorrer a insolvência de um dos co-fiadores?

R: O prejuízo será repartido entre os demais.

671) O que são garantias reais?

R: Há várias as formas de garantia, que se distinguem em dois grandes grupos: garantias reais e fidejussórias (pessoais).

As garantias reais garantem o cumprimento de determinada obrigação por meio de um bem, seja ele móvel ou imóvel. Assim, as garantias reais são hipoteca, penhor e a anticrese.

672) O que são garantias fidejussórias?

R: As garantias fidejussórias são aquelas prestadas por pessoas, e não por bens. Assim sendo, em caso de descumprimento de determinada obrigação, a satisfação do débito será garantida por uma terceira pessoa, que não o devedor. As modalidades de garantia pessoal são o aval e a fiança.

673) Quais as características que as partes devem ter para celebrarem um contrato de fiança?

R: A pessoa, para celebrar um contrato de fiança deve ser capaz, isto é, ter condições exercer todos os atos da vida civil. Além disto, deve atingir a maioridade ou emancipada.

As pessoas jurídicas somente poderão prestar fiança se observadas as normas e limites estabelecidos pelo contrato social ou estatutos.

Os mandatários são aqueles que agem em nome de outrem por força de um documento que lhes conferem esse poder denominado procuração, somente poderão prestar fiança se devidamente autorizados para tal, ou seja, devem ter poderes expressos para o ato, através de procuração.

674) Quais as hipóteses em que o direito de regresso não pode ser exercido pelo fiador?

R: O fiador deve estar atento pois em certas hipóteses o direito de regresso não poderá ser utilizado, e assim o mesmo comportará todo o prejuízo:

- Quando o devedor pagar novamente o credor, por ter sido o fiador omisso;
- Quando o fiador cumpre a obrigação com a intenção de doação ao devedor;
- Quando o fiador cumprir a obrigação ignorando causas extintivas da própria obrigação. Por exemplo: o fiador pagar dívida já prescrita;
- Quando a obrigação cumprida pelo fiador não era devida ou era superior ao limite da própria obrigação.

675) Quais são as espécies de fiança que existem?

R: Existem vários tipos de fiança:

- Fiança Convencional: A fiança se origina de um acordo entre as partes, por meio de um contrato;
- Fiança Legal: Por conta de preceito legal, isto é, a própria lei determina que uma pessoa garanta o pagamento da dívida em relação à outra pessoa em virtude de uma relação jurídica. Desta forma, de acordo com a lei, é possível exigir a fiança para o exercício de determinados atos da vida civil.
- Fiança Judicial: Origina-se de um pronunciamento judicial, após o juiz ter apreciado o caso concreto. Pode ser por iniciativa do próprio juiz ou por manifestação das partes.
- Fiança Bancária: É a fiança prestada de maneira convencional, ou seja, mediante contrato escrito, e uma das partes é uma instituição financeira.
- Fiança Criminal: Fiança determinada e necessária para a liberdade provisória para determinadas infrações penais, conforme disposições do Código Penal. A fiança criminal é modalidade de garantia que não é prestada por pessoas, mas refere-se a valores monetários, sendo pois, pecuniária.

676) Quais são as principais características do contrato de fiança?

R: O contrato de fiança, por sua natureza, é uma forma de garantir o cumprimento de determinada obrigação, e por isso é um contrato acessório, que está diretamente relacionado a um negócio principal.

677) O que ocorre se o contrato principal é inválido?

R: O contrato de fiança também terá a sua validade prejudicada. Em decorrência ainda do caráter acessório do contrato de fiança, tem-se que o fiador se aproveita de todas as defesas a que o devedor principal teria em relação ao credor.

678) O contrato de fiança pode garantir qualquer tipo de obrigação?

R: Sim, o contrato de fiança pode garantir qualquer tipo de obrigação, como as obrigações de dar, fazer ou não fazer.

679) No contrato pode ser estipulado que a fiança cobrirá dívidas futuras ou condicionais?

R: Sim e ainda as acessórias à obrigação.

680) O limite da fiança é o valor da obrigação?

R: Segundo o artigo 823 do Código Civil, a fiança pode ser de valor inferior ao da obrigação principal e contraída em condições menos onerosas, e, quando exceder o valor da dívida, ou for mais onerosa que ela, não valerá senão até ao limite da obrigação afiançada.

681) Como deve ser a forma do contrato de fiança?

R: Para se celebrar um contrato de fiança as partes devem fazê-lo de forma escrita, podendo esse documento se dar por instrumento público ou particular. As partes contratantes são credor da obrigação e o fiador, que irá garantir o pagamento de uma dívida assumida pelo devedor principal.

682) Quais são os principais caracteres jurídicos do contrato de fiança?

R: O contrato de fiança é um contrato típico, ou seja, está devidamente previsto no Código Civil nos arts. 818 a 839. Ali se encontram suas principais regras como as disposições gerais, os efeitos da fiança, e as formas de extinção.

683) Aponte outra característica do contrato de fiança?

R: Outra característica do contrato de fiança é a formalidade, ou seja, para ser pactuado deve existir um documento escrito e devidamente assinado pelas partes contratantes, conforme estipula o art. 819 do CC:

Art. 819. A fiança dar-se-á por escrito, e não admite interpretação extensiva.

684) Admite-se interpretação extensiva no contrato de fiança?
R: O contrato de fiança conforme verificado na leitura do artigo 819, além de ser formal, necessitando de um instrumento escrito, não admite interpretação extensiva, ou seja, não pode ser criada para o fiador obrigação diversa da que estava pactuada.

685) Com relação ao tempo, o que se pode destacar no Contrato de fiança?
R: Quando o contrato de fiança se der por tempo determinado, este não poderá ser prolongada se o contrato principal for prolongado.

686) No contrato de fiança, o credor tem alguma contra-obrigação?
R: O credor não tem nenhuma contra-obrigação em face do fiador. O fiador é quem terá o dever de satisfazer a obrigação do afiançado caso este não cumpra seu papel contratual.

687) Em regra o contrato de fiança é gratuito?
R: Em regra, sim, isto é, não é celebrado mediante remuneração pecuniária. Porém, não irá descaracterizar a gratuidade do contrato caso o devedor seja remunerado para assumir o risco. Quando a remuneração é feita pelo próprio credor ao fiador, o contrato notoriamente perde a gratuidade e se torna oneroso.

688) O contrato de fiança, por ser acessório a um contrato principal?
R: Sim e quando a obrigação principal se reputar nula ou anulada, a fiança não será exigível.

689) Há uma exceção?
R: Sim, caso a obrigação seja considerada nula em decorrência de incapacidade pessoal do devedor, a fiança persiste exigível, conforme estipula o art. 824 do CC:

Art. 824. As obrigações nulas não são suscetíveis de fiança, exceto se a nulidade resultar apenas de incapacidade pessoal do devedor.

690) Quando a pessoa for casada, como se dá o contrato de fiança?
R: Conforme previsto em lei, é obrigatório que o cônjuge esteja de acordo e forneça a sua autorização, que é conhecida e chamada como outorga uxória.

Art. 1.647. Ressalvado o disposto no art. 1.648, nenhum dos cônjuges pode, sem autorização do outro, exceto no regime da separação absoluta:

III – prestar fiança ou aval;

Art. 1.648. Cabe ao juiz, nos casos do artigo antecedente, suprir a outorga, quando um dos cônjuges a denegue sem motivo justo, ou lhe seja impossível concedê-la.

Na hipótese do art. 1.648, quando a outorga uxória é suprida pelo juiz, a fiança prestada será válida, contudo não vai repercutir nos bens próprios do outro cônjuge.

691) Quando há mais de um fiador para garantir uma dívida como funciona o benefício de ordem?

R: Com dois ou mais fiadores, a responsabilidade dos fiadores será solidária. Porém, pode ser acordada entre as partes a divisão da obrigação e assim ficar estabelecido o benefício de divisão em relação a cada fiador.

Neste caso, cada fiador responde pela dívida na proporção do que fora acordado, existindo assim, uma fiança parcial em relação a cada fiador.

Conforme o CC/2002:

Art. 829. A fiança conjuntamente prestada a um só débito por mais de uma pessoa importa o compromisso de solidariedade entre elas, se declaradamente não se reservarem o benefício de divisão.

Parágrafo único. Estipulado este benefício, cada fiador responde unicamente pela parte que, em proporção, lhe couber no pagamento.

692) O que estabelece o artigo 830 do Código Civil?

R: O art. 830 do CC estipula ainda que cada fiador poderá fixar no contrato qual é a parte da dívida pela qual se obrigou, e dessa forma, não terá nenhuma responsabilidade sobre o montante restante, existindo, no caso, uma garantia parcial limitada a um valor específico:

Art. 830. Cada fiador pode fixar no contrato a parte da dívida que toma sob sua responsabilidade, caso em que não será por mais obrigado.

693) O que é matrícula de um imóvel?

R: A matrícula é ato obrigatório para todos os bens imóveis, e será criada quando for feito o primeiro registro de um determinado bem.

694) O que deve constar na matrícula?

R: Nela deverão constar todas as informações relativas ao imóvel, como os antigos proprietários, quando foi feita a primeira matrícula e a situação do bem, ou seja, se há sobre ele algum ônus real como hipoteca por exemplo.

695) Qual o prazo para o registro de um imóvel no cartório imobiliário?
R: Quando uma pessoa vai registrar um determinado imóvel, esse pedido é processado, e será realmente efetivado no prazo de 30 dias.

696) Qual a denominação do ato de processamento do registro?
R: O ato de processamento do registro chama-se prenotação.

697) Qual a importância da prenotação?
R: E esse ato é importante pois determina a ordem de prioridade do registro, estabelecendo o marco inicial do direito de propriedade.

Assim, caso haja duas escrituras, relativas ao mesmo imóvel a serem registradas, a que tiver sido prenotada em primeiro lugar é que constará no Cartório Imobiliário.

698) A simples prenotação comporta em si o direito de propriedade?
R: A simples prenotação não comporta em si o direito de propriedade, pois o que realmente tem validade é o registro. Contudo, a prenotação é um marco inicial do direito de propriedade, pois esse direito irá retroagir à data do ato de prenotação.

699) O que estabelece o artigo 1.246 do Código Civil?
R: O artigo 1.246 do Código Civil estabelece que o registro é eficaz desde o momento em que se apresentar o título ao oficial do registro, e este o prenotar no protocolo.

700) Como deverão ser as informações na matrícula do imóvel?
R: Todas as informações da matrícula deverão ser contínuas, englobando todos os atos referentes àquele imóvel.

701) Quem tem responsabilidade em reparar um vazamentos em um imóvel?
R: Se o vazamento é na rede horizontal (que serve à unidade), geralmente quem paga é o proprietário. Se o problema ocorreu na rede vertical (que serve a todos os andares), quem paga é o condomínio

702) Num um contrato de locação com prazo de 12 meses. O locador pode pedir o imóvel de volta a qualquer tempo?
R: Não. Nas locações efetuadas por tempo inferior a 30 meses, a denúncia vazia (que é o pedido de retomada do imóvel pelo locador sem justificativa) só poderá ocorrer após cinco anos ininterruptos de locação.

703) Quais são os pedidos justificados de retomada?

R:

- no caso de extinção do contrato de trabalho vinculado à locação;
- para uso próprio, cônjuge ou companheiro;
- para uso residencial de ascendentes ou descendentes que não disponham, de imóveis próprios;
- para demolição e edificação;
- para realização de obras que aumentem a área construída em pelo menos 20%;

704) É possível no caso de um locatário com contrato vigorando a um ano e meio, o locador pedir a devolução do imóvel? Ele pode reaver o imóvel antes do prazo firmado de 30 meses?

R: Não. A lei é bem clara neste aspecto. O locador só poderá retomar o imóvel sem justificativa após o fim do término do contrato ou em casos bem específicos (ver pergunta acima). Somente o inquilino poderá desistir da locação durante o prazo do contrato, pagando multa proporcional. Se a locação estiver vinculada com a atividade de trabalho e ocorrer transferência de emprego para outro local, o inquilino ficará isento do pagamento da multa, devendo notificar o locador num prazo de 30 dias de antecedência.

705) O locatário poderá realizar obras no imóvel locado?

R: O locatário não poderá realizar modificações internas ou externas no imóvel sem o consentimento prévio e por escrito do locador.

706) No caso de um imóvel locado, que tenha problemas sérios de vazamento, necessitando de obras necessárias, poderá o locatário providenciar o conserto e abater do valor do aluguel, considerando a omissão do locador?

R: Sim. As benfeitorias necessárias efetuadas pelo inquilino, mesmo sem autorização do locador, são indenizáveis.

707) No caso de uma locatária que após dois meses da assinatura do contrato de locação percebe que o imóvel está infestada de cupins e traças. O que fazer, considerando que mesma é costureira, possuindo muitos tecidos guardados nos armários? É possível a rescisão da locação?

R: Pela lei, se o imóvel não tem condições de habitabilidade o locatário pode rescindir o contrato sem pagar a multa. Mas, para isso, seria necessário entrar com ação judicial. É aconselhável primeiramente tentar um acordo, pedindo para que o locador providencie a descupinização e dedetização do imóvel.

708) No caso de um contrato de locação que já vigora a cinco anos, porém jamais sofreu reajuste, quer o anual, quer o judicial, qual é o índice que o locador deverá aplicar, uma vez que não há nenhuma previsão no instrumento?

R: Os índices mais utilizados para os reajustes de aluguel são o IGP-M/ IGP-DI e IPC-RJ, todos da Fundação Getútlio Vargas. Contudo há a necessidade de um acordo entre locador e locatário para a escolha do índice. No caso de resistência de uma das partes, a solução é a utilização de um índice substitutivo estabelecido oficialmente.

709) Quando o locatário não paga a taxa de condomínio, apesar de disposto em contrato, é possível ao proprietário cobrar o condomínio junto com o aluguel?

R: Não só pode como deve ser cobrado no recibo o aluguel e todos os encargos da locação, considerando a existência de cláusula contratual estabelecendo a obrigação do locatário pagar além do aluguel, todos os encargos da locação. Deve-se indicar no instrumento, de forma discriminada, todos os acessórios da locação.

710) Num contrato de locação que consta uma cláusula que obriga o locatário a pintar todo o imóvel quando da entrega das chaves. É correta a existência de tal exigência?

R: Normalmente os contratos de locação exigem a entrega do imóvel nas mesmas condições em que foi recebido e a pintura é uma das condições que integra os contratos.

711) Como se prova o contrato verbal?

R: O contrato verbal tem sua prova através dos recibos, cujo fornecimento, pelo locador, é obrigatório.

712) Um contrato residencial ou comercial que tenha prazo na forma da lei, após cumprido pelo locatário, precisa-se fazer novo contrato, se o mesmo quiser continuar a locação?

R: Tomando-se como exemplo o contrato de 30 meses na locação residencial. Se findo o contrato de locação, o locatário permanecer no imóvel por mais de 30 dias sem oposição do locador, presumir-se-á a locação prorrogada por prazo indeterminado, mantidas as demais cláusulas ou condições do contrato.

713) Como proceder para o reajuste numa locação verbal?

R: A lei do inquilinato prevê a existência de contrato verbal e ampara-o com todos os seus dispositivos. O reajuste deverá ser anual, como para todos os contratos de acordo com o Plano Real.

714) O imposto de renda que recai sobre o aluguel, pode ser repassado ao locatário?

R. Este encargo que toca ao contribuinte, não pode ser transferido ao locatário, porque representa, de um lado benefício extraordinário em favor do locador e de outro lado, ônus excessivo para o locatário.

715) O que é fiador profissional?

R: Os fiadores profissionais são pessoas que emprestam o nome para inquilinos, mediante pagamento de uma taxa.

716) No caso de pagamento de aluguel após o vencimento, os valores dos acréscimos entram no valor do aluguel? Existem contratos em que o valor dos acréscimos é repassado aos proprietários e outros em que o valor dos acréscimos fica com as imobiliárias. No caso em que o valor dos acréscimos fica todo para as imobiliárias, ele é considerado como comissão?

R: Sim, o valor dos acréscimos moratórios integrará o rendimento bruto do aluguel, se repassados ao locador. Caso os acréscimos não sejam repassados ao locador, estes integrarão o valor da comissão (receita) da imobiliária. Neste caso, o valor correspondente à taxa de administração referente a estes acréscimos não deve ser somado ao valor da comissão mensal paga pelo locador, na ficha "Locação".

717) As pessoas jurídicas que intermediarem aluguel de imóveis devem declarar os valores totais recebidos dos locatários ou os valores já descontados os encargos que sejam dedutíveis para os locadores para fins de apuração do imposto de renda?

R: No caso de pessoas físicas, devem ser declarados os valores totais recebidos, sem nenhuma dedução. No caso de pessoas jurídicas, devem ser informados os valores auferidos, ainda que não integralmente recebidos no ano.

718) Quando um imóvel possuir 02 (dois) ou mais proprietários/locadores, para cada locador deverá ser incluído um registro (linha) no arquivo a ser importado?

R: Sim. Devem ser divididos, proporcionalmente, o valor recebido e a comissão paga, nos termos do contrato.

719) O locatário deve ser convocado para as Assembléias?
R: Sim, desde que tópicos relativos à despesas ordinárias estejam na ordem do dia (assuntos a serem deliberados). Nestes tópicos, ele pode votar, desde que, o proprietário não esteja presente, e não há necessidade de procuração.

720) E o locatário pode presidir a Assembléia?
R: A princípio, não há nenhum impedimento. No entanto, o instrumento de Convenção Condominial poderá limitar algumas atribuições à condôminos-proprietários.
Em Assembléias, no que diz respeito à questões como as que envolvem despesas extraordinárias, eleição de síndico e conselho fiscal, alteração de áreas comuns, alteração do Regulamento Interno ou da Convenção, os locatários só poderão votar se tiverem procuração do proprietário.

721) O locatário pode ser eleito síndico?
R: Sim. Segundo o Capítulo do Condomínio Edilício e a Lei de Condomínios, qualquer pessoa, física ou jurídica, pode ser eleita para o cargo de síndico, até alguém mesmo que não resida no local.

722) Quem é responsável por Problemas hidráulicos e elétricos causados em virtude de mal uso do imóvel pelo morador?
R: Locatário

723) Quem é responsável por pequenos reparos nas instalações elétrica e hidráulica, como, por exemplo, desentupimento de pias, troca de lâmpadas e fusíveis ou consertos habituais?
R: Locatário

724) Quem é responsável pela pintura das áreas comuns e da fachada do prédio?
R: Locador

725) Quem é responsável pela pintura interna dos apartamentos devido ao desgaste causado pelo tempo?
R: Locador

726) Quem é responsável pela pintura interna dos apartamentos devido ao mal uso do imóvel pelo morador?
R: Locatário

727) Quem é responsável pelas despesas com funcionários do condomínio (salários e encargos sociais)?
R: Locatário

728) Quem é responsável pelas indenizações trabalhista pagas a funcionários do condomínio resultante de sentença judicial, em reclamação ajuizada anteriormente à mudança do locatário?
R: Locador

729) Quem é responsável pelas despesas de luz e água?
R: Locatário

730) Quem é responsável pela construção de benfeitorias (piscina, sauna, academia de ginástica, vestuários, instalação de guaritas de segurança) e outras que incorporem ao patrimônio e provoquem sua valorização?
R: Locador

731) Quem é responsável pela manutenção da piscina e benfeitorias já existentes?
R: Locatário

732) Quem é responsável pelas reformas ou reparos substanciais no maquinário da piscina, sauna ou outras benfeitorias?
R: Locador

733) Quem é responsável pela conservação e manutenção regular do maquinário existente?
R: Locatário

734) Quem é responsável pela limpeza de salões de festas?
R: Locatário

735) Quem é responsável pela troca de móveis, reformas e manutenção do salão de festas do condomínio?
R: Locador

736) Quem é responsável pela compra de artigos para a decoração do hall e de áreas comuns do condomínio, tais como: Quadros, gravuras, etc?
R: Locador

737) Quem é responsável pelos consertos do sistema de elevadores do edifício como, por exemplo: troca de cabos principais?

R: Locador

738) Quem é responsável pela manutenção regular dos elevadores do condomínio, como troca de fusíveis, engraxamento, vistorias de rotina?

R: Locatário

739) Quem é responsável pela troca de portas ou substituição de peças fundamentais dos elevadores que excedem à qualificação de pequenos reparos?

R: Locador

740) Quem é responsável pelos pagamentos para constituição do Fundo de Reserva Condominal?

R: Locador

741) Por que tem que notificar por escrito os problemas que ocorrerem no imóvel?

R: O locatário ao comunicar por escrito o locador sobre problemas no imóvel estará se protegendo, evitando que o mesmo seja responsabilizado por negligência.

742) Por que a vistoria deve ser contestada por escrito?

R: Para segurança do locatário, do locador e da administradora de imóveis, porque constitui prova que pode ser analisada a qualquer tempo.

743) Por que o locatário deve providenciar o desligamento e o consumo final de água e luz, e não a administradora de imóveis?

R: Porque a responsabilidade pelo pagamento de tais débitos é do locatário; e nessas condições são indispensáveis para a rescisão da locação.

744) Por que o contrato tem que ser por 30 meses?

R: É a única condição que o legislador permitiu ao locador para requerer o despejo por denúncia vazia. Se o contrato for feito por menor espaço de tempo, o locador só poderá requerer o despejo para uso próprio, uso do ascendente, uso de descendente, reforma de maior capacidade de utilização, cujas hipóteses são muito restritivas dos direitos do locador.

745)Qual o procedimento para a entrega/devolução de um imóvel?
R: O locatário deverá notificar por escrito o locador, através da administradora, com pelo menos 30 dias de antecedência, a sua intenção de deixar o imóvel. Vencido o prazo da notificação, o mesmo deverá desocupar o imóvel e entregar as chaves ao locador ou à administradora juntamente com as 3 últimas contas de água e a última conta de luz pagos. Faz-se o acerto final do aluguel e a vistoria de saída do imóvel.

746) É possível a liberação da multa contratual?
R: A liberação da multa contratual ou sua redução é possível, desde que seja consentida pelo locador.

747) Quais as obrigações e responsabilidades do fiador?
R: O fiador solidário é o principal responsável pelo contrato de locação, cabendo a ele o total cumprimento de todas as cláusulas contratuais, até a entrega efetiva das chaves do imóvel.

748) Como proceder em caso de problemas no imóvel que aluguei?
R: Os problemas estruturais do imóvel devem ser comunicados imediatamente ao locador ou seu representante legal. Essa comunicação deverá ser feita sempre por escrito e devidamente protocolada, sob pena de não ser considerada válida.

749) Para desocupar um imóvel antes do prazo, o que se deve fazer?
R: O locatário pagará a multa contratual, proporcional ao tempo em que ficou no imóvel, a não ser que o proprietário concorde em não cobrá-la. Há, entetanto, um caso previsto em lei que permite ao locatário desocupar o imóvel a qualquer tempo, independentemente do prazo contratual decorrido: mediante prova documental de sua transferência pelo seu empregador, privado ou público, para prestar serviços em localidades diversas daquelas do início do contrato, devendo, para isso, notificar o locador com prazo mínimo de 30 dias.

750) Quando o locador pode iniciar uma ação de despejo?
R: O locador pode pleitear a retomada do imóvel através de ação de despejo nos seguintes casos:
- Em decorrência de prática de infração legal ou contratual.
- Por falta de pagamento de aluguel e acessórios da locação.
- Para realização de reparos urgentes determinados pelo poder público.
- Pelo instituto da denúncia vazia.
- Por mútuo acordo. Quando pactuada a desocupação por escrito, com antecedência mínima de 6 meses.

- Em decorrência da extinção do contrato de trabalho, se a ocupação do imóvel por você estiver relacionada a seu emprego.
- Para uso próprio, de seu cônjugue, ou de seu companheiro.
- Para uso residencial de descendentes ou ascendentes que não tenham imóvel próprio.
- Para reformas (desde que obedecidas as condições legais para a referida tomada).

751) Como deve agir o proprietário se o locatário não pagou IPTU?

R: Ele deve ingressar imediatamente com ação de despejo por infração contratual e cientificar os fiadores solidários. Se o imóvel estiver sob a responsabilidade de uma administradora, o locador deverá fazê-lo através do departamento jurídico da mesma.

752) O contrato de locação é apresentado para registro?

R: Para o contrato de locação, poderá ser feito somente um registro ou uma averbação, ou os dois atos, dependendo das cláusulas.

753) Existem despesas adicionais ao aluguel de temporada?

R: Sim, existe a taxa de limpeza do imóvel, cobrada no ato da assinatura do contrato. Esta taxa é calculada com base no número de aposentos do imóvel. Cobramos, também, uma caução. Este montante lhe será restituido ao final do período de locação, após vistoria e constatação de que o imóvel encontra-se no estado em que lhe foi entregue.

754) Qual a diferença entre registro e averbação?

R: O registro é praticado para qualquer tipo de alienação (compra e venda, hipoteca, incorporação, loteamento, carta de arrematação, arrolamento, formal de partilha, etc.), ou seja, caracteriza a transferência da propriedade. A averbação serve apenas para dar publicidade de alguma coisa. Averba-se: casamento, nome de rua, alteração, e tudo aquilo que se destina a dar publicidade no registro imobiliário. No caso de averbação, ela não dá nem tira direitos de ninguém.

755) Se um imóvel é dado como fiança, é registrada em cartório?

R: A fiança é uma garantia pessoal, logo não tem o condão de gravar qualquer bem, muito menos imóveis. Para verificação da situação jurídica do imóvel deve-se obter certidão histórica e de ônus reais junto ao respectivo cartório imobiliário, certidão de quitação de tributos junto à Prefeitura e, sendo imóvel em condomínio, declaração de quitação das contribuições condominiais fornecida pelo síndico.

756) Aponte algumas providências importantes que devem ser observadas antes de assinar contrato com a administradora de imóveis.

R:

1. Faça uma relação em duas vias (termo de vistoria) das condições gerais do imóvel como pintura, vidros, portas, janelas, instalações elétricas e hidráulicas. Quando mobiliado, inclua também todos as peças e o seu estado;
2. Protocole esse documento junto à administradora e fique com uma via;
3. Peça autorização por escrito ao proprietário antes de fazer qualquer alteração ou reforma no imóvel. Neste documento devem constar os serviços a ser executado, custos, aprovação dos órgãos competentes e responsabilidades.
4. Sendo o imóvel integrante de um condomínio, verifique as exigências e/ou restrições, principalmente no tocante à fachada externa;

757) Aponte algumas providências importantes que devem ser observadas na hora de assinar um contrato de locação.

R:

1. Leia atentamente todas as cláusulas deste documento, riscando todos os espaços em branco que sobrarem;
2. Nunca o assine em branco;
3. Uma via do mesmo, assinada e datada, deve ficar em posse do inquilino;
4. O documento deverá ser assinado por duas testemunhas que não tenham impedimentos legais

758) O que vem estabelecido na SUMULA 335 STJ?

R: A Súmula 335 do STJ estabelece que – nos contratos de locação, é válida a cláusula de renúncia à indenização das benfeitorias e ao direito de retenção . A súmula nº 335 passa a estabelecer que "nos contratos de locação, é válida a cláusula de renúncia à indenização das benfeitorias e ao direito de retenção". O projeto foi relatado pelo ministro Hamilton Carvalhido. Esse entendimento vem sendo seguido nas duas Turmas que julgam o tema desde 1994. Já no recurso especial nº 38274, julgado pela 5ª Turma, se afirmava não ser nula a cláusula contratual de renúncia ao direito de retenção ou indenização por benfeitorias. A decisão afirmava ainda não se aplicar ao caso, as regras do Código de Defesa do Consumidor

759) Quais os casos em que não se aplica o direito de preferência?
R: Segundo o artigo 32 da Lei nº 8.245/91, o direito de preferência não alcança os casos de perda da propriedade ou venda por decisão judicial, permuta, doação, integralização de capital, cisão, fusão e incorporação.

760) Nos contratos firmados a partir de 1º de outubro de 2001, o direito de preferência de que trata o artigo 32 da Lei nº 8.245/91 não alcançará?
R: Os casos de constituição da propriedade fiduciária e de perda da propriedade ou venda por quaisquer formas de realização de garantia, inclusive mediante leilão extrajudicial, devendo essa condição constar expressamente em cláusula contratual específica, destacando-se das demais por sua apresentação gráfica. (Incluído pela Lei nº 10.931, de 2004)

761) O que vem a ser adjudicar?
R: Desapossar, em razão de sentença judicial, o possuidor ilegítimo daquilo que pertence à outra pessoa.

762) O que vem a ser Acessão imobiliária?
R: É o acréscimo a um bem imóvel resultante de um acontecimento natural ou de uma obra humana.

763) O que vem a ser Alienação fiduciária?
R: É a transferência do devedor para o credor do domínio de um bem, em garantia de pagamento. O credor conserva o domínio do bem alienado (posse indireta) somente até a liquidação da dívida garantida. Após a quitação do pagamento, o comprador adquire o direito de propriedade do imóvel.

764) O que vem a ser Aluguel?
R: Locação ou ato de tomar ou dar algo para ser utilizado por tempo determinado, mediante pagamento de um preço certo. A taxa de aluguel é a remuneração, em moeda nacional, paga, periodicamente, pelo locatário ao locador pela cessão do direito de uso do bem que foi alugado. O valor do aluguel é normalmente estabelecido de acordo com a vontade de ambas as partes.

765) O que vem a ser Apartamento cobertura?
R: Apartamento do último pavimento de um edifício, com direito à construção e utilização do nível imediatamente acima dele.

766) O que vem a ser Área de uso comum?
R: É a área que pode ser utilizada em comum por todos os proprietários do prédio ou condomínio, sendo livre o acesso e o uso, de forma comunitária, por exemplo: portaria do prédio, áreas de lazer, corredores de circulação, escadas.

767) O que vem a ser Área privativa?
R: É a área do imóvel da qual o proprietário tem total domínio. É composta pela superfície limitada da linha que contorna externamente as paredes das dependências (cobertas ou descobertas) de uso privativo e exclusivo de proprietário.

768) O que vem a ser Área útil?
R: É a área individual. É a soma das áreas dos pisos do imóvel, sem contar as paredes, ou seja, restrita aos limites. Também é conhecida como área de vassoura. É a área mais importante no momento da compra do imóvel, devendo ser item a ser questionado durante a transação do negócio.

769) O que vem a ser Arrematação?
R: Venda judicial de bens penhorados, feita em local público.

770) O que vem a ser Arrendamento?
R: Aluguel ou contrato, bilateral, pelo qual alguém (arrendante, locador) cede à outra pessoa (arrendatário, locatário), por certo tempo e preço, o uso e gozo de um bem não fungível (coisa que não se gasta, não se consome com o primeiro uso – geralmente imóveis. Por exemplo: prédio urbano ou rural, veículos, etc.).

771) O que vem a ser Cartório de registro de Imóveis?
R: Órgão público integrado ao Judiciário com a função especial de registrar o direito real de propriedade do imóvel e suas modificações.

772) O que vem a ser Certidão negativa?
R: É a certidão que atesta a não existência de alguma ação civil, criminal ou na Justiça Federal, ou se a pessoa está impedida de realizar qualquer ato. É um comprovante de estar o contribuinte em dia com o Fisco. Na compra ou venda de imóveis, são solicitadas as certidões do vendedor para verificar se o mesmo pode vender o imóvel de sua propriedade. Deve ser solicitada, também, a Certidão do Registro de Imóveis correspondente ao endereço do imóvel a ser vendido, para atestar se o mesmo está livre de qualquer ônus ou outro agravante.

773) O que vem a ser Cessão?
R: Ato pelo qual uma pessoa transfere para outra (gratuitamente ou não) um ou mais direitos, deveres ou bens de que é titular. Para a cessão ser válida, deve preencher os requisitos da lei, como: existência de capacidade das partes para contratar, preparação e assinatura do contrato.

774) O que vem a ser Cessionário?
R: Pessoa a quem se transfere, por meio de cessão, um direito, contrato ou uma obrigação. Pessoa a quem se faz uma cessão.

775) O que vem a ser Contrato de administração de imóveis?
R: Contrato onde um dos contratantes, mediante autorização, confere à outra pessoa a gestão de imóveis ou a direção de negócios relativos a seus interesses imobiliários, comprometendo-se a pagar uma taxa pelos serviços prestados.

776) O que vem a ser Cooperativa?
R: Associação sob a forma de sociedade, com número aberto de membros, que tem o objetivo de estimular a poupança, a aquisição e a economia de seus associados, mediante atividade econômica comum.

777) O que vem a ser Cooperativa habitacional?
R: É uma cooperativa formada com o intuito de construir casas populares, a serem vendidas a seus associados, podendo para tanto efetuar operações creditórias.

778) O que vem a ser Distrato?
R: Dissolução ou rescisão de um contrato que, no caso do crédito à habitação, se refere à rescisão da hipoteca por extinção da dívida.

779) O que vem a ser Domicílio civil?
R: Local onde a pessoa estabelece, com ânimo definitivo, sua residência e responde por suas atividades sociais e negócios jurídicos.

780) O que vem a ser Domicílio comercial?
R: Lugar onde o comerciante responde pelos atos de comércio (tem seu comércio), por constituir a sede da administração central do negócio ou por ter sido eleito nos estatutos da pessoa jurídica.

781) O que vem a ser Habite-se?

R: Autorização emitida pela Prefeitura para que um imóvel recém-construído ou reformado possa ser ocupado. Para que o documento possa ser emitido, é preciso uma vistoria de regularidade para ver se a obra foi executada conforme o projeto inicial e é necessário preencher diversos requisitos legais (parecer da companhia de luz, do corpo de bombeiros, da companhia de gás, entre outros). O imóvel só pode ser ocupado depois da concessão do Habite-se.

782) O que vem a ser Hipoteca?

R: Direito real de garantia de natureza civil, que grava coisa imóvel pertencente ao devedor ou a terceiro, sem transmissão de posse ao credor. O devedor tem o direito de promover a venda judicial do imóvel para pagamento, preferentemente em caso de inadimplência.

783) O que vem a ser Imissão de posse?

R: Ato pelo qual, mediante mandado judicial, o proprietário visa obter a posse direta do imóvel. É o meio de aquisição de posse a que se tem direito.

784) O que vem a ser Imposto de transmissão?

R: Tributo sobre transmissão de bens e direitos que sobre eles recaem. Pode ser:

-Imposto de transmissão causa mortis e doação: imposto estadual cobrado sobre heranças e doações de quaisquer bens ou direitos.;

-Imposto de transmissão inter vivos: imposto municipal incidente sobre a transmissão inter vivos, a qualquer título, por ato oneroso, de bens imóveis (por natureza ou acessão física), e de direitos reais sobre imóveis (exceto os imóveis de garantia).

785) O que vem a ser Laudêmio?

R: É uma taxa a ser paga à União, na ocorrência de transações de compra e venda com escritura definitiva, que envolvam imóveis localizados em terrenos da marinha.

786) O que são terrenos de marinha?

R: Nos termos do Decreto Lei nº 9.760/46, em seu art. 2º, são terrenos de marinha, em uma profundidade de 33 metros, medidos horizontalmente para a parte da terra, da posição da linha do preamar-médio de 1.831:

a) Os situados no continente, na costa marítima e nas margens dos rios e lagoas, até onde se faça sentir a influência das marés;

b) Os que contornam as ilhas, situados em zonas onde se faça sentir a influência das marés;

787) Os possuidores de imóveis localizados em áreas de marinha dividem-se em quantos tipos?

R: Em dois tipos:

a) OCUPANTES – tem apenas o direito de ocupação, e são a maioria;

b) FOREIROS – os que têm contratos de foro e possuem mais direitos que o ocupante, pois têm também o domínio útil – estão incluídos nessas categorias os moradores da orla da praia de Santos e de outras cidades paulistas.

788) O interessado em adquirir um imóvel situado em terreno de marinha, além das precauções de praxe, o que deverá também verificar?

R: Se o vendedor está inscrito no Departamento do Patrimônio da União e se o mesmo já possui o RIP (Registro Imobiliário Patrimonial). Caso já possua o RIP, verificar se as taxas de ocupação ou de foro encontram-se pendentes de pagamento.

Caso o vendedor ainda não esteja inscrito, apesar de possuir escritura, o comprador deverá negociar em caso de uma possível diferença de Laudêmio, a ser cobrada pela União.

789) Quando deve ser pago o Laudêmio?

R: O Laudêmio só é pago quando ocorrem transações de compra e venda, diferentemente das taxas de ocupação e de foro, que são pagas anualmente.

790) Quando que os Cartórios de Notas e Registro de Imóveis, sob pena de responsabilidade dos seus respectivos titulares, não lavrarão e nem registrarão escrituras relativas a bens imóveis de propriedade da União, ou que contenham, ainda que parcialmente, área de seu domínio?

R: Os Cartórios de Notas e Registro de Imóveis, sob pena de responsabilidade dos seus respectivos titulares, não lavrarão e nem registrarão escrituras relativas a bens imóveis de propriedade da União, ou que contenham, ainda que parcialmente, área de seu domínio ,sem a certidão da Secretaria do Patrimônio da União que declare ter o interessado, recolhido o Laudêmio devido e as demais obrigações junto a esse órgão.

791) O que vem a ser Leilão?

R: Venda pública, de bens móveis ou imóveis, a quem maior lance oferecer, feita por leiloeiros públicos devidamente matriculados na junta comercial.

792) O que vem a ser Mora?

R: É o retardamento na execução da obrigação. Considera-se em mora o devedor que não efetuar o pagamento, e o credor que não o quiser receber no tempo, lugar e forma convencionados.

793) O que vem a ser Multa?

R: Ato ou efeito de multar quem infringe leis ou regulamentos.

794) O que vem a ser Multa contratual?

R: É uma multa estabelecida no contrato onde fica estipulada a pena ou a soma em dinheiro a ser paga por aquele que não cumpre, no todo ou em parte, uma obrigação assumida.

795) O que vem a ser Notário?

R: Entidade que, em cada operação, dá consistência legal aos direitos de propriedade e usufruto, entre outros, através de escritura pública. Tem, também, um papel essencial a nível de elaboração de documentação que valide os direitos dos cidadãos (procurações, autenticação de documentos, etc.).

796) O que vem a ser Ordem de despejo?

R: Mandado judicial intimando o locatário a desocupar o imóvel alugado.

797) O que vem a ser Reajuste?

R: Resultado de um processo de modificações, estabelecimento de novas condições sobre certos fatos e valores, equilibrando-os. Composição de uma nova ordem econômica ou social. Efetivação de um novo ajuste.

798) O que vem a ser Registro de Imóveis?

R: O Cartório de Registro de Imóveis é uma delegação do poder público, e é a instituição que abriga as informações do imóvel, contendo todos os dados referentes à propriedade imobiliária. É a instituição que registra e concretiza o ato primordial da aquisição da propriedade imobiliária entre pessoas.

799) O que vem a ser Rescisão?

R: É a descontinuidade do negócio jurídico (ato, contrato ou sentença), com a conseqüente perda da sua eficácia.

800) O que vem a ser Rescisão contratual?

R: Extinção do vínculo contratual existente.

801) O que vem a ser Servidão?
R: Passagem, para uso do público, por um terreno que é propriedade particular.

802) O que vem a ser Taxa?
R: Tributo ou imposto cobrado como remuneração de serviços específicos prestados ao contribuinte, ou postos à disposição deste.

803) O que vem a ser TR?
R: Taxa referencial de juros. Mensalmente divulgada pelo Banco Central do Brasil, serve para definir o rendimento das Cadernetas de Poupança e atualizações de prestação do SFH. É um índice muito aplicado para reajustes das prestações dos contratos de financiamento imobiliário.

804) O que vem a ser Alinhamento?
R: Linha que em planta separa uma via pública dos edifícios existentes ou previstos ou dos terrenos contíguos, e que é definida pela intersecção dos planos verticais das fachadas, muros ou vedações, com o plano horizontal dos arruamentos adjacentes.

805) O que vem a ser Alvará (de construção)?
R: Documento emitido pela autoridade municipal onde a construção está localizada, que licencia a execução da obra. Título que confere eficácia jurídica a uma Licença.

806) O que vem a ser Contrato de arrendamento?
R: Documento escrito que formaliza a cedência, por parte do proprietário ou usufrutuário, do direito de utilização de uma habitação, por um determinado período de tempo, a alguém que é designado por arrendatário ou locatário.

807) O que vem a ser Contrato de Empréstimo?
R: Contrato em que fica registado o acordo estabelecido entre o banco (mutuante) e o seu cliente (mutuário) relativo a um financiamento e onde se especificam todas as suas condições (montante, prazos, taxas de juro, etc.). Pode tomar a forma de escritura pública ou documento particular.

808) O que vem a ser Direito de Superfície?
R: Consiste na faculdade de construir ou manter, perpétua ou temporariamente, obra em terreno alheio, ou de nele fazer ou manter plantações;

constituído o direito de superfície, opera-se um parcelamento jurídico no terreno, passando a ser da propriedade de duas pessoas distintas, a saber: o superficiário, poderá edificar e manter obra ou plantação; e o fundeiro ou proprietário do solo.

809) O que vem a ser Gabarito?

R: Gabarito é a marcação feita com fios nos limites da construção antes do início das obras. O encontro de dois fios demarca o lugar dos pilares. É realizado com base no trabalho do topógrafo, planialtimetria, RN etc. Em urbanismo, chama-se assim à altura máxima que podem ter os edifícios em determinadas ruas.

810) O que vem a ser um Lote?

R: Fracção de um terreno que foi sujeito a uma operação de loteamento. Em termos imobiliários, é o imóvel ou o grupo de imóveis colocados à venda principalmente quando essa venda é feita em forma de leilão.

811) O que vem a ser Loteamento?

R: Toda a ação que tem por objeto ou por efeito a divisão em lotes, qualquer que seja a sua dimensão, de um ou vários prédios, desde que pelo menos um dos lotes se destine imediata e subsequentemente à construção urbana.

812) O que vem a ser Mais Valia?

R: Proveitos obtidos com a diferença entre o valor da realização e o valor da aquisição, relativos à alienação onerosa de alguns bens.

813) O que acontece se o locatário perder o prazo para a propositura da ação renovatória de aluguel?

R. Ele perde o direito a renovar judicialmente o contrato. Daí por diante, sua locação perde a característica de locação renovável assumindo a condição de locação não residencial comum.

814) O que é preciso para que se possua direito à renovação da locação?

R. De acordo com a Lei 8.245/91, para que exista direito à renovação de determinada locação há que se encontrarem preenchidos os seguintes requisitos: a) ser a atividade explorada no imóvel locado comercial, industrial ou empresarial (art. 51, *caput* e § 4º); b) possuir o contrato forma escrita e estar em vigor por tempo determinado (art. 51, I); c) ter o contrato, ou a soma dos contratos, prazo mínimo de cinco anos ininterruptos (art. 51, II); d) estar o locatário em exploração da mesma atividade (ramo) pelo prazo mínimo e ininterrupto de três anos (art. art. 51, III); e) ter o locatário cumprido rigorosamente o contrato em curso (art. 71, II e III).

815) Pode o locador cobrar as chamadas "luvas"?

R. A resposta depende do caso concreto. Não há qualquer ilegalidade na cobrança de *luvas* iniciais (quando se contrata a locação), sendo, contudo, proibida (art. 45) e tipificada como contravenção penal (art. 43, I) a sua exigência na hipótese de renovação de locação renovável judicialmente.

816) O que deverá especificar a petição inicial de uma ação de consignação de aluguel?

R: A petição inicial deverá especificar os aluguéis e os acessórios da locação.

817) O que ocorre após a citação do réu numa ação de consignação de aluguel?

R: Uma vez determinada a citação do réu, abre-se o prazo de 24 (vinte e quatro) horas para o autor efetuar o depósito judicial da importância indicada.

818) Qual a conseqüência de uma revelia numa ação de consignação de aluguel?

R: A revelia, ou o recebimento implicará na procedência da ação, arcando o réu com os ônus da sucumbência.

819) Qual pode ser a resposta do réu numa ação de consignação de aluguel?

R: O réu poderá apresentar resposta ou reconhecer a procedência do pedido, aceitando o depósito (art. 269, II/CPC). Admite-se, a reconvenção; mas esta está restrita à pretensão do credor ao despejo e à cobrança dos valores objeto da consignatória, ou da diferença, se insuficiente o depósito. No caso de alegação de insuficiência do depósito, poderá ser complementado o depósito inicial no prazo de 5 (cinco) dias da ciência da contestação, com o acréscimo de 10% (dez por cento) do valor devido, caso em que o juiz declarará quitadas as obrigações, mas neste caso o autor responderá pelos ônus da sucumbência. Caso não seja complementado e o juiz acolher a alegação de insuficiência, acolherá a reconvenção – despejo e condenação no pagamento dos aluguéis e encargos da locação.

820) O que a Lei nº 8.245 de 1991 estabelece quanto a Complementação do Depósito, numa ação de consignação?

R: Se a defesa do réu fundar-se somente na diferença da quantia depositada e o autor concordar com o alegado, efetuando a complementação, o processo será extinto com resolução do mérito. Neste caso, o autor deverá arcar com o ônus da sucumbência.

821) O que pode ocorre numa Audiência e Sentença de uma ação de consignação de aluguel?

R: Tendo o réu elencadas outras defesas, a complementação do depósito pelo autor servirá apenas para reduzir os limites de controvérsias, prosseguindo o processo até a solução das demais questões pendentes, sendo designada audiência nos termos do art. 331 do Código de Processo Civil, proferindo-se a sentença.

822) O que pode ser entendido como O Dever de Boa-Fé?

R: Segundo a doutrina civilista clássica, *boa-fé* é a intenção pura, isenta de dolo ou malícia, manifestada com lealdade e sinceridade, de modo a não induzir a outra parte ao engano ou erro. É a chamada *boa-fé subjetiva*, um estado de ignorância sobre características da situação jurídica que se apresenta, suscetível de lesionar os direitos de outrem.

823) Qual a noção clássica de boa-fé subjetiva?

R: Atualmente, a noção clássica de boa-fé subjetiva vem cedendo espaço à sua face objetiva, a qual leva em consideração a prática efetiva e as conseqüências de determinado ato em lugar de indagar sobre a intenção do sujeito que o praticou. A boa-fé objetiva diz respeito a elementos externos à norma de conduta, que determinam como se deve agir. *É um dever de agir de acordo com determinados padrões, socialmente recomendados, de correção, lisura, honestidade.*

824) O que significa Boa-fé objetiva?

R: Significa uma atuação "refletida", uma atuação refletindo, pensando no outro, no parceiro contratual, respeitando-o, respeitando seus interesses legítimos, suas expectativas razoáveis, seus direitos, agindo com lealdade, sem abuso, sem obstrução, sem causar lesão ou desvantagem excessiva, cooperando para atingir o bom fim das obrigações: o cumprimento do objetivo contratual e a realização do interesse das partes.

825) O que trata a CIRCULAR Nº 587, DE 10 DE JUNHO DE 2019?

R: Dispõe sobre regras e critérios para a elaboração e a comercialização de planos de seguro do ramo Fiança Locatícia.

826) Segundo a Circular nº 587/2019 a que se destina o seguro fiança locatícia?

R: O seguro fiança locatícia destina-se a garantir o pagamento de indenização, ao segurado, pelos prejuízos que venha a sofrer em decorrência do inadimplemento das obrigações contratuais do locatário previstas no contrato de locação do imóvel, de acordo com as coberturas contratadas e limites da apólice.

827) Segundo a Circular nº 587/2019 qual é a cobertura básica do plano de seguro fiança locatícia?

R: A cobertura de falta de pagamento de alugueis é a cobertura básica do plano de seguro fiança locatícia, sendo de contratação obrigatória.

828) O plano de seguro fiança locatícia poderá prever outras coberturas?

R: Sim, de acordo com a Circular nº 587/2019, o plano de seguro fiança locatícia poderá prever outras coberturas para garantir as demais obrigações do locatário previstas no contrato de locação, as quais serão de contratação facultativa, mediante pagamento de prêmio adicional.

829) Como pode ser classificado o contrato de seguro fiança locatícia?

R: O seguro fiança locatícia é um contrato acessório ao contrato de locação.

830) Quais as obrigações que o seguro fiança locatícia deverá respeitar?

R: O seguro fiança locatícia deve respeitar as cláusulas do contrato de locação e sua legislação específica, principalmente, no que diz respeito às obrigações do locatário que devem ser garantidas.

831) De que forma as obrigações do locatário serão garantidas?

R: As obrigações do locatário serão garantidas através da contratação da cobertura básica, em conjunto com as coberturas adicionais.

832) De acordo com a Circular nº 587/2019 como pode ser definido o segurado?

R: O segurado é o locador do imóvel, conforme definido no contrato de locação coberto pelo contrato de fiança locatícia.

833) De acordo com a Circular nº 587/2019 como pode ser definido o garantido?

R: O garantido é o locatário do imóvel, conforme definido no contrato de locação coberto pelo contrato de fiança locatícia.

834) De acordo com a Circular nº 587/2019 como pode ser identificada a expectativa de sinistro?

R: A expectativa de sinistro é o período compreendido entre a 1º (primeira) inadimplência do garantido e a caracterização de sinistro.

835) De acordo com a Circular nº 587/2019 como pode ser definido o sinistro?

R: O sinistro é a inadimplência das obrigações do garantido, cobertas pelo seguro.

836) Segundo a Circular nº 587/2019, qual o alcance do seguro fiança locatícia?

R: O seguro fiança locatícia aplica-se apenas a cobertura de riscos oriundos dos contratos de locação de imóveis em território brasileiro.

837) De que forma o seguro fiança locatícia poderá ser contratado?

R: O seguro fiança locatícia poderá ser contratado mediante apólice individual ou apólice coletiva.

838) O que deve ser observado na apólice coletiva?

R: Quando se tratar de apólice coletiva, todos os dispositivos relacionados à apólice aplicam-se ao certificado individual.

839) Como devem ser definidos a seguradora e o corretor de seguros?

R: A seguradora e o corretor de seguros, se houver, devem ser definidos mediante acordo entre segurado e garantido.

840) De acordo com a Circular nº 587/2019, o que deverá conter a apólice?

R: A apólice deverá conter em seu frontispício, além das informações mínimas exigidas por normativo específico, a identificação do garantido, o percentual e o valor da remuneração do estipulante, se houver.

841) Quais as informações que a seguradora e o corretor de seguros deverão informar?

R: A seguradora e o corretor de seguros, se houver, deverão informar o percentual e o valor da comissão de corretagem aplicados à apólice, sempre que estes forem solicitados pelo garantido ou pelo segurado.

842) Segundo a Circular nº 587/2019, aponte uma providência que a seguradora deverá fornecer ao segurado.
R: A seguradora deverá encaminhar cópia da apólice ao segurado e ao garantido, através dos meios legais permitidos.

843) Aponte uma vedação prevista na Circular nº 587/2019.
R: É vedada a contratação de mais de um seguro fiança locatícia cobrindo o mesmo contrato de locação.

844) De acordo com a Circular nº 587/2019, quais as informações que deverão constar, em destaque, da proposta e das Condições Gerais do plano de seguro fiança locatícia?
R: I – "O seguro fiança locatícia é destinado à garantia dos prejuízos sofridos pelo locador em função de inadimplência do locatário"; II – "O seguro fiança locatícia não isenta o locatário de nenhuma obrigação prevista no contrato de locação"; III – "O prêmio é a contrapartida paga à seguradora para que esta assuma os riscos de inadimplência do garantido, o qual não será retornado ao locatário ao final da vigência da apólice"; IV – "A falta de pagamento dos prêmios poderá acarretar o ajuste do prazo de vigência da apólice, a suspensão da cobertura ou até o cancelamento da apólice. O segurado visando manter a cobertura original da apólice poderá realizar o pagamento dos prêmios inadimplidos"; e V – "O segurado ou o garantido poderão solicitar, a qualquer tempo, que a seguradora ou o corretor de seguros, se houver, informe o percentual e o valor da comissão de corretagem aplicada à apólice".

845) De acordo com a Circular nº 587/2019, qual o prazo de vigência do contrato de seguro fiança locatícia?
R: O prazo de vigência do contrato de seguro fiança locatícia é o mesmo do respectivo contrato de locação.

846) Qual a consequência para a cobertura do seguro no caso de prorrogação do contrato de locação por prazo indeterminado?
R: Na hipótese de prorrogação do contrato de locação por prazo indeterminado, ou por força de ato normativo, a cobertura do seguro somente persistirá mediante análise do risco e aceitação de nova proposta por parte da seguradora.

847) Qual a consequência caso a seguradora aceite a proposta de prorrogação?

R: A apólice será renovada pelo prazo estipulado entre segurado e garantido, com possibilidade de renovações posteriores, na forma da legislação vigente.

848) O que deverá ser observado no caso de renovações posteriores?

R: As renovações posteriores dependerão de análise de risco e aceitação de nova proposta por parte da seguradora.

849) Qual a consequência no caso de término antecipado do contrato de locação?

R: Se ocorrer o término antecipado do contrato de locação, a apólice será cancelada, a partir dessa data. Exceto no caso de sinistro, o valor do prêmio pago proporcional ao prazo a decorrer deverá ser devolvido ao responsável pelo pagamento do prêmio

850) O que ocorre caso o segurado e garantido tenham pago parcelas do prêmio?

R: A devolução do prêmio deverá ocorrer de forma proporcional ao prêmio pago por cada uma das partes.

851) Quem poderá comunicar à seguradora o término antecipado do contrato de locação?

R: Tanto o segurado quanto o garantido poderão comunicar à seguradora o término antecipado do contrato de locação, desde que apresente documento comprobatório.

852) Quais os limites da apólice?

R: Os limites da apólice correspondem ao valor máximo de responsabilidade assumido pela seguradora, pela apólice (Limite Máximo de Garantia - LMG) e por cobertura contratada (Limite Máximo de Cobertura - LMI). Os limites da apólice serão definidos mediante acordo entre segurado e garantido e em consonância com o contrato de locação.

853) Como deverão ser atualizados os limites e prêmios?

R: Os limites e prêmios deverão ser atualizados pelo mesmo índice e periodicidade definidos no contrato de locação, devendo ser emitido o respectivo endosso.

854) Como deverão ser expostos as condições contratuais no caso de alterações efetuadas no contrato de locação?

R: A seguradora deve deixar claro, nas Condições Contratuais, as regras e procedimentos a serem adotados no caso de alterações efetuadas no contrato de locação.

855) O que deverá ser indicado na apólice no caso de alterações estabelecidas no contrato de locação?

R: A apólice deverá acompanhar todas as alterações previamente estabelecidas no contrato de locação, devendo ser emitido o respectivo endosso. A apólice poderá acompanhar as alterações posteriormente efetuadas no contrato de locação, desde que haja o aceite pela seguradora, devendo ser emitido o respectivo endosso.

856) Como deverão ser observados os critérios de recálculo do prêmio?

R: Os critérios de recálculo do prêmio devem ser objetivamente fixados nas Condições Contratuais e justificados na Nota Técnica Atuarial.

857) De que forma a apólice poderá ser alterada?

R: A apólice somente poderá ser alterada com a concordância expressa do segurado e do garantido, ressalvadas as situações descritas na Circular nº 587/2019.

858) o que se pode falar sobre a forma de contratação do seguro fiança locatícia?

R: A forma de contratação do seguro fiança locatícia é primeiro risco absoluto.

859) Quem é o responsável pelo pagamento do prêmio do seguro?

R: O garantido é o responsável pelo pagamento do prêmio do seguro.

860) Quem deverá comunicar ao segurado a falta de pagamento de qualquer parcela do prêmio?

R: A seguradora deverá comunicar ao segurado a falta de pagamento de qualquer parcela do prêmio.

861) É possível efetuar o pagamento dos prêmios, na hipótese de inadimplência do garantido, para manter a cobertura do seguro.

R: Sim. O segurado poderá efetuar o pagamento dos prêmios, na hipótese de inadimplência do garantido, para manter a cobertura do seguro.

862) Como deverão ser expostos os critérios e procedimentos a serem adotados pelo segurado para a manutenção da cobertura?

R: A seguradora deve deixar claro, nas Condições Contratuais, os critérios e procedimentos a serem adotados pelo segurado para a manutenção da cobertura.

863) De que forma iniciada a expectativa de sinistro, a seguradora poderá prever o pagamento de adiantamentos ao segurado?

R: Iniciada a expectativa de sinistro, a seguradora poderá prever o pagamento de adiantamentos ao segurado, correspondentes aos valores inadimplidos, até que o sinistro seja caracterizado.

864) Quem deverá definir os critérios para concessão do adiantamento?

R: A seguradora deverá definir claramente os critérios para concessão do adiantamento.

865) Quem deverá à seguradora qualquer valor de adiantamento recebido indevidamente ou em excesso?

R: O segurado obriga-se a devolver à seguradora qualquer valor de adiantamento recebido indevidamente ou em excesso.

866) A concessão de adiantamentos significa reconhecimento por parte da seguradora da existência de cobertura?

R: A concessão de adiantamentos não significa reconhecimento por parte da seguradora da existência de cobertura.

867) Qual a consequência para as hipóteses em que o garantido não efetue o pagamento do aluguel e/ou encargos legais no prazo fixado no contrato de locação?

R: Para as hipóteses em que o garantido não efetue o pagamento do aluguel e/ou encargos legais no prazo fixado no contrato de locação, a seguradora não poderá estabelecer um prazo máximo para que o segurado promova a competente medida judicial.

868) Quando que o sinistro estará caracterizado?

R: O sinistro estará caracterizado: I – pela decretação do despejo; ou II – pelo abandono do imóvel; ou III – pela entrega amigável das chaves.

869) O que ocorre quando é caracterizado o sinistro?

R: Caracterizado o sinistro, considera-se como data do sinistro a data do início do período de expectativa de sinistro, a qual corresponde à primeira inadimplência do garantido. A caracterização ou comunicação do sinistro ocorridas fora do prazo de vigência da apólice não são fatos que justifiquem a negativa do sinistro.

870) Como a indenização será calculada?
R: A indenização será calculada com base nos prejuízos verificados até a data:I – determinada na sentença decretatória para a desocupação voluntária do imóvel, ou a data da desocupação voluntária do imóvel, se esta ocorrer primeiro, no caso de decretação do despejo; II – em que o segurado foi imitido na posse do imóvel, no caso de abandono do imóvel; III – do recibo de entrega das chaves, no caso de entrega amigável das mesmas.

871) O que ocorre quando contratada cobertura para danos físicos ao imóvel e em caso de divergências sobre a avaliação dos danos ao imóvel?
R: Quando contratada cobertura para danos físicos ao imóvel e em caso de divergências sobre a avaliação dos danos ao imóvel, a seguradora deverá propor ao segurado, por meio de correspondência escrita ou outro meio legal permitido, no prazo máximo de 15 (quinze) dias, a contar da data da contestação por parte do interessado, a designação de um perito independente.

872) Quem tem a responsabilidade pelo pagamento do perito independente?
R: O perito independente será pago, em partes iguais, pelo segurado e pela seguradora.

873) Qual a legislação que deverá ser observada para o seguro de fiança locatícia?
R: Os contratos, planos e demais operações de seguro fiança locatícia deverão observar a legislação e a regulamentação em vigor, quando não colidirem com a Circular m. 587/2019.

874) Como as sociedades seguradoras poderão comercializar novos contratos de seguro fiança locatícia?
R: As sociedades seguradoras não poderão comercializar novos contratos de seguro fiança locatícia, em desacordo com as disposições da Circular nº 587/2019, após 180 (cento e oitenta) dias, contados da data de sua publicação.

875) O que estabelece a *Súmula 268 do STJ?*

R: O fiador que não integrou a relação processual na ação de despejo não responde pela execução do julgado.

876) Numa convenção que determina ser necessário a aprovação de um quinto dos condôminos para destituir o síndico, os condôminos devem aplicar a cláusula do referido instrumento ou o que estabelece o Código Civil?

R: Os condôminos deverão respeitar os termos do Código Civil que estabelece que é necessária a maioria absoluta dos membros de uma assembléia específica para a aprovação da destituição do síndico.

877) Um comodatário poderá exercer o cargo de síndico em um condomínio?

R: Cabe a convenção condominial estabelecer quem possa exercer a função de síndico. Se a convenção consignar que poderá ser síndico qualquer pessoa física, o comodatário poderá se candidatar. Se o instrumento estabelecer que só condômino poderá exercer tal cargo, a doutrina dominante entende que o ato é personalíssimo.

878) Quais os poderes que deverão constar em uma procuração para representação junto a um condomínio?

R: O instrumento de Mandato deve ter abrangência para representar o proprietário em assembléias, votar, aprovar contas, mas não para exercer a função de síndico. A procuração deverá ter poderes específicos para um determinado dia, não devendo ser genérica, para qualquer tipo de assembléia.

879) Como saber se um morador pode guardar sua moto na garagem de um condomínio?

R: O Código Civil Brasileiro, no capítulo do condomínio edilício é claro ao estabelecer o direito dos condôminos quanto ao uso das áreas comuns e as destinadas a vaga de veículos. O morador deverá observar a convenção condominial, em especial a cláusula que estabelece as regras para a utilização da garagem. A guarda de motos, bicicleta na garagem deve ser aprovado em assembléia e , consequentemente ter cobertura no texto da convenção. Caso não exista tal determinação, os condôminos deverão levar o tema para a próxima assembléia geral , tudo de modo a buscar uma solução benéfica para todos.

880) Como o inventariante de um espólio pode saber a situação dos condomínios onde o "de cujus"deixou bens?

R: O inventariante deverá solicitar uma prestação de contas, cópia dos balancetes e das atas das assembléias

881) Estando o contrato por prazo indeterminado, e havendo um pedido do locador de rescisão da locação, qual a conseqüência para o locatário no caso de não devolução do imóvel de forma voluntária?

R: A Lei nº 8.245/91 estabelece que o locador, nas locações residenciais, poderá solicitar a devolução do imóvel, sem qualquer justificativa, nos contratos com prazo de igual ou superior a trinta meses. Não havendo um acordo extrajudicial, o remédio jurídico é a propositura de uma ação de despejo, com pedido de desocupação em trinta dias. Contudo, o curso do processo não é tão rápido, sendo possível o locatário solucionar a sua desocupação com uma certa tranqüilidade. Vale salientar que o ideal não é esperar o trânsito em julgado da ação, da decretação do despejo, pois não havendo a desocupação voluntária, o juiz determinará a execução forçada, sendo bastante desagradável para o locatário.

882) O síndico pode se negar de entregar uma cópia de ata de assembléia, alegando que a mesma já está exposta na portaria do edifício?

R: O sindico não pode se negar a fornecer as atas das assembléias, sendo assim o condômino poderá notificar o mesmo solicitando os referidos documentos.

883) Como deve ser contratada uma empresa de administração condominial? Qual a forma correta?

R: A forma correta para a contratação de uma administradora de condomínios é que a mesma seja escolhida pelos condôminos através da assembléia geral, como bem estabelece o artigo 1.348, parágrafo 2º do Código Civil Brasileiro.

884) Um locatário pode contestar a forma de cobrança da cota condominial?

R: O locatário deverá solicitar ao locador uma cópia da convenção condominial, uma vez que caberá a este instrumento estabelecer a forma de rateio das despesas condominiais, tudo de conformidade com o artigo 1336, inciso I do Código Civil Brasileiro.

885) Qual o quorum necessário para a alteração de uma convenção condominial?

R: O artigo 1.351 do Código Civil Brasileiro reza que depende da aprovação de dois terços dos votos dos condôminos a alteração da convenção.

Desta forma a partir da entrada em vigor do novo código civil deve-se observar o quorum supra.

886) O locador pode vender um imóvel alugado?

R: O artigo 8º da Lei 8.245-91, diz que se o imóvel for alienado durante a locação, o adquirente poderá denunciar o contrato, com o prazo de noventa dias para a desocupação, salvo se a locação for por tempo determinado e o contrato contiver clausula de vigência em caso de alienação e estiver averbado junto a matricula do imóvel.

O fato do locatário já residir a muitos anos no imóvel não muda a situação. Realmente, o locador tem de respeitar o direito de preferência do locatário, e em atenção ao artigo 27 e segs da Lei do Inquilinato, o mesmo terá o prazo de trinta dias para responder se deseja adquirir o imóvel ou não.

887) Qual a solução para um condômino que está sendo incomodado com barulho de obras na parte da noite, considerando que já solicitou verbalmente providências ao síndico do prédio, não tendo recebido qualquer resposta do mesmo?

R: O locatário poderá providenciar duas notificações uma para o sindico do prédio que reside e outra para o locador, solicitando providências, ressaltando a Lei do Silencio . Caso a solicitação não seja atendida amigavelmente, o condômino poderá ajuizar uma ação de obrigação de fazer, cumulada com pedido de perdas e danos em face do responsável pela obra . A lei é omissa quanto a finais de semana, a mesma estabelece as regras de forma genérica.

888) O locatário de um imóvel tem direito de guardar a sua moto na garagem do condomínio?

R: O locatário deverá analisar as cláusulas do contrato de locação, observando se há alguma previsão sobre vaga de garagem. É importante também conhecer os termos da convenção condominial.

889) O locatário é obrigado a pagar taxa de incêndio ?

R: O locatário é obrigado a pagar taxa de incêndio, desde que a mesma esteja prevista no contrato de locação

890) O locatário pode ser eleito sub síndico do prédio onde reside?

R: Cabe a convenção condominial estabelecer quem poderá ser síndico e sub síndico do prédio.

891) Um condômino poderá adquirir uma área comum do condomínio?

R: O parágrafo 2º do artigo 1331 do Código Civil é taxativo quando se refere as áreas comuns, consignando que as mesmas não podem ser alienadas separadamente, ou divididos. Assim, não cabe falar em ações possíveis para tal situação.

892) A conservação da caixa d´água é de responsabilidade do locador ou do locatário?

R: A responsabilidade é do locatário

893) A conservação de bombas é de responsabilidade do locador ou do locatário?

R: A responsabilidade é do locatário

894) A conservação elevador é de responsabilidade do locador ou do locatário?

R: A responsabilidade é do locatário

895) A conservação escada rolante é de responsabilidade do locador ou do locatário?

R: A responsabilidade é do locatário

896) A conservação do elevador panorâmico é de responsabilidade do locador ou do locatário?

R: A responsabilidade é do locatário.

897) A conservação antena coletiva é de responsabilidade do locador ou do locatário?

R: A responsabilidade é do locatário

898) A conservação antena parabólica é de responsabilidade do locador ou do locatário?

R: A responsabilidade é do locatário

899) A conservação piscina é de responsabilidade do locador ou do locatário?

R: A responsabilidade é do locatário

900) A conservação extintores é de responsabilidade do locador ou do locatário?
R: A responsabilidade é do locatário

901) A conservação do sistema de prevenção de incêndio é de responsabilidade do locador ou do locatário?
R: A responsabilidade é do locatário

902) A conservação sistema alarme é de responsabilidade do locador ou do locatário?
R: A responsabilidade é do locatário

903) A conservação luz emergência é de responsabilidade do locador ou do locatário?
R: A responsabilidade é do locatário

904) A conservação de gerador é de responsabilidade do locador ou do locatário?
R: A responsabilidade é do locatário

905) A conservação de transformador é de responsabilidade do locador ou do locatário?
R: A responsabilidade é do locatário

906) A conservação de energia solar é de responsabilidade do locador ou do locatário?
R: A responsabilidade é do locatário

907) A conservação do disjuntor geral é de responsabilidade do locador ou do locatário?
R: A responsabilidade é do locatário

908) A conservação do portão automático da garagem do condomínio é de responsabilidade do locador ou do locatário?
R: A responsabilidade é do locatário

909) A conservação portão manual da garagem do condomínio é de responsabilidade do locador ou do locatário?
R: A responsabilidade é do locatário

910) A conservação do porteiro eletrônico é de responsabilidade do locador ou do locatário?

R: A responsabilidade é do locatário

911) A conservação do jardim é de responsabilidade do locador ou do locatário?

R: A responsabilidade é do locatário

912) A conservação do hall de entrada é de responsabilidade do locador ou do locatário?

R: A responsabilidade é do locatário

913) A conservação da churrasqueira é de responsabilidade do locador ou do locatário?

R: A responsabilidade é do locatário

914) A reforma da churrasqueira é de responsabilidade do locador ou do locatário?

R: A responsabilidade é do locador

915) A conservação do salão de festas é de responsabilidade do locador ou do locatário?

R: A responsabilidade é do locatário

916) A conservação da sauna é de responsabilidade do locador ou do locatário?

R: A responsabilidade é do locatário

917) A conservação do sala de jogos é de responsabilidade do locador ou do locatário?

R: A responsabilidade é do locatário

918) A conservação play-ground é de responsabilidade do locador ou do locatário?

R: A responsabilidade é do locatário

919) A conservação da caixa gordura é de responsabilidade do locador ou do locatário?

R: A responsabilidade é do locatário

920) A desobstrução de esgotos é de responsabilidade do locador ou do locatário?
R: A responsabilidade é do locatário

921) A conservação da caldeira é de responsabilidade do locador ou do locatário?
R: A responsabilidade é do locatário

922) A troca das bombas de um condomínio é de responsabilidade do locador ou do locatário?
R: A responsabilidade é do locador

923) A troca dos elevadores de um condomínio é de responsabilidade do locador ou do locatário?
R: A responsabilidade é do locador

924) A troca da escada rolante de um condomínio é de responsabilidade do locador ou do locatário?
R: A responsabilidade é do locador

925) A troca da antena coletiva de um condomínio é de responsabilidade do locador ou do locatário?
R: A responsabilidade é do locador

926) A compra da antena parabólica de um condomínio é de responsabilidade do locador ou do locatário?
R: A responsabilidade é do locador

927) A construção de uma piscina de um condomínio é de responsabilidade do locador ou do locatário?
R: A responsabilidade é do locador

928) A compra de extintores de um condomínio é de responsabilidade do locador ou do locatário?
R: A responsabilidade é do locador

929) A compra do sistema de alarme de um condomínio é de responsabilidade do locador ou do locatário?
R: A responsabilidade é do locador

930) A instalação de luz de emergência de um condomínio é de responsabilidade do locador ou do locatário?
R: A responsabilidade é do locador

931) A instalação do gerador de um condomínio é de responsabilidade do locador ou do locatário?
R: A responsabilidade é do locador

932) A substituição de um transformador de um condomínio é de responsabilidade do locador ou do locatário?
R: A responsabilidade é do locador

933) A compra do portão automático garagem de um condomínio é de responsabilidade do locador ou do locatário?
R: A responsabilidade é do locador

934) A compra do portão manual da garagem de um condomínio é de responsabilidade do locador ou do locatário?
R: A responsabilidade é do locador

935) A compra do porteiro eletrônico de um condomínio é de responsabilidade do locador ou do locatário?
R: A responsabilidade é do locador

936) A reforma do hall de entrada de um condomínio é de responsabilidade do locador ou do locatário?
R: A responsabilidade é do locador

937) A construção de uma churrasqueira de um condomínio é de responsabilidade do locador ou do locatário?
R: A responsabilidade é do locador

938) A instalação de grades em um condomínio é de responsabilidade do locador ou do locatário?
R: A responsabilidade é do locador

939) A reforma do salão de festas de um condomínio é de responsabilidade do locador ou do locatário?
R: A responsabilidade é do locador

940) A compra de uma sauna de um condomínio é de responsabilidade do locador ou do locatário?
R: A responsabilidade é do locador

941) A pintura externa de um condomínio é de responsabilidade do locador ou do locatário?
R: A responsabilidade é do locador

942) A reforma do play-ground de um condomínio é de responsabilidade do locador ou do locatário?
R: A responsabilidade é do locador

943) A reforma hidráulica de um condomínio é de responsabilidade do locador ou do locatário?
R: A responsabilidade é do locador

944) A reforma da rede elétrica de um condomínio é de responsabilidade do locador ou do locatário?
R: A responsabilidade é do locador

945) A reforma da marquise de um condomínio é de responsabilidade do locador ou do locatário?
R: A responsabilidade é do locador

946) A reforma da fachada de um condomínio é de responsabilidade do locador ou do locatário?
R: A responsabilidade é do locador

947) A colocação de toldos de um condomínio é de responsabilidade do locador ou do locatário?
R: A responsabilidade é do locador

948) A impermeabilização de área comum de um condomínio é de responsabilidade do locador ou do locatário?
R: A responsabilidade é do locador

949) O seguro contra fogo é de responsabilidade do locador ou do locatário?
R: A responsabilidade é do locatário, caso esteja previsto no contrato de locação.

950) O seguro de responsabilidade civil é de responsabilidade do locador ou do locatário?
R: A responsabilidade é do locatário, caso esteja previsto no contrato de locação.

951) A indenização de empregado do condomínio que foi pago antes da assinatura do contrato de locação?
R: A responsabilidade é do locador.

952) O pagamento pela vigilância do condomínio é de responsabilidade do locador ou do locatário?
R: A responsabilidade é do locatário.

953) A despesa de pessoal é de responsabilidade do locador ou do locatário?
R: A responsabilidade é do locatário

954) A despesa de gratificação de natal é de responsabilidade do locador ou do locatário?
R: A responsabilidade é do locatário

955) A despesa com décimo terceiro salário é de responsabilidade do locador ou do locatário?
R: A responsabilidade é do locatário

956) A despesa com pagamento com insalubridade é de responsabilidade do locador ou do locatário?
R: A responsabilidade é do locatário

957) A despesa com consumo de luz do condomínio é de responsabilidade do locador ou do locatário?
R: A responsabilidade é do locatário.

958) A despesa com pequenos reparos no condomínio é de responsabilidade do locador ou do locatário?
R: A responsabilidade é do locatário

959) A despesa com obras na garagem do condomínio é de responsabilidade do locador ou do locatário?
R: A responsabilidade é do locador

960) A despesa com obras no telhado do condomínio é de responsabilidade do locador ou do locatário?
R: A responsabilidade é do locador

961) A despesa com obras no terraço térreo do condomínio é de responsabilidade do locador ou do locatário?
R: A responsabilidade é do locador

962) A despesa com benfeitorias voluptuárias no condomínio é de responsabilidade do locador ou do locatário?
R: A responsabilidade é do locador

963) A despesa com a pintura interna é de responsabilidade do locador ou do locatário?
R: A responsabilidade é do locatário

964) A despesa com o reforço de caixa é de responsabilidade do locador ou do locatário?
R: A responsabilidade é do locatário

965) A despesa com a construção de rampas nas áreas comuns do condomínio é de responsabilidade do locador ou do locatário?
R: A responsabilidade é do locador

966) A despesa com conservação da quadra de esporte é de responsabilidade do locador ou do locatário?
R: A responsabilidade é do locatário

967) A despesa com reforma da quadra de esporte é de responsabilidade do locador ou do locatário?
R: A responsabilidade é do locador

968) A despesa com desratização é de responsabilidade do locador ou do locatário?
R: A responsabilidade é do locatário

969) A despesa com a dedetização é de responsabilidade do locador ou do locatário?
R: A responsabilidade é do locatário

970) A despesa com descupinização é de responsabilidade do locador ou do locatário?
R: A responsabilidade é do locatário

971) A despesa com Conservação Sistema Alarme - manutenção - pequenos reparos é de responsabilidade do locador ou do locatário?
R: A responsabilidade é do locatário

972) A despesa com Sistema Alarme – aquisição e reformas é de responsabilidade do locador ou do locatário?
R: A responsabilidade é do locador

973)A despesa com Conservação de Academia e espaço fitness é de responsabilidade do locador ou do locatário?
R: A responsabilidade é do locatário

974) A despesa com reforma de Academia e espaço fitness é de responsabilidade do locador ou do locatário?
R: A responsabilidade é do locador

975) A despesa com Execução de retrofit de um condomínio é de responsabilidade do locador ou do locatário?
R: A responsabilidade é do locador

976) A despesa com Conservação Energia Solar – manutenção - pequenos reparos é de responsabilidade do locador ou do locatário?
R: A responsabilidade é do locatário

977) A despesa com Energia Solar – aquisição – reformas é de responsabilidade do locador ou do locatário?
R: A responsabilidade é do locador

978) A despesa com aquisição de Brinquedos para espaço kids é de responsabilidade do locador ou do locatário?
R: A responsabilidade é do locador

979) A despesa com aquisição de brinquedos para playground é de responsabilidade do locador ou do locatário?
R: A responsabilidade é do locador

980) A despesa com Conservação de brinquedos para playground é de responsabilidade do locador ou do locatário?
R: A responsabilidade é do locatário

981) A despesa com aquisição de Acessórios para churrasqueiras é de responsabilidade do locador ou do locatário?
R: A responsabilidade é do locador

982) A Aquisição de móveis para a área comum do condomínio é de responsabilidade do locador ou do locatário?
R: A responsabilidade é do locador

983) A despesa com a Conservação espaço zen de um condomínio é de responsabilidade do locador ou do locatário?
R: A responsabilidade é do locatário

984) A despesa com aquisição de caçambas de lixo para um condomínio é de responsabilidade do locador ou do locatário?
R: A responsabilidade é do locador

985) A despesa com construção de Poços artesianos em um condomínio é de responsabilidade do locador ou do locatário?
R: A responsabilidade é do locador

986) A despesa com a aquisição de Sensores de presença de um condomínio é de responsabilidade do locador ou do locatário?
R: A responsabilidade é do locador

987) A despesa com a Conservação espaço gourmet de um condomínio – manutenção - pequenos reparos é de responsabilidade do locador ou do locatário?
R: A responsabilidade é do locatário

988) A despesa com a construção de um espaço brinquedoteca de um condomínio é de responsabilidade do locador ou do locatário?
R: A responsabilidade é do locador

989) A despesa com a Conservação do espaço brinquedoteca de um condomínio é de responsabilidade do locador ou do locatário?
R: A responsabilidade é do locatário

990) A despesa com a instalação de sombreadores de um condomínio é de responsabilidade do locador ou do locatário?
R: A responsabilidade é do locador

991) A despesa com a construção de um Bicicletário em um condomínio é de responsabilidade do locador ou do locatário?
R: A responsabilidade é do locador.

992) A despesa com a reforma de um Bicicletário em um condomínio é de responsabilidade do locador ou do locatário?
R: A responsabilidade é do locador.

993) A despesa com a conservação de um Bicicletário em um condomínio é de responsabilidade do locador ou do locatário?
R: A responsabilidade é do locatário

994)A despesa com a aquisição de Bebedouros para as áreas comuns de um condomínio é de responsabilidade do locador ou do locatário?
R: A responsabilidade é do locador

995) A despesa com a conservação de Bebedouros para as áreas comuns de um condomínio é de responsabilidade do locador ou do locatário?
R: A responsabilidade é do locatário

996) A despesa com a compra de acolchoados para elevadores de um condomínio é de responsabilidade do locador ou do locatário?
R: A responsabilidade é do locador

997) A despesa com a conservação de acolchoados para elevadores de um condomínio é de responsabilidade do locador ou do locatário?
R: A responsabilidade é do locatário

998) A despesa com a compra de tapetes para as áreas comuns de um condomínio é de responsabilidade do locador ou do locatário?
R: A responsabilidade é do locador

999) A despesa com a conservação de tapetes para as áreas comuns de um condomínio é de responsabilidade do locador ou do locatário?

R: A responsabilidade é do locatário

1000) A despesa com a reforma de lustres para as áreas comuns de um condomínio é de responsabilidade do locador ou do locatário?

R: A responsabilidade é do locador

LEGISLAÇÃO

LEI Nº 8.245, DE 18 DE OUTUBRO DE 1991

Dispõe sobre as locações dos imóveis urbanos e os procedimentos a elas pertinentes.

O PRESIDENTE DA REPÚBLICA Faço saber que o Congresso Nacional decreta e eu sanciono a seguinte lei:

TÍTULO I
Da Locação

CAPÍTULO I
Disposições Gerais

SEÇÃO I
Da locação em geral

Art. 1º A locação de imóvel urbano regula – se pelo disposto nesta lei:

Parágrafo único. Continuam regulados pelo Código Civil e pelas leis especiais:

a) as locações:

1. de imóveis de propriedade da União, dos Estados e dos Municípios, de suas autarquias e fundações públicas;

2. de vagas autônomas de garagem ou de espaços para estacionamento de veículos;

3. de espaços destinados à publicidade;

4. em *apart*- hotéis, hotéis – residência ou equiparados, assim considerados aqueles que prestam serviços regulares a seus usuários e como tais sejam autorizados a funcionar;

b) o arrendamento mercantil, em qualquer de suas modalidades.

Art. 2º Havendo mais de um locador ou mais de um locatário, entende – se que são solidários se o contrário não se estipulou.

Parágrafo único. Os ocupantes de habitações coletivas multifamiliares presumem – se locatários ou sublocatários.

Art. 3º O contrato de locação pode ser ajustado por qualquer prazo, dependendo de vênia conjugal, se igual ou superior a dez anos.

Parágrafo único. Ausente a vênia conjugal, o cônjuge não estará obrigado a observar o prazo excedente.

Art. 4º Durante o prazo estipulado para a duração do contrato, não poderá o locador reaver o imóvel alugado. O locatário, todavia, poderá devolvê-lo, pagando a multa pactuada, proporcionalmente ao período de cumprimento do contrato, ou, na sua falta, a que for judicialmente estipulada. (Redação dada pela Lei nº 12.112, de 2009)

Parágrafo único. O locatário ficará dispensado da multa se a devolução do imóvel decorrer de transferência, pelo seu empregador, privado ou público, para prestar serviços em localidades diversas daquela do início do contrato, e se notificar, por escrito, o locador com prazo de, no mínimo, trinta dias de antecedência.

Art. 5º Seja qual for o fundamento do término da locação, a ação do locador para reaver o imóvel é a de despejo.

Parágrafo único. O disposto neste artigo não se aplica se a locação termina em decorrência de desapropriação, com a imissão do expropriante na posse do imóvel.

Art. 6º O locatário poderá denunciar a locação por prazo indeterminado mediante aviso por escrito ao locador, com antecedência mínima de trinta dias.

Parágrafo único. Na ausência do aviso, o locador poderá exigir quantia correspondente a um mês de aluguel e encargos, vigentes quando da resilição.

Art. 7º Nos casos de extinção de usufruto ou de fideicomisso, a locação celebrada pelo usufrutuário ou fiduciário poderá ser denunciada, com o prazo de trinta dias para a desocupação, salvo se tiver havido aquiescência escrita do nuproprietário ou do fideicomissário, ou se a propriedade estiver consolidada em mãos do usufrutuário ou do fiduciário.

Parágrafo único. A denúncia deverá ser exercitada no prazo de noventa dias contados da extinção do fideicomisso ou da averbação da extinção do usufruto, presumindo – se, após esse prazo, a concordância na manutenção da locação.

Art. 8º Se o imóvel for alienado durante a locação, o adquirente poderá denunciar o contrato, com o prazo de noventa dias para a desocupação, salvo se a locação for por tempo determinado e o contrato contiver cláusula de vigência em caso de alienação e estiver averbado junto à matrícula do imóvel.

§ 1º Idêntico direito terá o promissário comprador e o promissário cessionário, em caráter irrevogável, com imissão na posse do imóvel e título registrado junto à matrícula do mesmo.

§ 2º A denúncia deverá ser exercitada no prazo de noventa dias contados do registro da venda ou do compromisso, presumindo - se, após esse prazo, a concordância na manutenção da locação.

Art. 9º A locação também poderá ser desfeita:

I - por mútuo acordo;

II - em decorrência da prática de infração legal ou contratual;

III - em decorrência da falta de pagamento do aluguel e demais encargos;

IV - para a realização de reparações urgentes determinadas pelo Poder Público, que não possam ser normalmente executadas com a permanência do locatário no imóvel ou, podendo, ele se recuse a consenti - las.

Art. 10. Morrendo o locador, a locação transmite - se aos herdeiros.

Art. 11. Morrendo o locatário, ficarão sub - rogados nos seus direitos e obrigações:

I - nas locações com finalidade residencial, o cônjuge sobrevivente ou o companheiro e, sucessivamente, os herdeiros necessários e as pessoas que viviam na dependência econômica do *de cujus* , desde que residentes no imóvel;

II - nas locações com finalidade não residencial, o espólio e, se for o caso, seu sucessor no negócio.

Art. 12. Em casos de separação de fato, separação judicial, divórcio ou dissolução da união estável, a locação residencial prosseguirá automaticamente com o cônjuge ou companheiro que permanecer no imóvel. (Redação dada pela Lei nº 12.112, de 2009)

§ 1º Nas hipóteses previstas neste artigo e no art. 11, a sub-rogação será comunicada por escrito ao locador e ao fiador, se esta for a modalidade de garantia locatícia. (Incluído pela Lei nº 12.112, de 2009)

§ 2º O fiador poderá exonerar-se das suas responsabilidades no prazo de 30 (trinta) dias contado do recebimento da comunicação oferecida pelo sub-rogado, ficando responsável pelos efeitos da fiança durante 120 (cento e vinte) dias após a notificação ao locador. (Incluído pela Lei nº 12.112, de 2009)

Art. 13. A cessão da locação, a sublocação e o empréstimo do imóvel, total ou parcialmente, dependem do consentimento prévio e escrito do locador.

§ 1º Não se presume o consentimento pela simples demora do locador em manifestar formalmente a sua oposição.

§ 2º Desde que notificado por escrito pelo locatário, de ocorrência de uma das hipóteses deste artigo, o locador terá o prazo de trinta dias para manifestar formalmente a sua oposição.

§ 3º (VETADO) (Incluído pela Lei nº 12.112, de 2009)

SEÇÃO II
Das sublocações

Art. 14. Aplicam - se às sublocações, no que couber, as disposições relativas às locações.

Art. 15. Rescindida ou finda a locação, qualquer que seja sua causa, resolvem - se as sublocações, assegurado o direito de indenização do sublocatário contra o sublocador.

Art. 16. O sublocatário responde subsidiariamente ao locador pela importância que dever ao sublocador, quando este for demandado e, ainda, pelos aluguéis que se vencerem durante a lide.

SEÇÃO III
Do aluguel

Art. 17. É livre a convenção do aluguel, vedada a sua estipulação em moeda estrangeira e a sua vinculação à variação cambial ou ao salário mínimo.

Parágrafo único. Nas locações residenciais serão observadas os critérios de reajustes previstos na legislação específica.

Art. 18. É lícito às partes fixar, de comum acordo, novo valor para o aluguel, bem como inserir ou modificar cláusula de reajuste.

Art. 19. Não havendo acordo, o locador ou locatário, após três anos de vigência do contrato ou do acordo anteriormente realizado, poderão pedir revisão judicial do aluguel, a fim de ajustá - lo ao preço de mercado.

Art. 20. Salvo as hipóteses do art. 42 e da locação para temporada, o locador não poderá exigir o pagamento antecipado do aluguel.

Art. 21. O aluguel da sublocação não poderá exceder o da locação; nas habitações coletivas multifamiliares, a soma dos aluguéis não poderá ser superior ao dobro do valor da locação.

Parágrafo único. O descumprimento deste artigo autoriza o sublocatário a reduzir o aluguel até os limites nele estabelecidos.

SEÇÃO IV
Dos deveres do locador e do locatário

Art. 22. O locador é obrigado a:

I – entregar ao locatário o imóvel alugado em estado de servir ao uso a que se destina;

II – garantir, durante o tempo da locação, o uso pacífico do imóvel locado;

III – manter, durante a locação, a forma e o destino do imóvel;

IV – responder pelos vícios ou defeitos anteriores à locação;

V – fornecer ao locatário, caso este solicite, descrição minuciosa do estado do imóvel, quando de sua entrega, com expressa referência aos eventuais defeitos existentes;

VI – fornecer ao locatário recibo discriminado das importâncias por este pagas, vedada a quitação genérica;

VII – pagar as taxas de administração imobiliária, se houver, e de intermediações, nestas compreendidas as despesas necessárias à aferição da idoneidade do pretendente ou de seu fiador;

VIII – pagar os impostos e taxas, e ainda o prêmio de seguro complementar contra fogo, que incidam ou venham a incidir sobre o imóvel, salvo disposição expressa em contrário no contrato;

IX – exibir ao locatário, quando solicitado, os comprovantes relativos às parcelas que estejam sendo exigidas;

X – pagar as despesas extraordinárias de condomínio.

Parágrafo único. Por despesas extraordinárias de condomínio se entendem aquelas que não se refiram aos gastos rotineiros de manutenção do edifício, especialmente:

a) obras de reformas ou acréscimos que interessem à estrutura integral do imóvel;

b) pintura das fachadas, empenas, poços de aeração e iluminação, bem como das esquadrias externas;

c) obras destinadas a repor as condições de habitabilidade do edifício;

d) indenizações trabalhistas e previdenciárias pela dispensa de empregados, ocorridas em data anterior ao início da locação;

e) instalação de equipamento de segurança e de incêndio, de telefonia, de intercomunicação, de esporte e de lazer;

f) despesas de decoração e paisagismo nas partes de uso comum;

g) constituição de fundo de reserva.

Art. 23. O locatário é obrigado a:

I - pagar pontualmente o aluguel e os encargos da locação, legal ou contratualmente exigíveis, no prazo estipulado ou, em sua falta, até o sexto dia útil do mês seguinte ao vencido, no imóvel locado, quando outro local não tiver sido indicado no contrato;

II - servir - se do imóvel para o uso convencionado ou presumido, compatível com a natureza deste e com o fim a que se destina, devendo tratá - lo com o mesmo cuidado como se fosse seu;

III - restituir o imóvel, finda a locação, no estado em que o recebeu, salvo as deteriorações decorrentes do seu uso normal;

IV - levar imediatamente ao conhecimento do locador o surgimento de qualquer dano ou defeito cuja reparação a este incumba, bem como as eventuais turbações de terceiros;

V - realizar a imediata reparação dos danos verificados no imóvel, ou nas suas instalações, provocadas por si, seus dependentes, familiares, visitantes ou prepostos;

VI - não modificar a forma interna ou externa do imóvel sem o consentimento prévio e por escrito do locador;

VII - entregar imediatamente ao locador os documentos de cobrança de tributos e encargos condominiais, bem como qualquer intimação, multa ou exigência de autoridade pública, ainda que dirigida a ele, locatário;

VIII - pagar as despesas de telefone e de consumo de força, luz e gás, água e esgoto;

IX - permitir a vistoria do imóvel pelo locador ou por seu mandatário, mediante combinação prévia de dia e hora, bem como admitir que seja o mesmo visitado e examinado por terceiros, na hipótese prevista no art. 27;

X - cumprir integralmente a convenção de condomínio e os regulamentos internos;

XI - pagar o prêmio do seguro de fiança;

XII - pagar as despesas ordinárias de condomínio.

1º Por despesas ordinárias de condomínio se entendem as necessárias à administração respectiva, especialmente:

a) salários, encargos trabalhistas, contribuições previdenciárias e sociais dos empregados do condomínio;

b) consumo de água e esgoto, gás, luz e força das áreas de uso comum;

c) limpeza, conservação e pintura das instalações e dependências de uso comum;

d) manutenção e conservação das instalações e equipamentos hidráulicos, elétricos, mecânicos e de segurança, de uso comum;

e) manutenção e conservação das instalações e equipamentos de uso comum destinados à prática de esportes e lazer;

f) manutenção e conservação de elevadores, porteiro eletrônico e antenas coletivas;

g) pequenos reparos nas dependências e instalações elétricas e hidráulicas de uso comum;

h) rateios de saldo devedor, salvo se referentes a período anterior ao início da locação;

i) reposição do fundo de reserva, total ou parcialmente utilizado no custeio ou complementação das despesas referidas nas alíneas anteriores, salvo se referentes a período anterior ao início da locação.

2º O locatário fica obrigado ao pagamento das despesas referidas no parágrafo anterior, desde que comprovadas a previsão orçamentária e o rateio mensal, podendo exigir a qualquer tempo a comprovação das mesmas.

3º No edifício constituído por unidades imobiliárias autônomas, de propriedade da mesma pessoa, os locatários ficam obrigados ao pagamento das despesas referidas no § 1º deste artigo, desde que comprovadas.

Art. 24. Nos imóveis utilizados como habitação coletiva multifamiliar, os locatários ou sublocatários poderão depositar judicialmente o aluguel e encargos se a construção for considerada em condições precárias pelo Poder Público.

1º O levantamento dos depósitos somente será deferido com a comunicação, pela autoridade pública, da regularização do imóvel.

2º Os locatários ou sublocatários que deixarem o imóvel estarão desobrigados do aluguel durante a execução das obras necessárias à regularização.

3º Os depósitos efetuados em juízo pelos locatários e sublocatários poderão ser levantados, mediante ordem judicial, para realização das obras ou serviços necessários à regularização do imóvel.

Art. 25. Atribuída ao locatário a responsabilidade pelo pagamento dos tributos, encargos e despesas ordinárias de condomínio, o locador poderá cobrar tais verbas juntamente com o aluguel do mês a que se refiram.

Parágrafo único. Se o locador antecipar os pagamentos, a ele pertencerão as vantagens daí advindas, salvo se o locatário reembolsá - lo integralmente.

Art. 26. Necessitando o imóvel de reparos urgentes, cuja realização incumba ao locador, o locatário é obrigado a consenti - los.

Parágrafo único. Se os reparos durarem mais de dez dias, o locatário terá direito ao abatimento do aluguel, proporcional ao período excedente; se mais de trinta dias, poderá resilir o contrato.

SEÇÃO V
Do direito de preferência

Art. 27. No caso de venda, promessa de venda, cessão ou promessa de cessão de direitos ou dação em pagamento, o locatário tem preferência para adquirir o imóvel locado, em igualdade de condições com terceiros, devendo o locador dar - lhe conhecimento do negócio mediante notificação judicial, extrajudicial ou outro meio de ciência inequívoca.

Parágrafo único. A comunicação deverá conter todas as condições do negócio e, em especial, o preço, a forma de pagamento, a existência de ônus reais, bem como o local e horário em que pode ser examinada a documentação pertinente.

Art. 28. O direito de preferência do locatário caducará se não manifestada, de maneira inequívoca, sua aceitação integral à proposta, no prazo de trinta dias.

Art. 29. Ocorrendo aceitação da proposta, pelo locatário, a posterior desistência do negócio pelo locador acarreta, a este, responsabilidade pelos prejuízos ocasionados, inclusive lucros cessantes.

Art. 30. Estando o imóvel sublocado em sua totalidade, caberá a preferência ao sublocatário e, em seguida, ao locatário. Se forem vários os sublocatários, a preferência caberá a todos, em comum, ou a qualquer deles, se um só for o interessado.

Parágrafo único. Havendo pluralidade de pretendentes, caberá a preferência ao locatário mais antigo, e, se da mesma data, ao mais idoso.

Art. 31. Em se tratando de alienação de mais de uma unidade imobiliária, o direito de preferência incidirá sobre a totalidade dos bens objeto da alienação.

Art. 32. O direito de preferência não alcança os casos de perda da propriedade ou venda por decisão judicial, permuta, doação, integralização de capital, cisão, fusão e incorporação.

Parágrafo único. Nos contratos firmados a partir de 1º de outubro de 2001, o direito de preferência de que trata este artigo não alcançará também os casos de constituição da propriedade fiduciária e de perda da propriedade ou venda por quaisquer formas de realização de garantia, inclusive mediante leilão extrajudicial, devendo essa condição constar expressamente em cláusula contratual específica, destacando-se das demais por sua apresentação gráfica. (Incluído pela Lei nº 10.931, de 2004)

Art. 33. O locatário preterido no seu direito de preferência poderá reclamar do alienante as perdas e danos ou, depositando o preço e demais despesas do ato de transferência, haver para si o imóvel locado, se o requerer no prazo de seis meses, a contar do registro do ato no cartório de imóveis, desde que o contrato de locação esteja averbado pelo menos trinta dias antes da alienação junto à matrícula do imóvel.

Parágrafo único. A averbação far - se - á à vista de qualquer das vias do contrato de locação desde que subscrito também por duas testemunhas.

Art. 34. Havendo condomínio no imóvel, a preferência do condômino terá prioridade sobre a do locatário.

SEÇÃO VI
Das benfeitorias

Art. 35. Salvo expressa disposição contratual em contrário, as benfeitorias necessárias introduzidas pelo locatário, ainda que não autorizadas pelo locador, bem como as úteis, desde que autorizadas, serão indenizáveis e permitem o exercício do direito de retenção.

Art. 36. As benfeitorias voluptuárias não serão indenizáveis, podendo ser levantadas pelo locatário, finda a locação, desde que sua retirada não afete a estrutura e a substância do imóvel.

SEÇÃO VII
Das garantias locatícias

Art. 37. No contrato de locação, pode o locador exigir do locatário as seguintes modalidades de garantia:

I - caução;

II - fiança;

III - seguro de fiança locatícia.

IV - cessão fiduciária de quotas de fundo de investimento. (Incluído pela Lei nº 11.196, de 2005)

Parágrafo único. É vedada, sob pena de nulidade, mais de uma das modalidades de garantia num mesmo contrato de locação.

Art. 38. A caução poderá ser em bens móveis ou imóveis.

§ 1º A caução em bens móveis deverá ser registrada em cartório de títulos e documentos; a em bens imóveis deverá ser averbada à margem da respectiva matrícula.

§ 2º A caução em dinheiro, que não poderá exceder o equivalente a três meses de aluguel, será depositada em caderneta de poupança, autorizada, pelo Poder Público e por ele regulamentada, revertendo em benefício do locatário todas as vantagens dela decorrentes por ocasião do levantamento da soma respectiva.

§ 3º A caução em títulos e ações deverá ser substituída, no prazo de trinta dias, em caso de concordata, falência ou liquidação das sociedades emissoras.

Art. 39. Salvo disposição contratual em contrário, qualquer das garantias da locação se estende até a efetiva devolução do imóvel, ainda que prorrogada a locação por prazo indeterminado, por força desta Lei. (Redação dada pela Lei nº 12.112, de 2009)

Art. 40. O locador poderá exigir novo fiador ou a substituição da modalidade de garantia, nos seguintes casos:

I - morte do fiador;

II - ausência, interdição, recuperação judicial, falência ou insolvência do fiador, declaradas judicialmente; (Redação dada pela Lei nº 12.112, de 2009)

III - alienação ou gravação de todos os bens imóveis do fiador ou sua mudança de residência sem comunicação ao locador;

IV - exoneração do fiador;

V – prorrogação da locação por prazo indeterminado, sendo a fiança ajustada por prazo certo;

VI – desaparecimento dos bens móveis;

VII – desapropriação ou alienação do imóvel.

VIII – exoneração de garantia constituída por quotas de fundo de investimento; (Incluído pela Lei nº 11.196, de 2005)

IX – liquidação ou encerramento do fundo de investimento de que trata o inciso IV do art. 37 desta Lei. (Incluído pela Lei nº 11.196, de 2005)

X – prorrogação da locação por prazo indeterminado uma vez notificado o locador pelo fiador de sua intenção de desoneração, ficando obrigado por todos os efeitos da fiança, durante 120 (cento e vinte) dias após a notificação ao locador. (Incluído pela Lei nº 12.112, de 2009)

Parágrafo único. O locador poderá notificar o locatário para apresentar nova garantia locatícia no prazo de 30 (trinta) dias, sob pena de desfazimento da locação. (Incluído pela Lei nº 12.112, de 2009)

Art. 41. O seguro de fiança locatícia abrangerá a totalidade das obrigações do locatário.

Art. 42. Não estando a locação garantida por qualquer das modalidades, o locador poderá exigir do locatário o pagamento do aluguel e encargos até o sexto dia útil do mês vincendo.

SEÇÃO VIII
Das penalidades criminais e civis

Art. 43. Constitui contravenção penal, punível com prisão simples de cinco dias a seis meses ou multa de três a doze meses do valor do último aluguel atualizado, revertida em favor do locatário:

I – exigir, por motivo de locação ou sublocação, quantia ou valor além do aluguel e encargos permitidos;

II – exigir, por motivo de locação ou sublocação, mais de uma modalidade de garantia num mesmo contrato de locação;

III – cobrar antecipadamente o aluguel, salvo a hipótese do art. 42 e da locação para temporada.

Art. 44. Constitui crime de ação pública, punível com detenção de três meses a um ano, que poderá ser substituída pela prestação de serviços à comunidade:

I – recusar – se o locador ou sublocador, nas habitações coletivas multifamiliares, a fornecer recibo discriminado do aluguel e encargos;

II – deixar o retomante, dentro de cento e oitenta dias após a entrega do imóvel, no caso do inciso III do art. 47, de usá – lo para o fim declarado ou, usando – o , não o fizer pelo prazo mínimo de um ano;

III – não iniciar o proprietário, promissário comprador ou promissário cessionário, nos casos do inciso IV do art. 9º, inciso IV do art. 47, inciso I do art. 52 e inciso II do art. 53, a demolição ou a reparação do imóvel, dentro de sessenta dias contados de sua entrega;

IV – executar o despejo com inobservância do disposto no § 2º do art. 65.

Parágrafo único. Ocorrendo qualquer das hipóteses previstas neste artigo, poderá o prejudicado reclamar, em processo próprio, multa equivalente a um mínimo de doze e um máximo de vinte e quatro meses do valor do último aluguel atualizado ou do que esteja sendo cobrado do novo locatário, se realugado o imóvel.

SEÇÃO IX
Das nulidades

Art. 45. São nulas de pleno direito as cláusulas do contrato de locação que visem a elidir os objetivos da presente lei, notadamente as que proíbam a prorrogação prevista no art. 47, ou que afastem o direito à renovação, na hipótese do art. 51, ou que imponham obrigações pecuniárias para tanto.

CAPÍTULO II
Das Disposições Especiais

SEÇÃO I
Da locação residencial

Art. 46. Nas locações ajustadas por escrito e por prazo igual ou superior a trinta meses, a resolução do contrato ocorrerá findo o prazo estipulado, independentemente de notificação ou aviso.

§ 1º Findo o prazo ajustado, se o locatário continuar na posse do imóvel alugado por mais de trinta dias sem oposição do locador, presumir – se – á prorrogada a locação por prazo indeterminado, mantidas as demais cláusulas e condições do contrato.

§ 2º Ocorrendo a prorrogação, o locador poderá denunciar o contrato a qualquer tempo, concedido o prazo de trinta dias para desocupação.

Art. 47. Quando ajustada verbalmente ou por escrito e como prazo inferior a trinta meses, findo o prazo estabelecido, a locação prorroga

- se automaticamente, por prazo indeterminado, somente podendo ser retomado o imóvel:

I - Nos casos do art. 9º;

II - em decorrência de extinção do contrato de trabalho, se a ocupação do imóvel pelo locatário relacionada com o seu emprego;

III - se for pedido para uso próprio, de seu cônjuge ou companheiro, ou para uso residencial de ascendente ou descendente que não disponha, assim como seu cônjuge ou companheiro, de imóvel residencial próprio;

IV - se for pedido para demolição e edificação licenciada ou para a realização de obras aprovadas pelo Poder Público, que aumentem a área construída, em, no mínimo, vinte por cento ou, se o imóvel for destinado a exploração de hotel ou pensão, em cinqüenta por cento;

V - se a vigência ininterrupta da locação ultrapassar cinco anos.

§ 1º Na hipótese do inciso III, a necessidade deverá ser judicialmente demonstrada, se:

a) O retomante, alegando necessidade de usar o imóvel, estiver ocupando, com a mesma finalidade, outro de sua propriedade situado nas mesma localidade ou, residindo ou utilizando imóvel alheio, já tiver retomado o imóvel anteriormente;

b) o ascendente ou descendente, beneficiário da retomada, residir em imóvel próprio.

§ 2º Nas hipóteses dos incisos III e IV, o retomante deverá comprovar ser proprietário, promissário comprador ou promissário cessionário, em caráter irrevogável, com imissão na posse do imóvel e título registrado junto à matrícula do mesmo.

SEÇÃO II
Das locação para temporada

Art. 48. Considera - se locação para temporada aquela destinada à residência temporária do locatário, para prática de lazer, realização de cursos, tratamento de saúde, feitura de obras em seu imóvel, e outros fatos que decorrem tão-somente de determinado tempo, e contratada por prazo não superior a noventa dias, esteja ou não mobiliado o imóvel.

Parágrafo único. No caso de a locação envolver imóvel mobiliado, constará do contrato, obrigatoriamente, a descrição dos móveis e utensílios que o guarnecem, bem como o estado em que se encontram.

Art. 49. O locador poderá receber de uma só vez e antecipadamente os aluguéis e encargos, bem como exigir qualquer das modalidades de garantia previstas no art. 37 para atender as demais obrigações do contrato.

Art. 50. Findo o prazo ajustado, se o locatário permanecer no imóvel sem oposição do locador por mais de trinta dias, presumir - se - á prorrogada a locação por tempo indeterminado, não mais sendo exigível o pagamento antecipado do aluguel e dos encargos.

Parágrafo único. Ocorrendo a prorrogação, o locador somente poderá denunciar o contrato após trinta meses de seu início ou nas hipóteses do art. 47.

SEÇÃO III
Da locação não residencial

Art. 51. Nas locações de imóveis destinados ao comércio, o locatário terá direito a renovação do contrato, por igual prazo, desde que, cumulativamente:

I - o contrato a renovar tenha sido celebrado por escrito e com prazo determinado;

II - o prazo mínimo do contrato a renovar ou a soma dos prazos ininterruptos dos contratos escritos seja de cinco anos;

III - o locatário esteja explorando seu comércio, no mesmo ramo, pelo prazo mínimo e ininterrupto de três anos.

§ 1º O direito assegurado neste artigo poderá ser exercido pelos cessionários ou sucessores da locação; no caso de sublocação total do imóvel, o direito a renovação somente poderá ser exercido pelo sublocatário.

§ 2º Quando o contrato autorizar que o locatário utilize o imóvel para as atividades de sociedade de que faça parte e que a esta passe a pertencer o fundo de comércio, o direito a renovação poderá ser exercido pelo locatário ou pela sociedade.

§ 3º Dissolvida a sociedade comercial por morte de um dos sócios, o sócio sobrevivente fica sub - rogado no direito a renovação, desde que continue no mesmo ramo.

§ 4º O direito a renovação do contrato estende - se às locações celebradas por indústrias e sociedades civis com fim lucrativo, regularmente constituídas, desde que ocorrentes os pressupostos previstos neste artigo.

§ 5º Do direito a renovação decai aquele que não propuser a ação no interregno de um ano, no máximo, até seis meses, no mínimo, anteriores à data da finalização do prazo do contrato em vigor.

Art. 52. O locador não estará obrigado a renovar o contrato se:

I - por determinação do Poder Público, tiver que realizar no imóvel obras que importarem na sua radical transformação; ou para fazer modificações de tal natureza que aumente o valor do negócio ou da propriedade;

II - o imóvel vier a ser utilizado por ele próprio ou para transferência de fundo de comércio existente há mais de um ano, sendo detentor da maioria do capital o locador, seu cônjuge, ascendente ou descendente.

1º Na hipótese do inciso II, o imóvel não poderá ser destinado ao uso do mesmo ramo do locatário, salvo se a locação também envolvia o fundo de comércio, com as instalações e pertences.

2º Nas locações de espaço em *shopping centers*, o locador não poderá recusar a renovação do contrato com fundamento no inciso II deste artigo.

3º O locatário terá direito a indenização para ressarcimento dos prejuízos e dos lucros cessantes que tiver que arcar com mudança, perda do lugar e desvalorização do fundo de comércio, se a renovação não ocorrer em razão de proposta de terceiro, em melhores condições, ou se o locador, no prazo de três meses da entrega do imóvel, não der o destino alegado ou não iniciar as obras determinadas pelo Poder Público ou que declarou pretender realizar.

Art. 53 - Nas locações de imóveis utilizados por hospitais, unidades sanitárias oficiais, asilos, estabelecimentos de saúde e de ensino autorizados e fiscalizados pelo Poder Público, bem como por entidades religiosas devidamente registradas, o contrato somente poderá ser rescindido. (Redação dada pela Lei nº 9.256, de 9.1.1996)

I - nas hipóteses do art. 9º;

II - se o proprietário, promissário comprador ou promissário cessionário, em caráter irrevogável e imitido na posse, com título registrado, que haja quitado o preço da promessa ou que, não o tendo feito, seja autorizado pelo proprietário, pedir o imóvel para demolição, edificação, licenciada ou reforma que venha a resultar em aumento mínimo de cinqüenta por cento da área útil.

Art. 54. Nas relações entre lojistas e empreendedores de *shopping center*, prevalecerão as condições livremente pactuadas nos contratos de locação respectivos e as disposições procedimentais previstas nesta lei.

1º O empreendedor não poderá cobrar do locatário em *shopping center*:

a) as despesas referidas nas alíneas *a* , *b* e *d* do parágrafo único do art. 22; e

b) as despesas com obras ou substituições de equipamentos, que impliquem modificar o projeto ou o memorial descritivo da data do habite - se e obras de paisagismo nas partes de uso comum.

2º As despesas cobradas do locatário devem ser previstas em orçamento, salvo casos de urgência ou força maior, devidamente demonstradas, podendo o locatário, a cada sessenta dias, por si ou entidade de classe exigir a comprovação das mesmas.

Art. 55. Considera - se locação não residencial quando o locatário for pessoa jurídica e o imóvel, destinar - se ao uso de seus titulares, diretores, sócios, gerentes, executivos ou empregados.

Art. 56. Nos demais casos de locação não residencial, o contrato por prazo determinado cessa, de pleno direito, findo o prazo estipulado, independentemente de notificação ou aviso.

Parágrafo único. Findo o prazo estipulado, se o locatário permanecer no imóvel por mais de trinta dias sem oposição do locador, presumir - se - á prorrogada a locação nas condições ajustadas, mas sem prazo determinado.

Art. 57. O contrato de locação por prazo indeterminado pode ser denunciado por escrito, pelo locador, concedidos ao locatário trinta dias para a desocupação.

TÍTULO II
Dos Procedimentos

CAPÍTULO I
Das Disposições Gerais

Art. 58. Ressalvados os casos previstos no parágrafo único do art. 1º, nas ações de despejo, consignação em pagamento de aluguel e acessório da locação, revisionais de aluguel e renovatórias de locação, observar - se - á o seguinte:

I - os processos tramitam durante as férias forenses e não se suspendem pela superveniência delas;

II - é competente para conhecer e julgar tais ações o foro do lugar da situação do imóvel, salvo se outro houver sido eleito no contrato;

III - o valor da causa corresponderá a doze meses de aluguel, ou, na hipótese do inciso II do art. 47, a três salários vigentes por ocasião do ajuizamento;

IV – desde que autorizado no contrato, a citação, intimação ou notificação far – se – á mediante correspondência com aviso de recebimento, ou, tratando – se de pessoa jurídica ou firma individual, também mediante telex ou *fac-símile* , ou, ainda, sendo necessário, pelas demais formas previstas no Código de Processo Civil;

V – os recursos interpostos contra as sentenças terão efeito somente devolutivo.

CAPÍTULO II
Das Ações de Despejo

Art. 59. Com as modificações constantes deste capítulo, as ações de despejo terão o rito ordinário.

§ 1º Conceder – se – á liminar para desocupação em quinze dias, independentemente da audiência da parte contrária e desde que prestada a caução no valor equivalente a três meses de aluguel, nas ações que tiverem por fundamento exclusivo:

I – o descumprimento do mútuo acordo (art. 9º, inciso I), celebrado por escrito e assinado pelas partes e por duas testemunhas, no qual tenha sido ajustado o prazo mínimo de seis meses para desocupação, contado da assinatura do instrumento;

II – o disposto no inciso II do art. 47, havendo prova escrita da rescisão do contrato de trabalho ou sendo ela demonstrada em audiência prévia;

III – o término do prazo da locação para temporada, tendo sido proposta a ação de despejo em até trinta dias após o vencimento do contrato;

IV – a morte do locatário sem deixar sucessor legítimo na locação, de acordo com o referido no inciso I do art. 11, permanecendo no imóvel pessoas não autorizadas por lei;

V – a permanência do sublocatário no imóvel, extinta a locação, celebrada com o locatário.

VI – o disposto no inciso IV do art. 9º, havendo a necessidade de se produzir reparações urgentes no imóvel, determinadas pelo poder público, que não possam ser normalmente executadas com a permanência do locatário, ou, podendo, ele se recuse a consenti-las; (Incluído pela Lei nº 12.112, de 2009)

VII – o término do prazo notificatório previsto no parágrafo único do art. 40, sem apresentação de nova garantia apta a manter a segurança inaugural do contrato; (Incluído pela Lei nº 12.112, de 2009)

VIII – o término do prazo da locação não residencial, tendo sido proposta a ação em até 30 (trinta) dias do termo ou do cumprimento de notificação comunicando o intento de retomada; (Incluído pela Lei nº 12.112, de 2009)

IX – a falta de pagamento de aluguel e acessórios da locação no vencimento, estando o contrato desprovido de qualquer das garantias previstas no art. 37, por não ter sido contratada ou em caso de extinção ou pedido de exoneração dela, independentemente de motivo. (Incluído pela Lei nº 12.112, de 2009)

2º Qualquer que seja o fundamento da ação dar – se – á ciência do pedido aos sublocatários, que poderão intervir no processo como assistentes.

§ 3º No caso do inciso IX do § 1º deste artigo, poderá o locatário evitar a rescisão da locação e elidir a liminar de desocupação se, dentro dos 15 (quinze) dias concedidos para a desocupação do imóvel e independentemente de cálculo, efetuar depósito judicial que contemple a totalidade dos valores devidos, na forma prevista no inciso II do art. 62. (Incluído pela Lei nº 12.112, de 2009)

Art. 60. Nas ações de despejo fundadas no inciso IV do art. 9º, inciso IV do art. 47 e inciso II do art. 53, a petição inicial deverá ser instruída com prova da propriedade do imóvel ou do compromisso registrado.

Art. 61 Nas ações fundadas no § 2º do art. 46 e nos incisos III e IV do art. 47, se o locatário, no prazo da contestação, manifestar sua concordância com a desocupação do imóvel, o juiz acolherá o pedido fixando prazo de seis meses para a desocupação, contados da citação, impondo ao vencido a responsabilidade pelas custas e honorários advocatícios de vinte por cento sobre o valor dado à causa. Se a desocupação ocorrer dentro do prazo fixado, o réu ficará isento dessa responsabilidade; caso contrário, será expedido mandado de despejo.

Art. 62. Nas ações de despejo fundadas na falta de pagamento de aluguel e acessórios da locação, de aluguel provisório, de diferenças de aluguéis, ou somente de quaisquer dos acessórios da locação, observar-se-á o seguinte: (Redação dada pela Lei nº 12.112, de 2009)

I – o pedido de rescisão da locação poderá ser cumulado com o pedido de cobrança dos aluguéis e acessórios da locação; nesta hipótese, citar-se-á o locatário para responder ao pedido de rescisão e o locatário e os fiadores para responderem ao pedido de cobrança, devendo ser apresentado, com a inicial, cálculo discriminado do valor do débito; (Redação dada pela Lei nº 12.112, de 2009)

II – o locatário e o fiador poderão evitar a rescisão da locação efetuando, no prazo de 15 (quinze) dias, contado da citação, o pagamento do débito atualizado, independentemente de cálculo e mediante depósito judicial, incluídos: (Redação dada pela Lei nº 12.112, de 2009)

a) os aluguéis e acessórios da locação que vencerem até a sua efetivação;

b) as multas ou penalidades contratuais, quando exigíveis;

c) os juros de mora;

d) as custas e os honorários do advogado do locador, fixados em dez por cento sobre o montante devido, se do contrato não constar disposição diversa;

III – efetuada a purga da mora, se o locador alegar que a oferta não é integral, justificando a diferença, o locatário poderá complementar o depósito no prazo de 10 (dez) dias, contado da intimação, que poderá ser dirigida ao locatário ou diretamente ao patrono deste, por carta ou publicação no órgão oficial, a requerimento do locador; (Redação dada pela Lei nº 12.112, de 2009)

IV – não sendo integralmente complementado o depósito, o pedido de rescisão prosseguirá pela diferença, podendo o locador levantar a quantia depositada; (Redação dada pela Lei nº 12.112, de 2009)

V – os aluguéis que forem vencendo até a sentença deverão ser depositados à disposição do juízo, nos respectivos vencimentos, podendo o locador levantá – los desde que incontroversos;

VI – havendo cumulação dos pedidos de rescisão da locação e cobrança dos aluguéis, a execução desta pode ter início antes da desocupação do imóvel, caso ambos tenham sido acolhidos.

Parágrafo único. Não se admitirá a emenda da mora se o locatário já houver utilizado essa faculdade nos 24 (vinte e quatro) meses imediatamente anteriores à propositura da ação. (Redação dada pela Lei nº 12.112, de 2009)

Art. 63. Julgada procedente a ação de despejo, o juiz determinará a expedição de mandado de despejo, que conterá o prazo de 30 (trinta) dias para a desocupação voluntária, ressalvado o disposto nos parágrafos seguintes. (Redação dada pela Lei nº 12.112, de 2009)

§ 1º O prazo será de quinze dias se:

a) entre a citação e a sentença de primeira instância houverem decorrido mais de quatro meses; ou

b) o despejo houver sido decretado com fundamento no art. 9º ou no § 2º do art. 46. (Redação dada pela Lei nº 12.112, de 2009)

§ 2° Tratando-se de estabelecimento de ensino autorizado e fiscalizado pelo Poder Público, respeitado o prazo mínimo de seis meses e o máximo de um ano, o juiz disporá de modo que a desocupação coincida com o período de férias escolares.

§ 3º Tratando-se de hospitais, repartições públicas, unidades sanitárias oficiais, asilos, estabelecimentos de saúde e de ensino autorizados e fiscalizados pelo Poder Público, bem como por entidades religiosas devidamente registradas, e o despejo for decretado com fundamento no inciso IV do art. 9º ou no inciso II do art. 53, o prazo será de um ano, exceto no caso em que entre a citação e a sentença de primeira instância houver decorrido mais de um ano, hipótese em que o prazo será de seis meses. (Redação dada pela Lei nº 9.256, de 9.1.1996)

§ 4° A sentença que decretar o despejo fixará o valor da caução para o caso de ser executada provisoriamente.

Art. 64. Salvo nas hipóteses das ações fundadas no art. 9°, a execução provisória do despejo dependerá de caução não inferior a 6 (seis) meses nem superior a 12 (doze) meses do aluguel, atualizado até a data da prestação da caução. (Redação dada pela Lei nº 12.112, de 2009)

§ 1° A caução poderá ser real ou fidejussória e será prestada nos autos da execução provisória.

§ 2° Ocorrendo a reforma da sentença ou da decisão que concedeu liminarmente o despejo, o valor da caução reverterá em favor do réu, como indenização mínima das perdas e danos, podendo este reclamar, em ação própria, a diferença pelo que a exceder.

Art. 65. Findo o prazo assinado para a desocupação, contado da data da notificação, será efetuado o despejo, se necessário com emprego de força, inclusive arrombamento.

1° Os móveis e utensílios serão entregues à guarda de depositário, se não os quiser retirar o despejado.

2° O despejo não poderá ser executado até o trigésimo dia seguinte ao do falecimento do cônjuge, ascendente, descendente ou irmão de qualquer das pessoas que habitem o imóvel.

Art. 66. Quando o imóvel for abandonado após ajuizada a ação, o locador poderá imitir-se na posse do imóvel.

CAPÍTULO III

Da Ação de Consignação de Aluguel e Acessórios da Locação

Art. 67. Na ação que objetivar o pagamento dos aluguéis e acessórios da locação mediante consignação, será observado o seguinte:

I – a petição inicial, além dos requisitos exigidos pelo art. 282 do Código de Processo Civil, deverá especificar os aluguéis e acessórios da locação com indicação dos respectivos valores;

II – determinada a citação do réu, o autor será intimado a, no prazo de vinte e quatro horas, efetuar o depósito judicial da importância indicada na petição inicial, sob pena de ser extinto o processo;

III – o pedido envolverá a quitação das obrigações que vencerem durante a tramitação do feito e até ser prolatada a sentença de primeira instância, devendo o autor promover os depósitos nos respectivos vencimentos;

IV – não sendo oferecida a contestação, ou se o locador receber os valores depositados, o juiz acolherá o pedido, declarando quitadas as obrigações, condenando o réu ao pagamento das custas e honorários de vinte por cento do valor dos depósitos;

V – a contestação do locador, além da defesa de direito que possa caber, ficará adstrita, quanto à matéria de fato, a:

a) não ter havido recusa ou mora em receber a quantia devida;

b) ter sido justa a recusa;

c) não ter sido efetuado o depósito no prazo ou no lugar do pagamento;

d} não ter sido o depósito integral;

VI – além de contestar, o réu poderá, em reconvenção, pedir o despejo e a cobrança dos valores objeto da consignatória ou da diferença do depósito inicial, na hipótese de ter sido alegado não ser o mesmo integral;

VII – o autor poderá complementar o depósito inicial, no prazo de cinco dias contados da ciência do oferecimento da resposta, com acréscimo de dez por cento sobre o valor da diferença. Se tal ocorrer, o juiz declarará quitadas as obrigações, elidindo a rescisão da locação, mas imporá ao autor-reconvindo a responsabilidade pelas custas e honorários advocatícios de vinte por cento sobre o valor dos depósitos;

VIII – havendo, na reconvenção, cumulação dos pedidos de rescisão da locação e cobrança dos valores objeto da consignatória, a execução desta somente poderá ter início após obtida a desocupação do imóvel, caso ambos tenham sido acolhidos.

Parágrafo único. O réu poderá levantar a qualquer momento as importâncias depositadas sobre as quais não penda controvérsia.

CAPÍTULO IV
Da Ação Revisional de Aluguel

Art. 68. Na ação revisional de aluguel, que terá o rito sumário, observar-se-á o seguinte: (Redação dada pela Lei nº 12.112, de 2009)

I - além dos requisitos exigidos pelos arts. 276 e 282 do Código de Processo Civil, a petição inicial deverá indicar o valor do aluguel cuja fixação é pretendida;

II - ao designar a audiência de conciliação, o juiz, se houver pedido e com base nos elementos fornecidos tanto pelo locador como pelo locatário, ou nos que indicar, fixará aluguel provisório, que será devido desde a citação, nos seguintes moldes: (Redação dada pela Lei nº 12.112, de 2009)

a) em ação proposta pelo locador, o aluguel provisório não poderá ser excedente a 80% (oitenta por cento) do pedido; (Incluída pela Lei nº 12.112, de 2009)

b) em ação proposta pelo locatário, o aluguel provisório não poderá ser inferior a 80% (oitenta por cento) do aluguel vigente; (Incluída pela Lei nº 12.112, de 2009)

III - sem prejuízo da contestação e até a audiência, o réu poderá pedir seja revisto o aluguel provisório, fornecendo os elementos para tanto;

IV - na audiência de conciliação, apresentada a contestação, que deverá conter contraproposta se houver discordância quanto ao valor pretendido, o juiz tentará a conciliação e, não sendo esta possível, determinará a realização de perícia, se necessária, designando, desde logo, audiência de instrução e julgamento; (Redação dada pela Lei nº 12.112, de 2009)

V - o pedido de revisão previsto no inciso III deste artigo interrompe o prazo para interposição de recurso contra a decisão que fixar o aluguel provisório. (Incluído pela Lei nº 12.112, de 2009)

1° Não caberá ação revisional na pendência de prazo para desocupação do imóvel (arts. 46, parágrafo 2° e 57), ou quando tenha sido este estipulado amigável ou judicialmente.

2° No curso da ação de revisão, o aluguel provisório será reajustado na periodicidade pactuada ou na fixada em lei.

Art. 69. O aluguel fixado na sentença retroage à citação, e as diferenças devidas durante a ação de revisão, descontados os alugueres provisórios satisfeitos, serão pagas corrigidas, exigíveis a partir do trânsito em julgado da decisão que fixar o novo aluguel.

1° Se pedido pelo locador, ou sublocador, a sentença poderá estabelecer periodicidade de reajustamento do aluguel diversa daquela prevista no contrato revisando, bem como adotar outro indexador para reajustamento do aluguel.

2° A execução das diferenças será feita nos autos da ação de revisão.

Art. 70. Na ação de revisão do aluguel, o juiz poderá homologar acordo de desocupação, que será executado mediante expedição de mandado de despejo.

CAPÍTULO V
Da Ação Renovatória

Art. 71. Além dos demais requisitos exigidos no art. 282 do Código de Processo Civil, a petição inicial da ação renovatória deverá ser instruída com:

I – prova do preenchimento dos requisitos dos incisos I, II e III do art. 51;

II – prova do exato cumprimento do contrato em curso;

III – prova da quitação dos impostos e taxas que incidiram sobre o imóvel e cujo pagamento lhe incumbia;

IV – indicação clara e precisa das condições oferecidas para a renovação da locação;

V – indicação do fiador quando houver no contrato a renovar e, quando não for o mesmo, com indicação do nome ou denominação completa, número de sua inscrição no Ministério da Fazenda, endereço e, tratando-se de pessoa natural, a nacionalidade, o estado civil, a profissão e o número da carteira de identidade, comprovando, desde logo, mesmo que não haja alteração do fiador, a atual idoneidade financeira; (Redação dada pela Lei nº 12.112, de 2009)

VI – prova de que o fiador do contrato ou o que o substituir na renovação aceita os encargos da fiança, autorizado por seu cônjuge, se casado for;

VII – prova, quando for o caso, de ser cessionário ou sucessor, em virtude de título oponível ao proprietário.

Parágrafo único. Proposta a ação pelo sublocatário do imóvel ou de parte dele, serão citados o sublocador e o locador, como litisconsortes, salvo se, em virtude de locação originária ou renovada, o sublocador dispuser de prazo que admita renovar a sublocação; na primeira hipótese, procedente a ação, o proprietário ficará diretamente obrigado à renovação.

Art. 72. A contestação do locador, além da defesa de direito que possa caber, ficará adstrita, quanto à matéria de fato, ao seguinte:

I – não preencher o autor os requisitos estabelecidos nesta lei;

II – não atender, a proposta do locatário, o valor locativo real do imóvel na época da renovação, excluída a valorização trazida por aquele ao ponto ou lugar;

III – ter proposta de terceiro para a locação, em condições melhores;

IV – não estar obrigado a renovar a locação (incisos I e II do art. 52).

1° No caso do inciso II, o locador deverá apresentar, em contraproposta, as condições de locação que repute compatíveis com o valor locativo real e atual do imóvel.

2° No caso do inciso III, o locador deverá juntar prova documental da proposta do terceiro, subscrita por este e por duas testemunhas, com clara indicação do ramo a ser explorado, que não poderá ser o mesmo do locatário. Nessa hipótese, o locatário poderá, em réplica, aceitar tais condições para obter a renovação pretendida.

3° No caso do inciso I do art. 52, a contestação deverá trazer prova da determinação do Poder Público ou relatório pormenorizado das obras a serem realizadas e da estimativa de valorização que sofrerá o imóvel, assinado por engenheiro devidamente habilitado.

4° Na contestação, o locador, ou sublocador, poderá pedir, ainda, a fixação de aluguel provisório, para vigorar a partir do primeiro mês do prazo do contrato a ser renovado, não excedente a oitenta por cento do pedido, desde que apresentados elementos hábeis para aferição do justo valor do aluguel.

5° Se pedido pelo locador, ou sublocador, a sentença poderá estabelecer periodicidade de reajustamento do aluguel diversa daquela prevista no contrato renovando, bem como adotar outro indexador para reajustamento do aluguel.

Art. 73. Renovada a locação, as diferenças dos aluguéis vencidos serão executadas nos próprios autos da ação e pagas de uma só vez.

Art. 74. Não sendo renovada a locação, o juiz determinará a expedição de mandado de despejo, que conterá o prazo de 30 (trinta) dias para a desocupação voluntária, se houver pedido na contestação. (Redação dada pela Lei nº 12.112, de 2009)

§ 1° (VETADO) (Incluído dada pela Lei nº 12.112, de 2009)

§ 2° (VETADO) (Incluído dada pela Lei nº 12.112, de 2009)

§ 3° (VETADO) (Incluído dada pela Lei nº 12.112, de 2009)

Art. 75. Na hipótese do inciso III do art. 72, a sentença fixará desde logo a indenização devida ao locatário em conseqüência da não prorrogação da locação, solidariamente devida pelo locador e o proponente.

TÍTULO III

Das Disposições Finais e Transitórias

Art. 76. Não se aplicam as disposições desta lei aos processos em curso.

Art. 77. Todas as locações residenciais que tenham sido celebradas anteriormente à vigência desta lei serão automaticamente prorrogadas por tempo indeterminado, ao término do prazo ajustado no contrato.

Art. 78. As locações residenciais que tenham sido celebradas anteriormente à vigência desta lei e que já vigorem ou venham a vigorar por prazo indeterminado, poderão ser denunciadas pelo locador, concedido o prazo de doze meses para a desocupação.

Parágrafo único. Na hipótese de ter havido revisão judicial ou amigável do aluguel, atingindo o preço do mercado, a denúncia somente poderá ser exercitada após vinte e quatro meses da data da revisão, se esta ocorreu nos doze meses anteriores à data da vigência desta lei.

Art. 79. No que for omissa esta lei aplicam-se as normas do Código Civil e do Código de Processo Civil.

Art. 80. Para os fins do inciso I do art. 98 da Constituição Federal, as ações de despejo poderão ser consideradas como causas cíveis de menor complexidade.

Art. 81. O inciso II do art. 167 e o art. 169 da Lei n° 6.015, de 31 de dezembro de 1973, passam a vigorar com as seguintes alterações:

"Art. 167. ....

II – ....

16) do contrato de locação, para os fins de exercício de direito de preferência."

"Art. 169. ....

....

III – o registro previsto no n° 3 do inciso I do art. 167, e a averbação prevista no n° 16 do inciso II do art. 167 serão efetuados no cartório onde o imóvel esteja matriculado mediante apresentação de qualquer das vias do contrato, assinado pelas partes e subscrito por duas testemunhas, bastando a coincidência entre o nome de um dos proprietários e o locador."

Art. 82. O art. 3° da Lei n° 8.009, de 29 de março de 1990, passa a vigorar acrescido do seguinte inciso VII:

"Art. 3° ....

....

VII - por obrigação decorrente de fiança concedida em contrato de locação."

Art. 83. Ao art. 24 da Lei n° 4.591, de 16 de dezembro de 1964 fica acrescido o seguinte § 4°:

"Art. 24. ....

....

4° Nas decisões da assembléia que envolvam despesas ordinárias do condomínio, o locatário poderá votar, caso o condômino locador a ela não compareça."

Art. 84. Reputam-se válidos os registros dos contratos de locação de imóveis, realizados até a data da vigência desta lei.

Art. 85. Nas locações residenciais, é livre a convenção do aluguel quanto a preço, periodicidade e indexador de reajustamento, vedada a vinculação à variação do salário mínimo, variação cambial e moeda estrangeira:

I dos imóveis novos, com habite-se concedido a partir da entrada em vigor desta lei;

II – dos demais imóveis não enquadrados no inciso anterior, em relação aos contratos celebrados, após cinco anos de entrada em vigor desta lei.

Art. 86. O art. 8° da Lei n° 4.380, de 21 de agosto de 1964 passa a vigorar com a seguinte redação:

"Art. 8° O sistema financeiro da habitação, destinado a facilitar e promover a construção e a aquisição da casa própria ou moradia, especialmente pelas classes de menor renda da população, será integrado."

Art. 87. (Vetado).

Art. 88. (Vetado).

Art. 89. Esta lei entrará em vigor sessenta dias após a sua publicação.

Art. 90. Revogam-se as disposições em contrário, especialmente:

I – o Decreto n° 24.150, de 20 de abril de 1934;

II – a Lei n° 6.239, de 19 de setembro de 1975;

III – a Lei n° 6.649, de 16 de maio de 1979;

IV – a Lei n° 6.698, de 15 de outubro de 1979;
V – a Lei n° 7.355, de 31 de agosto de 1985;
VI – a Lei n° 7.538, de 24 de setembro de 1986;
VII – a Lei n° 7.612, de 9 de julho de 1987; e
VIII – a Lei n° 8.157, de 3 de janeiro de 1991.

Brasília, 18 de outubro de 1991; 170° da Independência e 103° da República.

FERNANDO COLLOR
Jarbas Passarinho

LEI Nº 8.078, DE 11 DE SETEMBRO DE 1990

Dispõe sobre a proteção do consumidor e dá outras providências.

O PRESIDENTE DA REPÚBLICA, faço saber que o Congresso Nacional decreta e eu sanciono a seguinte lei:

TÍTULO I
Dos Direitos do Consumidor

CAPÍTULO I
Disposições Gerais

Art. 1° O presente código estabelece normas de proteção e defesa do consumidor, de ordem pública e interesse social, nos termos dos arts. 5°, inciso XXXII, 170, inciso V, da Constituição Federal e art. 48 de suas Disposições Transitórias.

Art. 2° Consumidor é toda pessoa física ou jurídica que adquire ou utiliza produto ou serviço como destinatário final.

Parágrafo único. Equipara-se a consumidor a coletividade de pessoas, ainda que indetermináveis, que haja intervindo nas relações de consumo.

Art. 3° Fornecedor é toda pessoa física ou jurídica, pública ou privada, nacional ou estrangeira, bem como os entes despersonalizados, que desenvolvem atividade de produção, montagem, criação, construção, transformação, importação, exportação, distribuição ou comercialização de produtos ou prestação de serviços.

§ 1° Produto é qualquer bem, móvel ou imóvel, material ou imaterial.

§ 2° Serviço é qualquer atividade fornecida no mercado de consumo, mediante remuneração, inclusive as de natureza bancária, financeira, de crédito e securitária, salvo as decorrentes das relações de caráter trabalhista.

CAPÍTULO II
Da Política Nacional de Relações de Consumo

Art. 4º A Política Nacional das Relações de Consumo tem por objetivo o atendimento das necessidades dos consumidores, o respeito à sua dignidade, saúde e segurança, a proteção de seus interesses econômicos, a melhoria da sua qualidade de vida, bem como a transparência e harmonia das relações de consumo, atendidos os seguintes princípios: (Redação dada pela Lei nº 9.008, de 21.3.1995)

I – reconhecimento da vulnerabilidade do consumidor no mercado de consumo;

II – ação governamental no sentido de proteger efetivamente o consumidor:

a) por iniciativa direta;

b) por incentivos à criação e desenvolvimento de associações representativas;

c) pela presença do Estado no mercado de consumo;

d) pela garantia dos produtos e serviços com padrões adequados de qualidade, segurança, durabilidade e desempenho.

III – harmonização dos interesses dos participantes das relações de consumo e compatibilização da proteção do consumidor com a necessidade de desenvolvimento econômico e tecnológico, de modo a viabilizar os princípios nos quais se funda a ordem econômica (art. 170, da Constituição Federal), sempre com base na boa-fé e equilíbrio nas relações entre consumidores e fornecedores;

IV – educação e informação de fornecedores e consumidores, quanto aos seus direitos e deveres, com vistas à melhoria do mercado de consumo;

V – incentivo à criação pelos fornecedores de meios eficientes de controle de qualidade e segurança de produtos e serviços, assim como de mecanismos alternativos de solução de conflitos de consumo;

VI – coibição e repressão eficientes de todos os abusos praticados no mercado de consumo, inclusive a concorrência desleal e utilização indevida de inventos e criações industriais das marcas e nomes comerciais e signos distintivos, que possam causar prejuízos aos consumidores;

VII – racionalização e melhoria dos serviços públicos;

VIII – estudo constante das modificações do mercado de consumo.

Art. 5° Para a execução da Política Nacional das Relações de Consumo, contará o poder público com os seguintes instrumentos, entre outros:

I – manutenção de assistência jurídica, integral e gratuita para o consumidor carente;

II – instituição de Promotorias de Justiça de Defesa do Consumidor, no âmbito do Ministério Público;

III – criação de delegacias de polícia especializadas no atendimento de consumidores vítimas de infrações penais de consumo;

IV – criação de Juizados Especiais de Pequenas Causas e Varas Especializadas para a solução de litígios de consumo;

V – concessão de estímulos à criação e desenvolvimento das Associações de Defesa do Consumidor.

§ 1° (Vetado).

§ 2º (Vetado).

CAPÍTULO III
Dos Direitos Básicos do Consumidor

Art. 6º São direitos básicos do consumidor:

I – a proteção da vida, saúde e segurança contra os riscos provocados por práticas no fornecimento de produtos e serviços considerados perigosos ou nocivos;

II – a educação e divulgação sobre o consumo adequado dos produtos e serviços, asseguradas a liberdade de escolha e a igualdade nas contratações;

III – a informação adequada e clara sobre os diferentes produtos e serviços, com especificação correta de quantidade, características, composição, qualidade, tributos incidentes e preço, bem como sobre os riscos que apresentem; (Redação dada pela Lei nº 12.741, de 2012) Vigência

IV – a proteção contra a publicidade enganosa e abusiva, métodos comerciais coercitivos ou desleais, bem como contra práticas e cláusulas abusivas ou impostas no fornecimento de produtos e serviços;

V – a modificação das cláusulas contratuais que estabeleçam prestações desproporcionais ou sua revisão em razão de fatos supervenientes que as tornem excessivamente onerosas;

VI – a efetiva prevenção e reparação de danos patrimoniais e morais, individuais, coletivos e difusos;

VII – o acesso aos órgãos judiciários e administrativos com vistas à prevenção ou reparação de danos patrimoniais e morais, individuais, coletivos ou difusos, assegurada a proteção Jurídica, administrativa e técnica aos necessitados;

VIII – a facilitação da defesa de seus direitos, inclusive com a inversão do ônus da prova, a seu favor, no processo civil, quando, a critério do juiz, for verossímil a alegação ou quando for ele hipossuficiente, segundo as regras ordinárias de experiências;

IX – (Vetado);

X – a adequada e eficaz prestação dos serviços públicos em geral.

Parágrafo único. A informação de que trata o inciso III do **caput** deste artigo deve ser acessível à pessoa com deficiência, observado o disposto em regulamento. (Incluído pela Lei nº 13.146, de 2015) (Vigência)

Art. 7° Os direitos previstos neste código não excluem outros decorrentes de tratados ou convenções internacionais de que o Brasil seja signatário, da legislação interna ordinária, de regulamentos expedidos pelas autoridades administrativas competentes, bem como dos que derivem dos princípios gerais do direito, analogia, costumes e eqüidade.

Parágrafo único. Tendo mais de um autor a ofensa, todos responderão solidariamente pela reparação dos danos previstos nas normas de consumo.

CAPÍTULO IV
Da Qualidade de Produtos e Serviços, da Prevenção e da Reparação dos Danos

SEÇÃO I
Da Proteção à Saúde e Segurança

Art. 8° Os produtos e serviços colocados no mercado de consumo não acarretarão riscos à saúde ou segurança dos consumidores, exceto os considerados normais e previsíveis em decorrência de sua natureza e fruição, obrigando-se os fornecedores, em qualquer hipótese, a dar as informações necessárias e adequadas a seu respeito.

§ 1° Em se tratando de produto industrial, ao fabricante cabe prestar as informações a que se refere este artigo, através de impressos apropriados que devam acompanhar o produto. (Redação dada pela Lei nº 13.486, de 2017)

§ 2° O fornecedor deverá higienizar os equipamentos e utensílios utilizados no fornecimento de produtos ou serviços, ou colocados à disposição do consumidor, e informar, de maneira ostensiva e adequada, quando for o caso, sobre o risco de contaminação. (Incluído pela Lei nº 13.486, de 2017)

Art. 9° O fornecedor de produtos e serviços potencialmente nocivos ou perigosos à saúde ou segurança deverá informar, de maneira ostensiva e adequada, a respeito da sua nocividade ou periculosidade, sem prejuízo da adoção de outras medidas cabíveis em cada caso concreto.

Art. 10. O fornecedor não poderá colocar no mercado de consumo produto ou serviço que sabe ou deveria saber apresentar alto grau de nocividade ou periculosidade à saúde ou segurança.

§ 1° O fornecedor de produtos e serviços que, posteriormente à sua introdução no mercado de consumo, tiver conhecimento da periculosidade que apresentem, deverá comunicar o fato imediatamente às autoridades competentes e aos consumidores, mediante anúncios publicitários.

§ 2° Os anúncios publicitários a que se refere o parágrafo anterior serão veiculados na imprensa, rádio e televisão, às expensas do fornecedor do produto ou serviço.

§ 3° Sempre que tiverem conhecimento de periculosidade de produtos ou serviços à saúde ou segurança dos consumidores, a União, os Estados, o Distrito Federal e os Municípios deverão informá-los a respeito.

Art. 11. (Vetado).

SEÇÃO II
Da Responsabilidade pelo Fato do Produto e do Serviço

Art. 12. O fabricante, o produtor, o construtor, nacional ou estrangeiro, e o importador respondem, independentemente da existência de culpa, pela reparação dos danos causados aos consumidores por defeitos decorrentes de projeto, fabricação, construção, montagem, fórmulas, manipulação, apresentação ou acondicionamento de seus produtos, bem como por informações insuficientes ou inadequadas sobre sua utilização e riscos.

§ 1° O produto é defeituoso quando não oferece a segurança que dele legitimamente se espera, levando-se em consideração as circunstâncias relevantes, entre as quais:

I - sua apresentação;

II - o uso e os riscos que razoavelmente dele se esperam;

III - a época em que foi colocado em circulação.

§ 2º O produto não é considerado defeituoso pelo fato de outro de melhor qualidade ter sido colocado no mercado.

§ 3° O fabricante, o construtor, o produtor ou importador só não será responsabilizado quando provar:

I - que não colocou o produto no mercado;

II - que, embora haja colocado o produto no mercado, o defeito inexiste;

III - a culpa exclusiva do consumidor ou de terceiro.

Art. 13. O comerciante é igualmente responsável, nos termos do artigo anterior, quando:

I – o fabricante, o construtor, o produtor ou o importador não puderem ser identificados;

II – o produto for fornecido sem identificação clara do seu fabricante, produtor, construtor ou importador;

III – não conservar adequadamente os produtos perecíveis.

Parágrafo único. Aquele que efetivar o pagamento ao prejudicado poderá exercer o direito de regresso contra os demais responsáveis, segundo sua participação na causação do evento danoso.

Art. 14. O fornecedor de serviços responde, independentemente da existência de culpa, pela reparação dos danos causados aos consumidores por defeitos relativos à prestação dos serviços, bem como por informações insuficientes ou inadequadas sobre sua fruição e riscos.

§ 1° O serviço é defeituoso quando não fornece a segurança que o consumidor dele pode esperar, levando-se em consideração as circunstâncias relevantes, entre as quais:

I – o modo de seu fornecimento;

II – o resultado e os riscos que razoavelmente dele se esperam;

III – a época em que foi fornecido.

§ 2º O serviço não é considerado defeituoso pela adoção de novas técnicas.

§ 3° O fornecedor de serviços só não será responsabilizado quando provar:

I – que, tendo prestado o serviço, o defeito inexiste;

II – a culpa exclusiva do consumidor ou de terceiro.

§ 4° A responsabilidade pessoal dos profissionais liberais será apurada mediante a verificação de culpa.

Art. 15. (Vetado).

Art. 16. (Vetado).

Art. 17. Para os efeitos desta Seção, equiparam-se aos consumidores todas as vítimas do evento.

SEÇÃO III
Da Responsabilidade por Vício do Produto e do Serviço

Art. 18. Os fornecedores de produtos de consumo duráveis ou não duráveis respondem solidariamente pelos vícios de qualidade ou quantidade que os tornem impróprios ou inadequados ao consumo a que se destinam ou lhes diminuam o valor, assim como por aqueles decorrentes da disparidade, com a indicações constantes do recipiente, da embalagem, rotulagem ou mensagem publicitária, respeitadas as variações decorrentes de sua natureza, podendo o consumidor exigir a substituição das partes viciadas.

§ 1° Não sendo o vício sanado no prazo máximo de trinta dias, pode o consumidor exigir, alternativamente e à sua escolha:

I – a substituição do produto por outro da mesma espécie, em perfeitas condições de uso;

II – a restituição imediata da quantia paga, monetariamente atualizada, sem prejuízo de eventuais perdas e danos;

III – o abatimento proporcional do preço.

§ 2° Poderão as partes convencionar a redução ou ampliação do prazo previsto no parágrafo anterior, não podendo ser inferior a sete nem superior a cento e oitenta dias. Nos contratos de adesão, a cláusula de prazo deverá ser convencionada em separado, por meio de manifestação expressa do consumidor.

§ 3° O consumidor poderá fazer uso imediato das alternativas do § 1° deste artigo sempre que, em razão da extensão do vício, a substituição das partes viciadas puder comprometer a qualidade ou características do produto, diminuir-lhe o valor ou se tratar de produto essencial.

§ 4° Tendo o consumidor optado pela alternativa do inciso I do § 1° deste artigo, e não sendo possível a substituição do bem, poderá haver substituição por outro de espécie, marca ou modelo diversos, mediante complementação ou restituição de eventual diferença de preço, sem prejuízo do disposto nos incisos II e III do § 1° deste artigo.

§ 5° No caso de fornecimento de produtos in natura, será responsável perante o consumidor o fornecedor imediato, exceto quando identificado claramente seu produtor.

§ 6° São impróprios ao uso e consumo:

I – os produtos cujos prazos de validade estejam vencidos;

II – os produtos deteriorados, alterados, adulterados, avariados, falsificados, corrompidos, fraudados, nocivos à vida ou à saúde, perigosos ou, ainda, aqueles em desacordo com as normas regulamentares de fabricação, distribuição ou apresentação;

III – os produtos que, por qualquer motivo, se revelem inadequados ao fim a que se destinam.

Art. 19. Os fornecedores respondem solidariamente pelos vícios de quantidade do produto sempre que, respeitadas as variações decorrentes de sua natureza, seu conteúdo líquido for inferior às indicações constantes do recipiente, da embalagem, rotulagem ou de mensagem publicitária, podendo o consumidor exigir, alternativamente e à sua escolha:

I – o abatimento proporcional do preço;

II – complementação do peso ou medida;

III – a substituição do produto por outro da mesma espécie, marca ou modelo, sem os aludidos vícios;

IV – a restituição imediata da quantia paga, monetariamente atualizada, sem prejuízo de eventuais perdas e danos.

§ 1° Aplica-se a este artigo o disposto no § 4° do artigo anterior.

§ 2° O fornecedor imediato será responsável quando fizer a pesagem ou a medição e o instrumento utilizado não estiver aferido segundo os padrões oficiais.

Art. 20. O fornecedor de serviços responde pelos vícios de qualidade que os tornem impróprios ao consumo ou lhes diminuam o valor, assim como por aqueles decorrentes da disparidade com as indicações constantes da oferta ou mensagem publicitária, podendo o consumidor exigir, alternativamente e à sua escolha:

I – a reexecução dos serviços, sem custo adicional e quando cabível;

II – a restituição imediata da quantia paga, monetariamente atualizada, sem prejuízo de eventuais perdas e danos;

III – o abatimento proporcional do preço.

§ 1° A reexecução dos serviços poderá ser confiada a terceiros devidamente capacitados, por conta e risco do fornecedor.

§ 2° São impróprios os serviços que se mostrem inadequados para os fins que razoavelmente deles se esperam, bem como aqueles que não atendam as normas regulamentares de prestabilidade.

Art. 21. No fornecimento de serviços que tenham por objetivo a reparação de qualquer produto considerar-se-á implícita a obrigação do fornecedor de empregar componentes de reposição originais adequados e novos, ou que mantenham as especificações técnicas do fabricante, salvo, quanto a estes últimos, autorização em contrário do consumidor.

Art. 22. Os órgãos públicos, por si ou suas empresas, concessionárias, permissionárias ou sob qualquer outra forma de empreendimento, são obrigados a fornecer serviços adequados, eficientes, seguros e, quanto aos essenciais, contínuos.

Parágrafo único. Nos casos de descumprimento, total ou parcial, das obrigações referidas neste artigo, serão as pessoas jurídicas compelidas a cumpri-las e a reparar os danos causados, na forma prevista neste código.

Art. 23. A ignorância do fornecedor sobre os vícios de qualidade por inadequação dos produtos e serviços não o exime de responsabilidade.

Art. 24. A garantia legal de adequação do produto ou serviço independe de termo expresso, vedada a exoneração contratual do fornecedor.

Art. 25. É vedada a estipulação contratual de cláusula que impossibilite, exonere ou atenue a obrigação de indenizar prevista nesta e nas seções anteriores.

§ 1° Havendo mais de um responsável pela causação do dano, todos responderão solidariamente pela reparação prevista nesta e nas seções anteriores.

§ 2° Sendo o dano causado por componente ou peça incorporada ao produto ou serviço, são responsáveis solidários seu fabricante, construtor ou importador e o que realizou a incorporação.

SEÇÃO IV
Da Decadência e da Prescrição

Art. 26. O direito de reclamar pelos vícios aparentes ou de fácil constatação caduca em:

I – trinta dias, tratando-se de fornecimento de serviço e de produtos não duráveis;

II – noventa dias, tratando-se de fornecimento de serviço e de produtos duráveis.

§ 1° Inicia-se a contagem do prazo decadencial a partir da entrega efetiva do produto ou do término da execução dos serviços.

§ 2° Obstam a decadência:

I – a reclamação comprovadamente formulada pelo consumidor perante o fornecedor de produtos e serviços até a resposta negativa correspondente, que deve ser transmitida de forma inequívoca;

II – (Vetado).

III – a instauração de inquérito civil, até seu encerramento.

§ 3° Tratando-se de vício oculto, o prazo decadencial inicia-se no momento em que ficar evidenciado o defeito.

Art. 27. Prescreve em cinco anos a pretensão à reparação pelos danos causados por fato do produto ou do serviço prevista na Seção II deste Capítulo, iniciando-se a contagem do prazo a partir do conhecimento do dano e de sua autoria.

Parágrafo único. (Vetado).

SEÇÃO V
Da Desconsideração da Personalidade Jurídica

Art. 28. O juiz poderá desconsiderar a personalidade jurídica da sociedade quando, em detrimento do consumidor, houver abuso de direito, excesso de poder, infração da lei, fato ou ato ilícito ou violação dos estatutos ou contrato social. A desconsideração também será efetivada quando houver falência, estado de insolvência, encerramento ou inatividade da pessoa jurídica provocados por má administração.

§ 1° (Vetado).

§ 2° As sociedades integrantes dos grupos societários e as sociedades controladas, são subsidiariamente responsáveis pelas obrigações decorrentes deste código.

§ 3° As sociedades consorciadas são solidariamente responsáveis pelas obrigações decorrentes deste código.

§ 4° As sociedades coligadas só responderão por culpa.

§ 5° Também poderá ser desconsiderada a pessoa jurídica sempre que sua personalidade for, de alguma forma, obstáculo ao ressarcimento de prejuízos causados aos consumidores.

CAPÍTULO V
Das Práticas Comerciais

SEÇÃO I
Das Disposições Gerais

Art. 29. Para os fins deste Capítulo e do seguinte, equiparam-se aos consumidores todas as pessoas determináveis ou não, expostas às práticas nele previstas.

SEÇÃO II
Da Oferta

Art. 30. Toda informação ou publicidade, suficientemente precisa, veiculada por qualquer forma ou meio de comunicação com relação a produtos e serviços oferecidos ou apresentados, obriga o fornecedor que a fizer veicular ou dela se utilizar e integra o contrato que vier a ser celebrado.

Art. 31. A oferta e apresentação de produtos ou serviços devem assegurar informações corretas, claras, precisas, ostensivas e em língua portuguesa sobre suas características, qualidades, quantidade, composição, preço, garantia, prazos de validade e origem, entre outros dados, bem como sobre os riscos que apresentam à saúde e segurança dos consumidores.

Parágrafo único. As informações de que trata este artigo, nos produtos refrigerados oferecidos ao consumidor, serão gravadas de forma indelével. (Incluído pela Lei nº 11.989, de 2009)

Art. 32. Os fabricantes e importadores deverão assegurar a oferta de componentes e peças de reposição enquanto não cessar a fabricação ou importação do produto.

Parágrafo único. Cessadas a produção ou importação, a oferta deverá ser mantida por período razoável de tempo, na forma da lei.

Art. 33. Em caso de oferta ou venda por telefone ou reembolso postal, deve constar o nome do fabricante e endereço na embalagem, publicidade e em todos os impressos utilizados na transação comercial.

Parágrafo único. É proibida a publicidade de bens e serviços por telefone, quando a chamada for onerosa ao consumidor que a origina. (Incluído pela Lei nº 11.800, de 2008).

Art. 34. O fornecedor do produto ou serviço é solidariamente responsável pelos atos de seus prepostos ou representantes autônomos.

Art. 35. Se o fornecedor de produtos ou serviços recusar cumprimento à oferta, apresentação ou publicidade, o consumidor poderá, alternativamente e à sua livre escolha:

I – exigir o cumprimento forçado da obrigação, nos termos da oferta, apresentação ou publicidade;

II – aceitar outro produto ou prestação de serviço equivalente;

III – rescindir o contrato, com direito à restituição de quantia eventualmente antecipada, monetariamente atualizada, e a perdas e danos.

SEÇÃO III
Da Publicidade

Art. 36. A publicidade deve ser veiculada de tal forma que o consumidor, fácil e imediatamente, a identifique como tal.

Parágrafo único. O fornecedor, na publicidade de seus produtos ou serviços, manterá, em seu poder, para informação dos legítimos interessados, os dados fáticos, técnicos e científicos que dão sustentação à mensagem.

Art. 37. É proibida toda publicidade enganosa ou abusiva.

§ 1° É enganosa qualquer modalidade de informação ou comunicação de caráter publicitário, inteira ou parcialmente falsa, ou, por qualquer outro modo, mesmo por omissão, capaz de induzir em erro o consumidor a respeito da natureza, características, qualidade, quantidade, propriedades, origem, preço e quaisquer outros dados sobre produtos e serviços.

§ 2° É abusiva, dentre outras a publicidade discriminatória de qualquer natureza, a que incite à violência, explore o medo ou a superstição, se aproveite da deficiência de julgamento e experiência da criança, desrespeita valores ambientais, ou que seja capaz de induzir o consumidor a se comportar de forma prejudicial ou perigosa à sua saúde ou segurança.

§ 3° Para os efeitos deste código, a publicidade é enganosa por omissão quando deixar de informar sobre dado essencial do produto ou serviço.

§ 4° (Vetado).

Art. 38. O ônus da prova da veracidade e correção da informação ou comunicação publicitária cabe a quem as patrocina.

SEÇÃO IV
Das Práticas Abusivas

Art. 39. É vedado ao fornecedor de produtos ou serviços, dentre outras práticas abusivas: (Redação dada pela Lei nº 8.884, de 11.6.1994)

I – condicionar o fornecimento de produto ou de serviço ao fornecimento de outro produto ou serviço, bem como, sem justa causa, a limites quantitativos;

II – recusar atendimento às demandas dos consumidores, na exata medida de suas disponibilidades de estoque, e, ainda, de conformidade com os usos e costumes;

III – enviar ou entregar ao consumidor, sem solicitação prévia, qualquer produto, ou fornecer qualquer serviço;

IV – prevalecer-se da fraqueza ou ignorância do consumidor, tendo em vista sua idade, saúde, conhecimento ou condição social, para impingir-lhe seus produtos ou serviços;

V – exigir do consumidor vantagem manifestamente excessiva;

VI – executar serviços sem a prévia elaboração de orçamento e autorização expressa do consumidor, ressalvadas as decorrentes de práticas anteriores entre as partes;

VII – repassar informação depreciativa, referente a ato praticado pelo consumidor no exercício de seus direitos;

VIII – colocar, no mercado de consumo, qualquer produto ou serviço em desacordo com as normas expedidas pelos órgãos oficiais competentes ou, se normas específicas não existirem, pela Associação Brasileira de Normas Técnicas ou outra entidade credenciada pelo Conselho Nacional de Metrologia, Normalização e Qualidade Industrial (Conmetro);

IX – recusar a venda de bens ou a prestação de serviços, diretamente a quem se disponha a adquiri-los mediante pronto pagamento, ressalvados os casos de intermediação regulados em leis especiais; (Redação dada pela Lei nº 8.884, de 11.6.1994)

X – elevar sem justa causa o preço de produtos ou serviços. (Incluído pela Lei nº 8.884, de 11.6.1994)

XI – Dispositivo incluído pela MPV nº 1.890-67, de 22.10.1999, transformado em inciso XIII, quando da conversão na Lei nº 9.870, de 23.11.1999

XII – deixar de estipular prazo para o cumprimento de sua obrigação ou deixar a fixação de seu termo inicial a seu exclusivo critério. (Incluído pela Lei nº 9.008, de 21.3.1995)

XIII – aplicar fórmula ou índice de reajuste diverso do legal ou contratualmente estabelecido. (Incluído pela Lei nº 9.870, de 23.11.1999)

XIV – permitir o ingresso em estabelecimentos comerciais ou de serviços de um número maior de consumidores que o fixado pela autoridade administrativa como máximo. (Incluído pela Lei nº 13.425, de 2017)

Parágrafo único. Os serviços prestados e os produtos remetidos ou entregues ao consumidor, na hipótese prevista no inciso III, equiparam-se às amostras grátis, inexistindo obrigação de pagamento.

Art. 40. O fornecedor de serviço será obrigado a entregar ao consumidor orçamento prévio discriminando o valor da mão-de-obra, dos materiais e equipamentos a serem empregados, as condições de pagamento, bem como as datas de início e término dos serviços.

§ 1º Salvo estipulação em contrário, o valor orçado terá validade pelo prazo de dez dias, contado de seu recebimento pelo consumidor.

§ 2° Uma vez aprovado pelo consumidor, o orçamento obriga os contraentes e somente pode ser alterado mediante livre negociação das partes.

§ 3° O consumidor não responde por quaisquer ônus ou acréscimos decorrentes da contratação de serviços de terceiros não previstos no orçamento prévio.

Art. 41. No caso de fornecimento de produtos ou de serviços sujeitos ao regime de controle ou de tabelamento de preços, os fornecedores deverão respeitar os limites oficiais sob pena de não o fazendo, responderem pela restituição da quantia recebida em excesso, monetariamente atualizada, podendo o consumidor exigir à sua escolha, o desfazimento do negócio, sem prejuízo de outras sanções cabíveis.

SEÇÃO V
Da Cobrança de Dívidas

Art. 42. Na cobrança de débitos, o consumidor inadimplente não será exposto a ridículo, nem será submetido a qualquer tipo de constrangimento ou ameaça.

Parágrafo único. O consumidor cobrado em quantia indevida tem direito à repetição do indébito, por valor igual ao dobro do que pagou em excesso, acrescido de correção monetária e juros legais, salvo hipótese de engano justificável.

Art. 42-A. Em todos os documentos de cobrança de débitos apresentados ao consumidor, deverão constar o nome, o endereço e o número de inscrição no Cadastro de Pessoas Físicas – CPF ou no Cadastro Nacional de Pessoa Jurídica – CNPJ do fornecedor do produto ou serviço correspondente. (Incluído pela Lei nº 12.039, de 2009)

SEÇÃO VI
Dos Bancos de Dados e Cadastros de Consumidores

Art. 43. O consumidor, sem prejuízo do disposto no art. 86, terá acesso às informações existentes em cadastros, fichas, registros e dados pessoais e de consumo arquivados sobre ele, bem como sobre as suas respectivas fontes.

§ 1° Os cadastros e dados de consumidores devem ser objetivos, claros, verdadeiros e em linguagem de fácil compreensão, não podendo conter informações negativas referentes a período superior a cinco anos.

§ 2° A abertura de cadastro, ficha, registro e dados pessoais e de consumo deverá ser comunicada por escrito ao consumidor, quando não solicitada por ele.

§ 3° O consumidor, sempre que encontrar inexatidão nos seus dados e cadastros, poderá exigir sua imediata correção, devendo o arquivista, no prazo de cinco dias úteis, comunicar a alteração aos eventuais destinatários das informações incorretas.

§ 4° Os bancos de dados e cadastros relativos a consumidores, os serviços de proteção ao crédito e congêneres são considerados entidades de caráter público.

§ 5° Consumada a prescrição relativa à cobrança de débitos do consumidor, não serão fornecidas, pelos respectivos Sistemas de Proteção ao Crédito, quaisquer informações que possam impedir ou dificultar novo acesso ao crédito junto aos fornecedores.

§ 6º Todas as informações de que trata o **caput** deste artigo devem ser disponibilizadas em formatos acessíveis, inclusive para a pessoa com deficiência, mediante solicitação do consumidor. (Incluído pela Lei nº 13.146, de 2015) (Vigência)

Art. 44. Os órgãos públicos de defesa do consumidor manterão cadastros atualizados de reclamações fundamentadas contra fornecedores de produtos e serviços, devendo divulgá-lo pública e anualmente. A divulgação indicará se a reclamação foi atendida ou não pelo fornecedor.

§ 1° É facultado o acesso às informações lá constantes para orientação e consulta por qualquer interessado.

§ 2° Aplicam-se a este artigo, no que couber, as mesmas regras enunciadas no artigo anterior e as do parágrafo único do art. 22 deste código.

Art. 45. (Vetado).

CAPÍTULO VI
Da Proteção Contratual

SEÇÃO I
Disposições Gerais

Art. 46. Os contratos que regulam as relações de consumo não obrigarão os consumidores, se não lhes for dada a oportunidade de tomar conhecimento prévio de seu conteúdo, ou se os respectivos instrumentos forem redigidos de modo a dificultar a compreensão de seu sentido e alcance.

Art. 47. As cláusulas contratuais serão interpretadas de maneira mais favorável ao consumidor.

Art. 48. As declarações de vontade constantes de escritos particulares, recibos e pré-contratos relativos às relações de consumo vinculam o fornecedor, ensejando inclusive execução específica, nos termos do art. 84 e parágrafos.

Art. 49. O consumidor pode desistir do contrato, no prazo de 7 dias a contar de sua assinatura ou do ato de recebimento do produto ou serviço, sempre que a contratação de fornecimento de produtos e serviços ocorrer fora do estabelecimento comercial, especialmente por telefone ou a domicílio.

Parágrafo único. Se o consumidor exercitar o direito de arrependimento previsto neste artigo, os valores eventualmente pagos, a qualquer título, durante o prazo de reflexão, serão devolvidos, de imediato, monetariamente atualizados.

Art. 50. A garantia contratual é complementar à legal e será conferida mediante termo escrito.

Parágrafo único. O termo de garantia ou equivalente deve ser padronizado e esclarecer, de maneira adequada em que consiste a mesma garantia, bem como a forma, o prazo e o lugar em que pode ser exercitada e os ônus a cargo do consumidor, devendo ser-lhe entregue, devidamente preenchido pelo fornecedor, no ato do fornecimento, acompanhado de manual de instrução, de instalação e uso do produto em linguagem didática, com ilustrações.

SEÇÃO II
Das Cláusulas Abusivas

Art. 51. São nulas de pleno direito, entre outras, as cláusulas contratuais relativas ao fornecimento de produtos e serviços que:

I - impossibilitem, exonerem ou atenuem a responsabilidade do fornecedor por vícios de qualquer natureza dos produtos e serviços ou impliquem renúncia ou disposição de direitos. Nas relações de consumo entre o fornecedor e o consumidor pessoa jurídica, a indenização poderá ser limitada, em situações justificáveis;

II - subtraiam ao consumidor a opção de reembolso da quantia já paga, nos casos previstos neste código;

III - transfiram responsabilidades a terceiros;

IV - estabeleçam obrigações consideradas iníquas, abusivas, que coloquem o consumidor em desvantagem exagerada, ou sejam incompatíveis com a boa-fé ou a eqüidade;

V - (Vetado);

VI - estabeleçam inversão do ônus da prova em prejuízo do consumidor;

VII - determinem a utilização compulsória de arbitragem;

VIII - imponham representante para concluir ou realizar outro negócio jurídico pelo consumidor;

IX - deixem ao fornecedor a opção de concluir ou não o contrato, embora obrigando o consumidor;

X - permitam ao fornecedor, direta ou indiretamente, variação do preço de maneira unilateral;

XI - autorizem o fornecedor a cancelar o contrato unilateralmente, sem que igual direito seja conferido ao consumidor;

XII - obriguem o consumidor a ressarcir os custos de cobrança de sua obrigação, sem que igual direito lhe seja conferido contra o fornecedor;

XIII - autorizem o fornecedor a modificar unilateralmente o conteúdo ou a qualidade do contrato, após sua celebração;

XIV - infrinjam ou possibilitem a violação de normas ambientais;

XV - estejam em desacordo com o sistema de proteção ao consumidor;

XVI - possibilitem a renúncia do direito de indenização por benfeitorias necessárias.

§ 1º Presume-se exagerada, entre outros casos, a vantagem que:

I - ofende os princípios fundamentais do sistema jurídico a que pertence;

II – restringe direitos ou obrigações fundamentais inerentes à natureza do contrato, de tal modo a ameaçar seu objeto ou equilíbrio contratual;

III – se mostra excessivamente onerosa para o consumidor, considerando-se a natureza e conteúdo do contrato, o interesse das partes e outras circunstâncias peculiares ao caso.

§ 2° A nulidade de uma cláusula contratual abusiva não invalida o contrato, exceto quando de sua ausência, apesar dos esforços de integração, decorrer ônus excessivo a qualquer das partes.

§ 3° (Vetado).

§ 4° É facultado a qualquer consumidor ou entidade que o represente requerer ao Ministério Público que ajuíze a competente ação para ser declarada a nulidade de cláusula contratual que contrarie o disposto neste código ou de qualquer forma não assegure o justo equilíbrio entre direitos e obrigações das partes.

Art. 52. No fornecimento de produtos ou serviços que envolva outorga de crédito ou concessão de financiamento ao consumidor, o fornecedor deverá, entre outros requisitos, informá-lo prévia e adequadamente sobre:

I – preço do produto ou serviço em moeda corrente nacional;

II – montante dos juros de mora e da taxa efetiva anual de juros;

III – acréscimos legalmente previstos;

IV – número e periodicidade das prestações;

V – soma total a pagar, com e sem financiamento.

§ 1° As multas de mora decorrentes do inadimplemento de obrigações no seu termo não poderão ser superiores a dois por cento do valor da prestação. (Redação dada pela Lei nº 9.298, de 1º.8.1996)

§ 2º É assegurado ao consumidor a liquidação antecipada do débito, total ou parcialmente, mediante redução proporcional dos juros e demais acréscimos.

§ 3º (Vetado).

Art. 53. Nos contratos de compra e venda de móveis ou imóveis mediante pagamento em prestações, bem como nas alienações fiduciárias em garantia, consideram-se nulas de pleno direito as cláusulas que estabeleçam a perda total das prestações pagas em benefício do credor que, em razão do inadimplemento, pleitear a resolução do contrato e a retomada do produto alienado.

§ 1° (Vetado).

§ 2º Nos contratos do sistema de consórcio de produtos duráveis, a compensação ou a restituição das parcelas quitadas, na forma deste artigo, terá descontada, além da vantagem econômica auferida com a fruição, os prejuízos que o desistente ou inadimplente causar ao grupo.

§ 3° Os contratos de que trata o caput deste artigo serão expressos em moeda corrente nacional.

SEÇÃO III
Dos Contratos de Adesão

Art. 54. Contrato de adesão é aquele cujas cláusulas tenham sido aprovadas pela autoridade competente ou estabelecidas unilateralmente pelo fornecedor de produtos ou serviços, sem que o consumidor possa discutir ou modificar substancialmente seu conteúdo.

§ 1° A inserção de cláusula no formulário não desfigura a natureza de adesão do contrato.

§ 2° Nos contratos de adesão admite-se cláusula resolutória, desde que a alternativa, cabendo a escolha ao consumidor, ressalvando-se o disposto no § 2° do artigo anterior.

§ 3° Os contratos de adesão escritos serão redigidos em termos claros e com caracteres ostensivos e legíveis, cujo tamanho da fonte não será inferior ao corpo doze, de modo a facilitar sua compreensão pelo consumidor. (Redação dada pela nº 11.785, de 2008)

§ 4° As cláusulas que implicarem limitação de direito do consumidor deverão ser redigidas com destaque, permitindo sua imediata e fácil compreensão.

§ 5° (Vetado)

CAPÍTULO VII
Das Sanções Administrativas
(Vide Lei nº 8.656, de 1993)

Art. 55. A União, os Estados e o Distrito Federal, em caráter concorrente e nas suas respectivas áreas de atuação administrativa, baixarão normas relativas à produção, industrialização, distribuição e consumo de produtos e serviços.

§ 1° A União, os Estados, o Distrito Federal e os Municípios fiscalizarão e controlarão a produção, industrialização, distribuição, a publicidade de produtos e serviços e o mercado de consumo, no interesse da preservação da vida, da saúde, da segurança, da informação e do bem-estar do consumidor, baixando as normas que se fizerem necessárias.

§ 2° (Vetado).

§ 3° Os órgãos federais, estaduais, do Distrito Federal e municipais com atribuições para fiscalizar e controlar o mercado de consumo manterão comissões permanentes para elaboração, revisão e atualização das normas referidas no § 1°, sendo obrigatória a participação dos consumidores e fornecedores.

§ 4° Os órgãos oficiais poderão expedir notificações aos fornecedores para que, sob pena de desobediência, prestem informações sobre questões de interesse do consumidor, resguardado o segredo industrial.

Art. 56. As infrações das normas de defesa do consumidor ficam sujeitas, conforme o caso, às seguintes sanções administrativas, sem prejuízo das de natureza civil, penal e das definidas em normas específicas:

I - multa;

II - apreensão do produto;

III - inutilização do produto;

IV - cassação do registro do produto junto ao órgão competente;

V - proibição de fabricação do produto;

VI - suspensão de fornecimento de produtos ou serviço;

VII - suspensão temporária de atividade;

VIII - revogação de concessão ou permissão de uso;

IX - cassação de licença do estabelecimento ou de atividade;

X - interdição, total ou parcial, de estabelecimento, de obra ou de atividade;

XI - intervenção administrativa;

XII - imposição de contrapropaganda.

Parágrafo único. As sanções previstas neste artigo serão aplicadas pela autoridade administrativa, no âmbito de sua atribuição, podendo ser aplicadas cumulativamente, inclusive por medida cautelar, antecedente ou incidente de procedimento administrativo.

Art. 57. A pena de multa, graduada de acordo com a gravidade da infração, a vantagem auferida e a condição econômica do fornecedor, será aplicada mediante procedimento administrativo, revertendo para o Fundo de que trata a Lei nº 7.347, de 24 de julho de 1985, os valores cabíveis à União, ou para os Fundos estaduais ou municipais de proteção ao consumidor nos demais casos. (Redação dada pela Lei nº 8.656, de 21.5.1993)

Parágrafo único. A multa será em montante não inferior a duzentas e não superior a três milhões de vezes o valor da Unidade Fiscal de Referência (Ufir), ou índice equivalente que venha a substituí-lo. (Parágrafo acrescentado pela Lei nº 8.703, de 6.9.1993)

Art. 58. As penas de apreensão, de inutilização de produtos, de proibição de fabricação de produtos, de suspensão do fornecimento de produto ou serviço, de cassação do registro do produto e revogação da concessão ou permissão de uso serão aplicadas pela administração, mediante procedimento administrativo, assegurada ampla defesa, quando forem constatados vícios de quantidade ou de qualidade por inadequação ou insegurança do produto ou serviço.

Art. 59. As penas de cassação de alvará de licença, de interdição e de suspensão temporária da atividade, bem como a de intervenção administrativa, serão aplicadas mediante procedimento administrativo, assegurada ampla defesa, quando o fornecedor reincidir na prática das infrações de maior gravidade previstas neste código e na legislação de consumo.

§ 1° A pena de cassação da concessão será aplicada à concessionária de serviço público, quando violar obrigação legal ou contratual.

§ 2° A pena de intervenção administrativa será aplicada sempre que as circunstâncias de fato desaconselharem a cassação de licença, a interdição ou suspensão da atividade.

§ 3° Pendendo ação judicial na qual se discuta a imposição de penalidade administrativa, não haverá reincidência até o trânsito em julgado da sentença.

Art. 60. A imposição de contrapropaganda será cominada quando o fornecedor incorrer na prática de publicidade enganosa ou abusiva, nos termos do art. 36 e seus parágrafos, sempre às expensas do infrator.

§ 1º A contrapropaganda será divulgada pelo responsável da mesma forma, freqüência e dimensão e, preferencialmente no mesmo veículo, local, espaço e horário, de forma capaz de desfazer o malefício da publicidade enganosa ou abusiva.

§ 2° (Vetado)

§ 3° (Vetado).

TÍTULO II
Das Infrações Penais

Art. 61. Constituem crimes contra as relações de consumo previstas neste código, sem prejuízo do disposto no Código Penal e leis especiais, as condutas tipificadas nos artigos seguintes.

Art. 62. (Vetado).

Art. 63. Omitir dizeres ou sinais ostensivos sobre a nocividade ou periculosidade de produtos, nas embalagens, nos invólucros, recipientes ou publicidade:

Pena – Detenção de seis meses a dois anos e multa.

§ 1° Incorrerá nas mesmas penas quem deixar de alertar, mediante recomendações escritas ostensivas, sobre a periculosidade do serviço a ser prestado.

§ 2° Se o crime é culposo:

Pena Detenção de um a seis meses ou multa.

Art. 64. Deixar de comunicar à autoridade competente e aos consumidores a nocividade ou periculosidade de produtos cujo conhecimento seja posterior à sua colocação no mercado:

Pena – Detenção de seis meses a dois anos e multa.

Parágrafo único. Incorrerá nas mesmas penas quem deixar de retirar do mercado, imediatamente quando determinado pela autoridade competente, os produtos nocivos ou perigosos, na forma deste artigo.

Art. 65. Executar serviço de alto grau de periculosidade, contrariando determinação de autoridade competente:

Pena Detenção de seis meses a dois anos e multa.

§ 1º As penas deste artigo são aplicáveis sem prejuízo das correspondentes à lesão corporal e à morte. (Redação dada pela Lei nº 13.425, de 2017)

§ 2º A prática do disposto no inciso XIV do art. 39 desta Lei também caracteriza o crime previsto no caput deste artigo. (Incluído pela Lei nº 13.425, de 2017)

Art. 66. Fazer afirmação falsa ou enganosa, ou omitir informação relevante sobre a natureza, característica, qualidade, quantidade, segurança, desempenho, durabilidade, preço ou garantia de produtos ou serviços:

Pena – Detenção de três meses a um ano e multa.

§ 1º Incorrerá nas mesmas penas quem patrocinar a oferta.

§ 2º Se o crime é culposo;

Pena Detenção de um a seis meses ou multa.

Art. 67. Fazer ou promover publicidade que sabe ou deveria saber ser enganosa ou abusiva:

Pena Detenção de três meses a um ano e multa.

Parágrafo único. (Vetado).

Art. 68. Fazer ou promover publicidade que sabe ou deveria saber ser capaz de induzir o consumidor a se comportar de forma prejudicial ou perigosa a sua saúde ou segurança:

Pena – Detenção de seis meses a dois anos e multa:

Parágrafo único. (Vetado).

Art. 69. Deixar de organizar dados fáticos, técnicos e científicos que dão base à publicidade:

Pena Detenção de um a seis meses ou multa.

Art. 70. Empregar na reparação de produtos, peça ou componentes de reposição usados, sem autorização do consumidor:

Pena Detenção de três meses a um ano e multa.

Art. 71. Utilizar, na cobrança de dívidas, de ameaça, coação, constrangimento físico ou moral, afirmações falsas incorretas ou enganosas ou de qualquer outro procedimento que exponha o consumidor, injustificadamente, a ridículo ou interfira com seu trabalho, descanso ou lazer:

Pena Detenção de três meses a um ano e multa.

Art. 72. Impedir ou dificultar o acesso do consumidor às informações que sobre ele constem em cadastros, banco de dados, fichas e registros:

Pena Detenção de seis meses a um ano ou multa.

Art. 73. Deixar de corrigir imediatamente informação sobre consumidor constante de cadastro, banco de dados, fichas ou registros que sabe ou deveria saber ser inexata:

Pena Detenção de um a seis meses ou multa.

Art. 74. Deixar de entregar ao consumidor o termo de garantia adequadamente preenchido e com especificação clara de seu conteúdo;

Pena Detenção de um a seis meses ou multa.

Art. 75. Quem, de qualquer forma, concorrer para os crimes referidos neste código, incide as penas a esses cominadas na medida de sua culpabilidade, bem como o diretor, administrador ou gerente da pessoa jurídica que promover, permitir ou por qualquer modo aprovar o fornecimento, oferta, exposição à venda ou manutenção em depósito de produtos ou a oferta e prestação de serviços nas condições por ele proibidas.

Art. 76. São circunstâncias agravantes dos crimes tipificados neste código:

I - serem cometidos em época de grave crise econômica ou por ocasião de calamidade;

II - ocasionarem grave dano individual ou coletivo;

III - dissimular-se a natureza ilícita do procedimento;

IV - quando cometidos:

a) por servidor público, ou por pessoa cuja condição econômico-social seja manifestamente superior à da vítima;

b) em detrimento de operário ou rurícola; de menor de dezoito ou maior de sessenta anos ou de pessoas portadoras de deficiência mental interditadas ou não;

V - serem praticados em operações que envolvam alimentos, medicamentos ou quaisquer outros produtos ou serviços essenciais .

Art. 77. A pena pecuniária prevista nesta Seção será fixada em dias-multa, correspondente ao mínimo e ao máximo de dias de duração da pena privativa da liberdade cominada ao crime. Na individualização desta multa, o juiz observará o disposto no art. 60, §1° do Código Penal.

Art. 78. Além das penas privativas de liberdade e de multa, podem ser impostas, cumulativa ou alternadamente, observado odisposto nos arts. 44 a 47, do Código Penal:

I - a interdição temporária de direitos;

II - a publicação em órgãos de comunicação de grande circulação ou audiência, às expensas do condenado, de notícia sobre os fatos e a condenação;

III - a prestação de serviços à comunidade.

Art. 79. O valor da fiança, nas infrações de que trata este código, será fixado pelo juiz, ou pela autoridade que presidir o inquérito, entre cem e duzentas mil vezes o valor do Bônus do Tesouro Nacional (BTN), ou índice equivalente que venha a substituí-lo.

Parágrafo único. Se assim recomendar a situação econômica do indiciado ou réu, a fiança poderá ser:

a) reduzida até a metade do seu valor mínimo;

b) aumentada pelo juiz até vinte vezes.

Art. 80. No processo penal atinente aos crimes previstos neste código, bem como a outros crimes e contravenções que envolvam relações de consumo, poderão intervir, como assistentes do Ministério Público, os legitimados indicados no art. 82, inciso III e IV, aos quais também é facultado propor ação penal subsidiária, se a denúncia não for oferecida no prazo legal.

TÍTULO III
Da Defesa do Consumidor em Juízo

CAPÍTULO I
Disposições Gerais

Art. 81. A defesa dos interesses e direitos dos consumidores e das vítimas poderá ser exercida em juízo individualmente, ou a título coletivo.

Parágrafo único. A defesa coletiva será exercida quando se tratar de:

I – interesses ou direitos difusos, assim entendidos, para efeitos deste código, os transindividuais, de natureza indivisível, de que sejam titulares pessoas indeterminadas e ligadas por circunstâncias de fato;

II – interesses ou direitos coletivos, assim entendidos, para efeitos deste código, os transindividuais, de natureza indivisível de que seja titular grupo, categoria ou classe de pessoas ligadas entre si ou com a parte contrária por uma relação jurídica base;

III – interesses ou direitos individuais homogêneos, assim entendidos os decorrentes de origem comum.

Art. 82. Para os fins do art. 81, parágrafo único, são legitimados concorrentemente: (Redação dada pela Lei nº 9.008, de 21.3.1995)

I – o Ministério Público,

II – a União, os Estados, os Municípios e o Distrito Federal;

III – as entidades e órgãos da Administração Pública, direta ou indireta, ainda que sem personalidade jurídica, especificamente destinados à defesa dos interesses e direitos protegidos por este código;

IV – as associações legalmente constituídas há pelo menos um ano e que incluam entre seus fins institucionais a defesa dos interesses e direitos protegidos por este código, dispensada a autorização assemblear.

§ 1° O requisito da pré-constituição pode ser dispensado pelo juiz, nas ações previstas nos arts. 91 e seguintes, quando haja manifesto interesse social evidenciado pela dimensão ou característica do dano, ou pela relevância do bem jurídico a ser protegido.

§ 2° (Vetado).

§ 3° (Vetado).

Art. 83. Para a defesa dos direitos e interesses protegidos por este código são admissíveis todas as espécies de ações capazes de propiciar sua adequada e efetiva tutela.

Parágrafo único. (Vetado).

Art. 84. Na ação que tenha por objeto o cumprimento da obrigação de fazer ou não fazer, o juiz concederá a tutela específica da obrigação ou determinará providências que assegurem o resultado prático equivalente ao do adimplemento.

§ 1° A conversão da obrigação em perdas e danos somente será admissível se por elas optar o autor ou se impossível a tutela específica ou a obtenção do resultado prático correspondente.

§ 2° A indenização por perdas e danos se fará sem prejuízo da multa (art. 287, do Código de Processo Civil).

§ 3° Sendo relevante o fundamento da demanda e havendo justificado receio de ineficácia do provimento final, é lícito ao juiz conceder a tutela liminarmente ou após justificação prévia, citado o réu.

§ 4° O juiz poderá, na hipótese do § 3° ou na sentença, impor multa diária ao réu, independentemente de pedido do autor, se for suficiente ou compatível com a obrigação, fixando prazo razoável para o cumprimento do preceito.

§ 5° Para a tutela específica ou para a obtenção do resultado prático equivalente, poderá o juiz determinar as medidas necessárias, tais como busca e apreensão, remoção de coisas e pessoas, desfazimento de obra, impedimento de atividade nociva, além de requisição de força policial.

Art. 85. (Vetado).

Art. 86. (Vetado).

Art. 87. Nas ações coletivas de que trata este código não haverá adiantamento de custas, emolumentos, honorários periciais e quaisquer outras despesas, nem condenação da associação autora, salvo comprovada má-fé, em honorários de advogados, custas e despesas processuais.

Parágrafo único. Em caso de litigância de má-fé, a associação autora e os diretores responsáveis pela propositura da ação serão solidariamente condenados em honorários advocatícios e ao décuplo das custas, sem prejuízo da responsabilidade por perdas e danos.

Art. 88. Na hipótese do art. 13, parágrafo único deste código, a ação de regresso poderá ser ajuizada em processo autônomo, facultada a possibilidade de prosseguir-se nos mesmos autos, vedada a denunciação da lide.

Art. 89. (Vetado)

Art. 90. Aplicam-se às ações previstas neste título as normas do Código de Processo Civil e da Lei n° 7.347, de 24 de julho de 1985, inclusive no que respeita ao inquérito civil, naquilo que não contrariar suas disposições.

CAPÍTULO II
Das Ações Coletivas Para a Defesa de Interesses Individuais Homogêneos

Art. 91. Os legitimados de que trata o art. 82 poderão propor, em nome próprio e no interesse das vítimas ou seus sucessores, ação civil coletiva de responsabilidade pelos danos individualmente sofridos, de acordo com o disposto nos artigos seguintes. (Redação dada pela Lei nº 9.008, de 21.3.1995)

Art. 92. O Ministério Público, se não ajuizar a ação, atuará sempre como fiscal da lei.

Parágrafo único. (Vetado).

Art. 93. Ressalvada a competência da Justiça Federal, é competente para a causa a justiça local:

I – no foro do lugar onde ocorreu ou deva ocorrer o dano, quando de âmbito local;

II – no foro da Capital do Estado ou no do Distrito Federal, para os danos de âmbito nacional ou regional, aplicando-se as regras do Código de Processo Civil aos casos de competência concorrente.

Art. 94. Proposta a ação, será publicado edital no órgão oficial, a fim de que os interessados possam intervir no processo como litisconsortes, sem prejuízo de ampla divulgação pelos meios de comunicação social por parte dos órgãos de defesa do consumidor.

Art. 95. Em caso de procedência do pedido, a condenação será genérica, fixando a responsabilidade do réu pelos danos causados.

Art. 96. (Vetado).

Art. 97. A liquidação e a execução de sentença poderão ser promovidas pela vítima e seus sucessores, assim como pelos legitimados de que trata o art. 82.

Parágrafo único. (Vetado).

Art. 98. A execução poderá ser coletiva, sendo promovida pelos legitimados de que trata o art. 82, abrangendo as vítimas cujas indenizações já tiveram sido fixadas em sentença de liquidação, sem prejuízo do ajuizamento de outras execuções. (Redação dada pela Lei nº 9.008, de 21.3.1995)

§ 1° A execução coletiva far-se-á com base em certidão das sentenças de liquidação, da qual deverá constar a ocorrência ou não do trânsito em julgado.

§ 2° É competente para a execução o juízo:

I – da liquidação da sentença ou da ação condenatória, no caso de execução individual;

II – da ação condenatória, quando coletiva a execução.

Art. 99. Em caso de concurso de créditos decorrentes de condenação prevista na Lei n.° 7.347, de 24 de julho de 1985 e de indenizações pelos prejuízos individuais resultantes do mesmo evento danoso, estas terão preferência no pagamento.

Parágrafo único. Para efeito do disposto neste artigo, a destinação da importância recolhida ao fundo criado pela Lei n°7.347 de 24 de julho de 1985, ficará sustada enquanto pendentes de decisão de segundo grau as ações de indenização pelos danos individuais, salvo na hipótese de o patrimônio do devedor ser manifestamente suficiente para responder pela integralidade das dívidas.

Art. 100. Decorrido o prazo de um ano sem habilitação de interessados em número compatível com a gravidade do dano, poderão os legitimados do art. 82 promover a liquidação e execução da indenização devida.

Parágrafo único. O produto da indenização devida reverterá para o fundo criado pela Lei n.° 7.347, de 24 de julho de 1985.

CAPÍTULO III
Das Ações de Responsabilidade do Fornecedor de Produtos e Serviços

Art. 101. Na ação de responsabilidade civil do fornecedor de produtos e serviços, sem prejuízo do disposto nos Capítulos I e II deste título, serão observadas as seguintes normas:

I – a ação pode ser proposta no domicílio do autor;

II – o réu que houver contratado seguro de responsabilidade poderá chamar ao processo o segurador, vedada a integração do contraditório pelo Instituto de Resseguros do Brasil. Nesta hipótese, a sentença que julgar procedente o pedido condenará o réu nos termos do art. 80 do Código de Processo Civil. Se o réu houver sido declarado falido, o síndico será intimado a informar a existência de seguro de responsabilidade, facultando-se, em caso afirmativo, o ajuizamento de ação de indenização diretamente contra o segurador, vedada a denunciação da lide ao Instituto de Resseguros do Brasil e dispensado o litisconsórcio obrigatório com este.

Art. 102. Os legitimados a agir na forma deste código poderão propor ação visando compelir o Poder Público competente a proibir, em todo o território nacional, a produção, divulgação distribuição ou venda, ou a determinar a alteração na composição, estrutura, fórmula ou acondicionamento de produto, cujo uso ou consumo regular se revele nocivo ou perigoso à saúde pública e à incolumidade pessoal.

§ 1° (Vetado).

§ 2° (Vetado)

CAPÍTULO IV
Da Coisa Julgada

Art. 103. Nas ações coletivas de que trata este código, a sentença fará coisa julgada:

I – erga omnes, exceto se o pedido for julgado improcedente por insuficiência de provas, hipótese em que qualquer legitimado poderá intentar outra ação, com idêntico fundamento valendo-se de nova prova, na hipótese do inciso I do parágrafo único do art. 81;

II – ultra partes, mas limitadamente ao grupo, categoria ou classe, salvo improcedência por insuficiência de provas, nos termos do inciso anterior, quando se tratar da hipótese prevista no inciso II do parágrafo único do art. 81;

III – erga omnes, apenas no caso de procedência do pedido, para beneficiar todas as vítimas e seus sucessores, na hipótese do inciso III do parágrafo único do art. 81.

§ 1° Os efeitos da coisa julgada previstos nos incisos I e II não prejudicarão interesses e direitos individuais dos integrantes da coletividade, do grupo, categoria ou classe.

§ 2° Na hipótese prevista no inciso III, em caso de improcedência do pedido, os interessados que não tiverem intervindo no processo como litisconsortes poderão propor ação de indenização a título individual.

§ 3° Os efeitos da coisa julgada de que cuida o art. 16, combinado com o art. 13 da Lei n° 7.347, de 24 de julho de 1985, não prejudicarão as ações de indenização por danos pessoalmente sofridos, propostas individualmente ou na forma prevista neste código, mas, se procedente o pedido, beneficiarão as vítimas e seus sucessores, que poderão proceder à liquidação e à execução, nos termos dos arts. 96 a 99.

§ 4º Aplica-se o disposto no parágrafo anterior à sentença penal condenatória.

Art. 104. As ações coletivas, previstas nos incisos I e II e do parágrafo único do art. 81, não induzem litispendência para as ações individuais, mas os efeitos da coisa julgada erga omnes ou ultra partes a que aludem os incisos II e III do artigo anterior não beneficiarão os autores das ações individuais, se não for requerida sua suspensão no prazo de trinta dias, a contar da ciência nos autos do ajuizamento da ação coletiva.

TÍTULO IV
Do Sistema Nacional de Defesa do Consumidor

Art. 105. Integram o Sistema Nacional de Defesa do Consumidor (SNDC), os órgãos federais, estaduais, do Distrito Federal e municipais e as entidades privadas de defesa do consumidor.

Art. 106. O Departamento Nacional de Defesa do Consumidor, da Secretaria Nacional de Direito Econômico (MJ), ou órgão federal que venha substituí-lo, é organismo de coordenação da política do Sistema Nacional de Defesa do Consumidor, cabendo-lhe:

I – planejar, elaborar, propor, coordenar e executar a política nacional de proteção ao consumidor;

II – receber, analisar, avaliar e encaminhar consultas, denúncias ou sugestões apresentadas por entidades representativas ou pessoas jurídicas de direito público ou privado;

III – prestar aos consumidores orientação permanente sobre seus direitos e garantias;

IV – informar, conscientizar e motivar o consumidor através dos diferentes meios de comunicação;

V – solicitar à polícia judiciária a instauração de inquérito policial para a apreciação de delito contra os consumidores, nos termos da legislação vigente;

VI – representar ao Ministério Público competente para fins de adoção de medidas processuais no âmbito de suas atribuições;

VII – levar ao conhecimento dos órgãos competentes as infrações de ordem administrativa que violarem os interesses difusos, coletivos, ou individuais dos consumidores;

VIII – solicitar o concurso de órgãos e entidades da União, Estados, do Distrito Federal e Municípios, bem como auxiliar a fiscalização de preços, abastecimento, quantidade e segurança de bens e serviços;

IX – incentivar, inclusive com recursos financeiros e outros programas especiais, a formação de entidades de defesa do consumidor pela população e pelos órgãos públicos estaduais e municipais;

X – (Vetado).

XI – (Vetado).

XII – (Vetado)

XIII – desenvolver outras atividades compatíveis com suas finalidades.

Parágrafo único. Para a consecução de seus objetivos, o Departamento Nacional de Defesa do Consumidor poderá solicitar o concurso de órgãos e entidades de notória especialização técnico-científica.

TÍTULO V
Da Convenção Coletiva de Consumo

Art. 107. As entidades civis de consumidores e as associações de fornecedores ou sindicatos de categoria econômica podem regular, por convenção escrita, relações de consumo que tenham por objeto estabelecer condições relativas ao preço, à qualidade, à quantidade, à garantia e características de produtos e serviços, bem como à reclamação e composição do conflito de consumo.

§ 1° A convenção tornar-se-á obrigatória a partir do registro do instrumento no cartório de títulos e documentos.

§ 2° A convenção somente obrigará os filiados às entidades signatárias.

§ 3° Não se exime de cumprir a convenção o fornecedor que se desligar da entidade em data posterior ao registro do instrumento.

Art. 108. (Vetado).

TÍTULO VI
Disposições Finais

Art. 109. (Vetado).

Art. 110. Acrescente-se o seguinte inciso IV ao art. 1° da Lei n° 7.347, de 24 de julho de 1985:

"IV - a qualquer outro interesse difuso ou coletivo».

Art. 111. O inciso II do art. 5° da Lei n° 7.347, de 24 de julho de 1985, passa a ter a seguinte redação:

"II - inclua, entre suas finalidades institucionais, a proteção ao meio ambiente, ao consumidor, ao patrimônio artístico, estético, histórico, turístico e paisagístico, ou a qualquer outro interesse difuso ou coletivo».

Art. 112. O § 3° do art. 5° da Lei n° 7.347, de 24 de julho de 1985, passa a ter a seguinte redação:

"§ 3° Em caso de desistência infundada ou abandono da ação por associação legitimada, o Ministério Público ou outro legitimado assumirá a titularidade ativa».

Art. 113. Acrescente-se os seguintes §§ 4°, 5° e 6° ao art. 5º. da Lei n.° 7.347, de 24 de julho de 1985:

"§ 4.° O requisito da pré-constituição poderá ser dispensado pelo juiz, quando haja manifesto interesse social evidenciado pela dimensão ou característica do dano, ou pela relevância do bem jurídico a ser protegido.

§ 5.° Admitir-se-á o litisconsórcio facultativo entre os Ministérios Públicos da União, do Distrito Federal e dos Estados na defesa dos interesses e direitos de que cuida esta lei.

§ 6° Os órgãos públicos legitimados poderão tomar dos interessados compromisso de ajustamento de sua conduta às exigências legais, mediante combinações, que terá eficácia de título executivo extrajudicial».

Art. 114. O art. 15 da Lei n° 7.347, de 24 de julho de 1985, passa a ter a seguinte redação:

"Art. 15. Decorridos sessenta dias do trânsito em julgado da sentença condenatória, sem que a associação autora lhe promova a execução, deverá fazê-lo o Ministério Público, facultada igual iniciativa aos demais legitimados».

Art. 115. Suprima-se o caput do art. 17 da Lei n° 7.347, de 24 de julho de 1985, passando o parágrafo único a constituir o caput, com a seguinte redação:

"Art. 17. "Art. 17. Em caso de litigância de má-fé, a associação autora e os diretores responsáveis pela propositura da ação serão solidariamente condenados em honorários advocatícios e ao décuplo das custas, sem prejuízo da responsabilidade por perdas e danos".

Art. 116. Dê-se a seguinte redação ao art. 18 da Lei n° 7.347, de 24 de julho de 1985:

"Art. 18. Nas ações de que trata esta lei, não haverá adiantamento de custas, emolumentos, honorários periciais e quaisquer outras despesas, nem condenação da associação autora, salvo comprovada má-fé, em honorários de advogado, custas e despesas processuais».

Art. 117. Acrescente-se à Lei n° 7.347, de 24 de julho de 1985, o seguinte dispositivo, renumerando-se os seguintes:

"Art. 21. Aplicam-se à defesa dos direitos e interesses difusos, coletivos e individuais, no que for cabível, os dispositivos do Título III da lei que instituiu o Código de Defesa do Consumidor».

Art. 118. Este código entrará em vigor dentro de cento e oitenta dias a contar de sua publicação.

Art. 119. Revogam-se as disposições em contrário.

Brasília, 11 de setembro de 1990; 169° da Independência e 102° da República.

FERNANDO COLLOR
Bernardo Cabral
Zélia M. Cardoso de Mello
Ozires Silva

CIRCULAR Nº 587, DE 10 DE JUNHO DE 2019

Dispõe sobre regras e critérios para a elaboração e a comercialização de planos de seguro do ramo Fiança Locatícia.

O SUPERINTENDENTE DA SUPERINTENDÊNCIA DE SEGUROS PRIVADOS – SUSEP, no uso das atribuições que lhe confere o art. 36, alíneas "b" e "c", do Decreto-Lei nº 73, de 21 de novembro de 1966 e considerando o que consta no Processo SUSEP nº 15414.619344/2018-30. resolve:

Art. 1º Estabelecer regras e critérios para a elaboração e a comercialização de planos de seguro do ramo Fiança Locatícia.

Art. 2º O seguro fiança locatícia destina-se a garantir o pagamento de indenização, ao segurado, pelos prejuízos que venha a sofrer em decorrência do inadimplemento das obrigações contratuais do locatário previstas no contrato de locação do imóvel, de acordo com as coberturas contratadas e limites da apólice.

§ 1º A cobertura de falta de pagamento de alugueis é a cobertura básica do plano de seguro fiança locatícia, sendo de contratação obrigatória.

§ 2º O plano de seguro fiança locatícia poderá prever outras coberturas para garantir as demais obrigações do locatário previstas no contrato de locação, as quais serão de contratação facultativa, respeitado o disposto nos §§ 1º e 2º do art. 3º, mediante pagamento de prêmio adicional.

Art. 3º O seguro fiança locatícia é um contrato acessório ao contrato de locação.

§ 1º O seguro fiança locatícia deve respeitar as cláusulas do contrato de locação e sua legislação específica, principalmente, no que diz respeito às obrigações do locatário que devem ser garantidas.

§ 2º As obrigações do locatário serão garantidas através da contratação da cobertura básica, mencionada no §1º do art. 2º, em conjunto com as coberturas adicionais, mencionadas no §2º do art. 2º, necessárias para atendimento ao disposto no parágrafo anterior.

§ 3º O atendimento ao disposto no § 1º deste artigo é de responsabilidade da seguradora e do corretor de seguros, se houver.

Art. 4º Para fins desta Circular, define-se como:

I – segurado: locador do imóvel, conforme definido no contrato de locação coberto pelo contrato de fiança locatícia;

II – garantido: locatário do imóvel, conforme definido no contrato de locação coberto pelo contrato de fiança locatícia;

III – expectativa de sinistro: período compreendido entre a 1º (primeira) inadimplência do garantido e a caracterização de sinistro;

IV – sinistro: inadimplência das obrigações do garantido, cobertas pelo seguro, caracterizado nos termos desta circular.

Art. 5º O seguro fiança locatícia aplica-se apenas a cobertura de riscos oriundos dos contratos de locação de imóveis em território brasileiro.

Art. 6º O seguro fiança locatícia poderá ser contratado mediante apólice individual ou apólice coletiva.

Parágrafo único. Para fins dessa norma, quando se tratar de apólice coletiva, todos os dispositivos relacionados à apólice aplicam-se ao certificado individual.

Art. 7º A seguradora e o corretor de seguros, se houver, devem ser definidos mediante acordo entre segurado e garantido.

Art. 8º A apólice deverá conter em seu frontispício, além das informações mínimas exigidas por normativo específico, a identificação do garantido, o percentual e o valor da remuneração do estipulante, se houver.

Art. 9º A seguradora e o corretor de seguros, se houver, deverão informar o percentual e o valor da comissão de corretagem aplicados à apólice, sempre que estes forem solicitados pelo garantido ou pelo segurado.

Art. 10. A seguradora deverá encaminhar cópia da apólice ao segurado e ao garantido, através dos meios legais permitidos.

Art. 11. É vedada a contratação de mais de um seguro fiança locatícia cobrindo o mesmo contrato de locação.

Art. 12. Da proposta e das Condições Gerais do plano de seguro fiança locatícia deverão constar, em destaque, as seguintes informações:

I – "O seguro fiança locatícia é destinado à garantia dos prejuízos sofridos pelo locador em função de inadimplência do locatário";

II – "O seguro fiança locatícia não isenta o locatário de nenhuma obrigação prevista no contrato de locação";

III – "O prêmio é a contrapartida paga à seguradora para que esta assuma os riscos de inadimplência do garantido, o qual não será retornado ao locatário ao final da vigência da apólice";

IV – "A falta de pagamento dos prêmios poderá acarretar o ajuste do prazo de vigência da apólice, a suspensão da cobertura ou até o cancelamento da apólice. O segurado visando manter a cobertura original da apólice poderá realizar o pagamento dos prêmios inadimplidos"; e

V – "O segurado ou o garantido poderão solicitar, a qualquer tempo, que a seguradora ou o corretor de seguros, se houver, informe o percentual e o valor da comissão de corretagem aplicada à apólice".

Art. 13. O prazo de vigência do contrato de seguro fiança locatícia é o mesmo do respectivo contrato de locação.

§ 1º Na hipótese de prorrogação do contrato de locação por prazo indeterminado, ou por força de ato normativo, a cobertura do seguro somente persistirá mediante análise do risco e aceitação de nova proposta por parte da seguradora.

§ 2º Caso a seguradora aceite a proposta mencionada no parágrafo anterior, a apólice será renovada pelo prazo estipulado entre segurado e garantido, com possibilidade de renovações posteriores, na forma da legislação vigente.

§ 3º As renovações posteriores mencionadas no parágrafo anterior também dependerão de análise de risco e aceitação de nova proposta por parte da seguradora.

Art. 14. Se ocorrer o término antecipado do contrato de locação, a apólice será cancelada, a partir dessa data.

§ 1º Exceto no caso de sinistro, o valor do prêmio pago proporcional ao prazo a decorrer deverá ser devolvido ao responsável pelo pagamento do prêmio

§ 2º Caso segurado e garantido tenham pago parcelas do prêmio, a devolução do prêmio deverá ocorrer de forma proporcional ao prêmio pago por cada uma das partes.

§ 3º Tanto o segurado quanto o garantido poderão comunicar à seguradora o término antecipado do contrato de locação, desde que apresente documento comprobatório.

Art. 15. Os limites da apólice correspondem ao valor máximo de responsabilidade assumido pela seguradora, pela apólice (Limite Máximo de Garantia - LMG) e por cobertura contratada (Limite Máximo de Cobertura - LMI).

Parágrafo único. Os limites da apólice serão definidos mediante acordo entre segurado e garantido e em consonância com o contrato de locação.

Art. 16. Os limites e prêmios deverão ser atualizados pelo mesmo índice e periodicidade definidos no contrato de locação, devendo ser emitido o respectivo endosso.

Art. 17 A seguradora deve deixar claro, nas Condições Contratuais, as regras e procedimentos a serem adotados no caso de alterações efetuadas no contrato de locação.

§ 1º A apólice deverá acompanhar todas as alterações previamente estabelecidas no contrato de locação, devendo ser emitido o respectivo endosso.

§ 2º A apólice poderá acompanhar as alterações posteriormente efetuadas no contrato de locação, desde que haja o aceite pela seguradora, devendo ser emitido o respectivo endosso.

§ 3º Os critérios de recálculo do prêmio devem ser objetivamente fixados nas Condições Contratuais e justificados na Nota Técnica Atuarial.

Art. 18 A apólice somente poderá ser alterada com a concordância expressa do segurado e do garantido, ressalvadas as situações descritas no art. 16 e no §1º do art. 17 desta Circular.

Art. 19. A forma de contratação do seguro fiança locatícia é primeiro risco absoluto.

Art. 20. O garantido é o responsável pelo pagamento do prêmio do seguro.

§ 1º A seguradora deverá comunicar ao segurado a falta de pagamento de qualquer parcela do prêmio.

§ 2º O segurado poderá efetuar o pagamento dos prêmios, na hipótese de inadimplência do garantido, para manter a cobertura do seguro.

§ 3º A seguradora deve deixar claro, nas Condições Contratuais, os critérios e procedimentos a serem adotados pelo segurado para a manutenção da cobertura mencionada no parágrafo anterior.

Art. 21. Iniciada a expectativa de sinistro, a seguradora poderá prever o pagamento de adiantamentos ao segurado, correspondentes aos valores inadimplidos, até que o sinistro seja caracterizado.

§ 1º A seguradora deverá definir claramente os critérios para concessão do adiantamento.

§ 2º O segurado obriga-se a devolver à seguradora qualquer valor de adiantamento recebido indevidamente ou em excesso.

§ 3º A concessão de adiantamentos não significa reconhecimento por parte da seguradora da existência de cobertura.

Art. 22. Para as hipóteses em que o garantido não efetue o pagamento do aluguel e/ou encargos legais no prazo fixado no contrato de locação, a seguradora não poderá estabelecer um prazo máximo para que o segurado promova a competente medida judicial.

Art. 23. O sinistro estará caracterizado:

I - pela decretação do despejo; ou

II - pelo abandono do imóvel; ou

III - pela entrega amigável das chaves.

§ 1º Caracterizado o sinistro, considera-se como data do sinistro a data do início do período de expectativa de sinistro, a qual corresponde à primeira inadimplência do garantido.

§ 2º A caracterização ou comunicação do sinistro ocorridas fora do prazo de vigência da apólice não são fatos que justifiquem a negativa do sinistro.

Art. 24. A indenização será calculada com base nos prejuízos verificados até a data:

I - determinada na sentença decretatória para a desocupação voluntária do imóvel, ou a data da desocupação voluntária do imóvel, se esta ocorrer primeiro, no caso de decretação do despejo;

II - em que o segurado foi imitido na posse do imóvel, no caso de abandono do imóvel;

III - do recibo de entrega das chaves, no caso de entrega amigável das mesmas.

Art. 25. Quando contratada cobertura para danos físicos ao imóvel e em caso de divergências sobre a avaliação dos danos ao imóvel, a seguradora deverá propor ao segurado, por meio de correspondência escrita ou outro meio legal permitido, no prazo máximo de 15 (quinze) dias, a contar da data da contestação por parte do interessado, a designação de um perito independente.

Parágrafo único. O perito independente será pago, em partes iguais, pelo segurado e pela seguradora.

Art. 26. Além das disposições desta Circular, os contratos, planos e demais operações de seguro fiança locatícia deverão observar a legislação e a regulamentação em vigor, quando não colidirem com a presente norma.

Art. 27. As sociedades seguradoras não poderão comercializar novos contratos de seguro fiança locatícia, em desacordo com as disposições desta Circular, após 180 (cento e oitenta) dias, contados da data de sua publicação.

§ 1º Os planos atualmente em comercialização deverão ser substituídos por novos planos, já adaptados a esta Circular, até a data prevista no caput, mediante a abertura de novo processo administrativo.

§ 2º Após a data prevista no caput, todos os processos de seguro fiança locatícia com data de abertura anterior à data de publicação desta Circular serão automaticamente encerrados e arquivados.

§ 3º A partir da publicação desta Circular, novos planos submetidos à análise já deverão estar adaptados às suas disposições.

Art. 28. Os contratos de seguro fiança locatícia em vigor que estejam em desacordo com as disposições desta Circular somente poderão vigorar até o término de vigência do respectivo contrato de locação.

Art. 29. Esta Circular entra em vigor na data de sua publicação, ficando revogada a Circular SUSEP nº 347/2007.

SOLANGE PAIVA VIEIRA